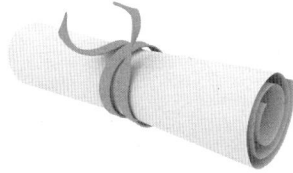

U0645053

黄埔风云榜
Huangpu Popularity Ranking List

HUANGPU
POPULARITY
RANKING LIST

他少年英才，有"神童"之誉，口若悬河，出口成章；他爱女人，甚至风流成性，出入风月场所；他爱喝酒，自己要喝醉，别人也要喝醉；他爱哭，大悲要哭，大喜也哭，大爱要哭，大恨亦哭。一哭烟云尽散，一醉万事方休。

他信佛，可他太感性，善感而多愁，郁闷太多，神经衰弱，夜不能寐，最终于国民政府行将彻底崩溃之际离奇地死亡，是自杀，是他杀？似乎永远是一个谜。

在国民党内，只有两个主义，一个是孙中山主义，一个是戴季陶主义。作为黄埔名师，作为党国元老，他是国民党内最大的"修正主义者"，凭自己的好恶而发挥孙中山的三民主义，歪曲、篡改旧三民主义，全盘否定新三民主义，最终把国民党引入了反革命的泥潭，最后败逃台湾地区。

黄埔名师戴季陶

HUANGPU
POPULARITY
RANKING LIST

毛利霞 ◎ 著

人民东方出版传媒

东方出版社

责任编辑：孙兴民
装帧设计：史宪罡
版式设计：东昌文化
责任校对：张　彦

图书在版编目（CIP）数据

黄埔名师戴季陶 / 毛利霞著 . – 北京：东方出版社，2014.1
（黄埔风云榜系列）
ISBN 978 – 7 – 5060 – 5552 – 9

I.①黄…　II.①毛…　III.①戴季陶（1890~1949）– 生平事迹　IV.①K827=6

中国版本图书馆 CIP 数据核字（2012）第 250844 号

黄埔名师戴季陶

HUANGPU MINGSHI DAIJITAO

毛利霞　著

东方出版社　出版发行
（100706　北京市东城区隆福寺街 99 号）

保定市北方胶印有限公司印刷　新华书店经销

2014 年 1 月第 1 版　2014 年 1 月北京第 1 次印刷
开本：710 毫米 ×1000 毫米 1/16　印张：20　字数：276 千字

ISBN 978 – 7 – 5060 – 5552 – 9　定价：38.00 元

邮购地址 100706　北京市东城区隆福寺街 99 号
人民东方图书销售中心　电话（010）65250042　65289539
发行电话（010）65210059　65210060　65210062　65210063

黄埔名师戴季陶
HUANGPU MINGSHI DAIJITAO

目 录
CONTENTS

绪　论
寻找真实的戴季陶

　　在中国内地，对黄埔军校稍有了解的人都知道，戴季陶曾是黄埔军校首任政治部主任，除了这点"正面形象"外，戴季陶的其他形象似乎并不怎么正面：他是"戴季陶主义"的炮制者；他是不折不扣的反共急先锋；他是蒋介石的心腹、笔杆子；最后在广州自杀，结束了"罪恶"的一生。

　　与此形成鲜明对照的是，在中国台湾地区，戴季陶的形象基本上是"光辉灿烂"的，诟病处少，赞誉者多：他是孙中山先生的得力助手；他是国民党最权威的理论家；他是不可忽视的教育家；最后因服用过量安眠药而在广州偶然去世，享受国葬之殊荣。同一个戴季陶，为什么会有如此大相径庭的评价？戴季陶到底是"历史罪人"还是"民国勋贤"？

　　戴季陶是一个有血有肉的、复杂而矛盾的生命个体，是中国近现代史上一位重要的历史人物，对他的评论，应避免非黑即白的简单化和"脸谱化"，应该根据他的人生轨迹在中国近现史上的地位和影响，进行具体而微的、实事求是的分析。唯有如此，才能全面而公正地认识戴季陶，得出的见解和评论才能更接近真实的戴季陶。

　　那么，在戴季陶59年的生命历程中，他经历过怎样的人生际遇，在历史的波涛中曾经扬起过怎样的浪花呢？让我们乘着时光隧道，走进那段波澜壮阔的岁月，通过揭示戴季陶的多重身份，来发现一个真实的戴季陶，来客观公正地评论戴季陶。

一、能文能武的孙中山秘书

到19世纪末，历经二百多年的大清王朝风雨飘摇，前途未卜；遥望西南方，四川省广汉县一户戴姓人家也受"富不过三代"之谶，正经历着家道中落、江河日下的变迁。戴季陶恰好出生在这样一个最糟糕的时代，这样一个走下坡的家庭。

与清末的其他大多数学子一样，戴季陶寒窗苦读，试图通过科举考试功成名就，光宗耀祖，10岁他初涉考场，信心满满而来，失望而归。此后，他放弃了科举之路，转而倾心新学，1907年留学日本。在日本的见闻更激发了他改造国家、救民于水火的热忱，主张"把欧洲的文化全部运到中国来，改革我们的中国"。归国后不久，他成为一个坚定的革命者，能文能武，有勇有谋。

（一）写下"锦绣文章"

1909年，返回国内后，戴季陶以"天仇"笔名在上海报刊上发表文章。他以"初生牛犊不畏虎"的勇气和"笔挟风雷"的气势，针砭时弊，坚决反对清政府的"立宪"，主张革命，走欧美的资本主义道路，识解超卓，笔锋犀利，创造出"穷达利眼识天仇"的文坛辉煌。

1910年秋，戴季陶辞别新婚妻子，远赴马来西亚的槟榔屿办报，继续用纸笔为武器与清政府进行斗争，并因坚决的革命立场而被吸纳入同盟会。1912年，中华民国成立后，当绝大多数革命派对袁世凯抱有幻想时，戴季陶识破袁世凯"假共和、真独裁"的嘴脸，毫不犹豫地揭露袁世凯的真面目，他的反袁文字犹如利剑插入袁世凯及其爪牙的心窝，针针见血，酣畅淋漓，即使入狱也无所畏惧，表现出对袁世凯窃取革命果实的愤慨之情和大无畏的革命精神。

（二）扛起毛瑟枪

当戴季陶在槟榔屿得知武昌起义的消息后，这位驰名上海滩的笔杆子义无反顾地扛起了枪杆子，冲锋陷阵在第一线，先后参加汉口起义、上海光复、东北起义等，有勇有谋，智勇双全，反清革命的功劳簿上也有戴季陶洒下的汗水和鲜血。

从 1912 年开始，戴季陶做孙中山的秘书长达 12 年之久，期间"几乎无役不随"。他矢志不移地追随孙中山，唯孙先生之命是从，远赴日本，南下广州，潜回上海；对革命一心一意，出生入死，先后参加二次起义、东北革命、护国运动、护法运动、第二次护法运动。这时的戴季陶是一个真正的革命者，他迫切希望中国富强，走上民主与自由，而他认为能够领导中国革命者做到这一点的唯有孙先生，所以，他忠诚于孙中山，等于忠诚于革命事业，就等于爱国。革命之路多曲折，戴季陶有过难过，有过彷徨，有过失望，从来没有绝望，没有放弃对孙中山的忠诚信任和对革命的希望。这一时期的戴季陶是激进的、进步的、勇敢的、革命的，其功绩是不容抹煞的。

二、先左后右的理论宣传家

与一般的理论宣传家不同，戴季陶既宣传过马克思主义，又是国民党右派理论——"戴季陶主义"的创始人。

（一）马克思主义的早期传播者之一

自追随孙中山革命以来，历次革命皆以失败而告终，走投无路之际，戴季陶把希望寄托在马克思主义上。他欢迎五四运动的到来，支持学生和工人的义举；他介绍、宣传马克思主义，成为马克思主义的早期宣传者之一；他宣传俄国的十月革命，为中国共产主义小组的创立东奔西走。但他对共产主义事业缺乏坚定的信仰，最终以忠于孙中山、忠于国民党为名，没有加入中国共产党，据传为此还大哭一场。更出人意料的是，当孙中山倡导国共合作时，戴季陶竟然反对，思想开始向右转。

对于宣传马克思主义、倾向共产党的这段经历，戴季陶和国民党都很少提及，认为这是他思想上的"污点"；共产党人也因他成为国民党右派很少提及他早先的建党贡献。实际上，这一时期是戴季陶思想波动最严重的时期。我们不能因他后来的右转而否定他早期的贡献，也不能因他早期的表现而夸大他在中共发展史中的作用。

（二）国民党右派理论家

在国民党党内，有两个以人名冠名为"主义"的学说，一个是"孙文主义"，另一个是"戴季陶主义"，戴季陶是国民党内首屈一指的理论权威。一方面，他系统地总结了孙中山先生的"三民主义"学说，另一方面则以孙中山先生的思想继承人自居，自视为三民主义的理论"传人"，却挂羊头卖狗肉，兜售被他改头换面的孙中山先生的思想，抽离其进步成分，为国民党和蒋介石南京国民政府的反共提供理论武器。

可见，这一时期的戴季陶存在两重性，我们不能否定他的积极作用，也不能无视他的消极因素。

三、有功有过的"党国高官"

戴季陶曾任国民党中央常委、训练部部长、国民政府委员、考试院院长等职，位高权重。在他二十多年的政坛生涯中，他有大功，亦有大过。

（一）他的政绩

在国民党的党务方面，他是国民党历次重要大会的起草人，积极献言献策。在执掌考试院二十多年里，戴季陶基本上是按照孙中山的"五权宪法"思想来从政的。他借鉴日本、欧美等国的经验，结合我国古代的考试制度，确立"中西融合"的铨叙制度；在选拔人才时，能够做到常规和"破格"的协调，不唯亲，只唯才，拒绝为自己的亲属后辈走后门，具有公务员最基本的自律和操守。这一点，即使在今天，也值得政界高官学习。

（二）他的过失

作为蒋介石的结拜兄弟，戴季陶把蒋介石视为政治靠山，怀揣文人的"愚忠"心理，帮着蒋介石干了不少"助纣为虐"的事情。在蒋介石与胡汉民的政见之争中，他站在蒋介石一方，出谋划策，设计"鸿门宴"囚禁胡汉民，参与国民党的派别斗争；在总统、副总统的选举中，他站在蒋介石一方，收受贿赂，出尔反尔，表现出政客两面三刀的丑恶嘴脸。

对于这一角色下的戴季陶，我们应肯定他的功绩，批评他的过失。

四、有始有终的民国教育家

除了短暂任过黄埔军校首任政治部主任外，戴季陶与教育缘分非浅，"于作育人才，有热烈之情怀，有弘远志抱负"。1926年秋，戴季陶出任中山大学校长，直到1930年秋才卸任。任内，他重视党化教育的同时，注重提高教学质量和校园建设。他在老家捐资创办小学，造福乡里；注重边疆教育，倡导成立了西北农林专科学校，改善西北缺乏农林人才的状况；国难当头之际，他更重视儿童教育，出任童子军总会副会长，制定章程，编写教材，创作歌曲，把儿童的德智体教育视为中国强大的后备军，既有强国之意，更怀御侮之情。在身体状况不佳的情况下，他坚决辞去考试院院长职务，却仍然担任童子军总会的职务，直到去世。他还重视教育的国际化，与印度的教育界人士多有往来，捐赠图书给印度的国际大学，并出任该校的七大董事之一。

应该说，戴季陶作为教育家的形象比他作为党政要员的形象更亲切、更值得肯定。

五、身兼"日本通"与"印度通"的外交家

戴季陶曾去日本留学两年多，精通日语，曾担任孙中山先生

的日语翻译；他曾为孙中山、蒋介石出访日本，拜会日本政要，他与日本许多政要有私人交情；他还著有《日本论》一书，对日本这个民族的认识入木三分。作为国民党内少有的"日本通"，对于中国和日本的关系，他提出"中国强则日本是妾，中国弱则日本是贼"的深刻见解。九一八事变后，他坚决主张抵抗，大胆放言："中国之前途决不悲观。"七七事变后，他认为抗日战争不出八年十年必然会取得胜利。

除了关注一衣带水的日本，他还关注与中国领土相连的印度。1940年11月，他不顾病痛访问印度，拜访印度的政界、文化界、教育界人士，推动中印之间的文化交流与合作，为蒋介石访问印度奠定了基础。

六、有瑜有瑕的个性

"金无足赤，人无完人"，戴季陶也是如此。他有不少优点，孝顺父母，手足情深，聪颖好学，热情浪漫，知恩图报，才华横溢，注重后代的培养和教育等，同样他也有许多缺点：生性风流，不忠于婚姻；具有传统的重男轻女思想；性格暴躁，冲动易怒；自制力差，做事缺乏恒心；出尔反尔；收受贿赂，结党营私；具有文人的"愚忠"心理和党派成见等。

总之，戴季陶是一个有血有肉、鲜活而生动的历史人物。如果你对他不了解，不要对他妄下评断；如果你对他非常了解，你会发现戴季陶做过许多值得表扬的业绩，也做错过许多事情，他没有内地所描述的那样坏，也没有台湾地区所褒奖的那样好。如果你得出这样一个结论，那么你就基本上找到了真实的戴季陶。

第一章
从旧学子到留日学生

第一节　好学的神童

家道中落的"富"公子

1891 年 1 月 26 日（清光绪十六年十一月二十六日），四川广汉西街一户人家传出婴儿响亮的哭声，多子多女的戴家又添了一口男丁，母子平安，阖家洋溢在喜庆的气氛中。戴家呱呱坠地的这个孩子就是戴季陶。按照家族辈分，这个婴儿取名为戴传贤，取以"贤"立身处世之意。读书时戴传贤得学名良弼，21 岁后取字选堂，复字季陶，笔名天仇，中晚年号孝园，法号不空，尤以"季陶"之名闻名于世。

戴氏家族本在安徽徽州，随后迁居浙江湖州府吴兴县，迁徙原因无从查考。有人认为是受南山文字狱之累，不得不背井离乡。此后，戴家就把浙江吴兴作为祖籍，不再提与安徽徽州的渊源。乾隆末年，戴季陶的高祖戴闻天孤身流浪至

戴季陶肖像

7

四川，起先为人帮佣，靠力气糊口。有了一些积蓄后，勤劳、聪明的戴闻天白手起家，做了老板，在广汉开了一爿号曰"昌泰"的瓷器店，主营江西景德镇瓷器。因物美价廉，服务周到，所以生意兴隆。戴闻天就在此安身立命，娶妻生子，过上了富足的日子。戴闻天落魄时，家徒四壁，除夕祭祖时买不起一对蜡烛，只能用一盏油灯配上一支蜡烛祭祀先祖；成为富商后，他并没有忘记白手起家的艰辛，除夕依然用一灯一烛祭祖，并告诫子孙要牢记祖上创业之艰辛。后来，一灯一烛祭祖的做法就成了戴家家规。

戴跃龙是戴闻天的长子，他头脑灵活，经营有方，颇有其父的遗风，不但把父亲留下的家业打理得井井有条，还开支阔叶，把一爿店扩展为两爿店。没过几年，戴家买田置地，成为殷富之家。但是戴跃龙并不像一般暴发户那样为富不仁、唯利是图，而是尊礼重教，教育子女读书上进，知耻至孝。在戴跃龙的教育下，儿子戴廉虽生长在富裕之家，但却毫无纨绔子弟习气，而是知书达理，慷慨仗义，颇有魏晋名士风流，乡邻无不对其交口称赞。戴廉就是戴季陶的祖父，他喜诗文，善绘画，以画得一手绝妙的海棠图名冠四方，曾题联明志："注礼有余闲，诗酒两般寻乐事；传家无别业，丹青一幅作生涯。"可见，戴廉注重以"礼"、"诗"、"丹青"等传统儒家思想和文化传家，而非金钱财富传家。这样的家庭环境对戴季陶影响很深。戴廉还以孝道著称，曾跋涉八千里，带儿子回浙江吴兴扫墓修坟。"孝"成为戴家家规的另一个内容。

祖父戴廉虽然知文善画，但却不善理财。因为经营不善，继承家业没多久，他就把家传的两爿店关门大吉，过起了坐吃山空的日子。又因他古道热肠，喜欢替人排忧解难充当保人，所以经常官司缠身，旷日持久的官司让戴家逐渐显露败落之象。戴廉并没有给儿子留下万贯家财，倒把对绘画的热爱传给了儿子戴小轩，即戴季陶的父亲。

戴廉可以靠殷实的家底过日子，但是到戴小轩时，戴家就只剩下了一副空皮囊，靠丹青根本无法养家糊口。好在天无绝人之路，戴小轩经高人秘授，对外科医术颇为擅长，于是就靠悬壶济世维持生计。后来戴小轩娶妻黄氏，黄氏是湖北黄州人氏，生于世代经商之家，16 岁时嫁入戴家。据戴季陶说，她虔诚信佛，"秉性慈祥，持家勤俭"，孝顺老人，尽心抚育子女，是个典型的贤妻良母。黄氏聪明能干，在丈夫的指点下也通晓了外科医术，夫妻二人齐心协力，以医术精湛闻名乡里，治好了许多疑难杂症。有一次，广汉县的一名捕快因追捕盗匪被砍伤 50 多处，危在旦夕，家人甚至都为他准备好了后事。可是戴小轩见捕快余温尚存，气息仍在，于是大胆施药医治，没多久捕快就呼吸平顺。更让人称奇的是，捕快三天后痊愈，亲自登门拜谢。此事一传十、十传百，远近闻名，戴小轩成为"再世华佗"，各种疑难杂症纷纷找上门来。家道中落的戴家就靠戴小轩夫妻的医术维持生计。戴小轩过世后，戴夫人继承戴小轩的医术，承担起家庭重担，继续行医积善。一天，有一个苦力背上生疮、奄奄一息，倒在她家大门外。戴夫人就让人给他涂抹药粉，每天都是如此，从不间断。十余日后这名苦力康复如初，戴夫人念他家贫，分文未收。戴夫人的乐善好施传为佳话，戴季陶在晚年还称赞母亲的行善积德。戴夫人虔诚信佛，经常带着戴季陶到寺庙烧香。年幼的戴季陶怀着好奇之心随母亲前往，潜移默化中受到了很深的佛教影响，中年以后，戴季陶也虔诚信佛。可以说，戴夫人对戴季陶的品行影响极大。

戴季陶就是在这样一个诗书传家、重孝重德的传统家庭中长大。上有三个哥哥和三个姐姐，作为家中的老小，戴季陶备受宠爱，但也较早接触到了人世间的生死离别，体会到生活的艰辛。7 岁时，祖父戴廉过世，戴小轩给父亲风风光光地办完丧事后，戴家负债累累，时常面临债主上门讨债的尴尬。因戴廉作保人而遗留的一起债务案让戴小轩饱尝牢狱之灾，被关押两年才得以回家。官司了结后，戴家祖产几乎丧失殆尽，从殷实之家沦为贫苦家庭。戴季陶 10 岁时，父亲戴小轩过世，家庭重担落在了母亲黄氏和长兄戴传薪肩上。母亲治病救人，长兄一面苦读诗书，一面设塾挣钱。

父祖虽然没有给戴季陶留下万贯家财，却留下了一份无价之

天之生民有物有则

介臣姻兄雅属

学无常师乃一乃精

戴传贤

楷书八言联（戴季陶）

宝——诗文传家、乐善好施的精神财富。戴季陶的高祖、曾祖虽以商牟利，却堪称儒商，注重诗文教化，祖父戴廉更是诗文行世，淡泊名利。据戴季陶本人说，当他祖父由湖州返回广汉时，正好是戴季陶的满月大喜。戴廉怀抱小孙，深感祖宗英灵之光，满心欢喜，不由得开怀大笑。此时，第一次见到祖父的戴季陶，竟然也大声笑了起来，这是他出生以来的第一次笑。这一笑使满堂的人都惊讶无比，视为奇迹，这一笑也使戴季陶赢得了祖父对他的无比钟爱。当戴季陶还在摇篮里咿呀学语时，祖父就开始一边抽一根三尺长的旱烟袋，一边教他读书识字。二三岁时，祖父教他读《幼学琼林》、《唐诗合解》，戴季陶也不负所望，表现出异乎寻常的聪明，能够粗识大意，六七岁时已经能够作诗应对，赢得了四邻八方的交口称赞。祖父的启蒙教育为戴季陶打开了喜欢知识、热爱学习的大门，并使读书成为他保持终身的喜好。据戴季陶自己回忆，他曾在 7 岁那年作了一首五言绝句：

新麦出堤上，迎风如舞浪。
极目不知远，江山皆在望。

这首诗直白易懂，如果出自诗文大家，自然是不值一提，但是如果出自一个 7 岁孩童之手，却不能不让人对这个孩子另眼相看，即使称不上盖世神童，却也是聪颖过人，稍加点拨，未来不可限量。

考场失意"为大赤"

祖父病逝后，戴季陶入私塾读书，接受正规的学校教育。然而，有一件事情却让戴季陶不得不暂时辍学。戴家是倡导孝道的人家，"孝之一字，殆为吾家老幼男女人人实践之德行"。[①] 父亲因债务案被关押后，戴季陶出于孝道，主动到狱中照顾父亲，宁愿耽误学业也不愿有违孝道。父亲在狱中教他读书识字，耽误了半年多的学业并没有完全荒废。

戴季陶对"长兄如父"这句话有着切身的体会，10 岁时，父亲过世，教导戴季陶的责任落在了大哥戴传薪肩上。戴传薪看小弟聪明好学，就带他到纯阳阁读书，承担起父亲的责任，甚至比父亲还要严厉。戴传薪为小弟制定了紧张的学习计划：早晨读经书 3000 字，上午读史书，下午抽默经传 100 字，一字有错，必遭重罚；晚上读古文诗词；另每天写读书札记两三条，不少于 300 字；每月读经一册，月底暗诵全书，不得有错。这在今天的人看来，简直是不堪忍受的苦读，而戴季陶却喜欢不已，他在知识的海洋中尽情地遨游，如饥似渴地吸收知识，每日不但出色地完成学习任务，还总是超额完成。1900 年 2 到 11 月间，他读完《春秋》、《左传》，分三天从头到尾背给兄长听，一字未错。戴季陶的聪明好学、记忆力之强可见一斑。

除了学习传统文化典籍之外，戴季陶在大哥的指点下又学习了《列国变通兴盛记》、《泰西新史》等新学书籍，涉猎一些天文地理书籍，甚至选读《文献通考》、《读史方舆纪要》等国学经典。数年的寒窗苦读使戴季陶视野大开，文化根基深厚，他曾赋诗曰："神童佳号空归我，小子高酬君未知"，一副踌躇满志的气派。虽

---

① 陈天锡主编：《戴季陶先生文存》第 4 卷，（台湾）中国国民党中央委员会 1959 年版，第 1372 页，第 2 卷，第 600 页。

旧时代的私塾

然家境日渐衰落，但是他"腹有诗书气自华"，物质上的清贫难掩他精神上的富有与满足。

多年的寒窗苦读使戴季陶准备在考场上一试身手，以证明"神童"之称绝非谬赞。光绪二十七年（1901）冬，年仅11岁的戴季陶随大哥、二哥一道参加童子试。在州府两试中他均名列前茅，信心满满的他又参加了院试，准备一举成名。然而半路杀出个程咬金，院试的"为大赤"试题把他难住了，他绞尽脑汁也不知道"为大赤"是何意，更不知如何下笔，只能交了白卷。不用想也知道，戴季陶名落孙山，大哥戴传薪则考中秀才。眼看到手的功名因"为大赤"三字而成为泡影，戴季陶的失望可想而知。"为大赤"一语出自《易经》，年方11岁的戴季陶虽然饱读诗书，却没有读过《易经》，怎不让他郁闷至极。30岁之后，戴季陶仍然没有忘记让他与功名擦肩而过的《易经》，开始仔细研读，晚年著有《易经大义》，并把周易卦象之词抄录下来，作为座右铭，时刻提醒自己，也算了却了早年的一桩憾事。

为留学而读书

1902 年，年仅 12 岁的戴季陶随长兄戴传薪来到成都，在东文学堂的东游预备学校学习。与以往的私塾不同，东文学堂是新式学堂，可以说是留学日本学生的预备学校，学生都是从各地的生员中选拔而来的。当时新学领袖徐炯认为这一规定不公平，把很多有学识、有抱负的青年拒之门外，造成了"遗珠之憾"。他多方奔走，在江南会馆创办了东游预备学校，作为东文学堂的预修班。徐炯热心宣传新法，当时许多热血青年都出自他的门下，戴传薪曾在其门下受业近十年，因为人忠厚，思想开明，积极提倡新学，深受徐炯赏识，成为学堂的干事。戴季陶深受大哥影响，也间接受到徐炯的影响，在他的文章里，一直把徐炯视为自己思想启蒙的导师之一。正是在这所学校，戴季陶首次听到了变法、革命等新词，思想慢慢发生变化，完成了从旧式的私塾到新式的学堂、从科举求功名到留学求报国的重大转变。

在当时留学的声浪下，年纪轻轻的戴季陶也萌生了留学日本的念头，遂发奋学习日语。除在课

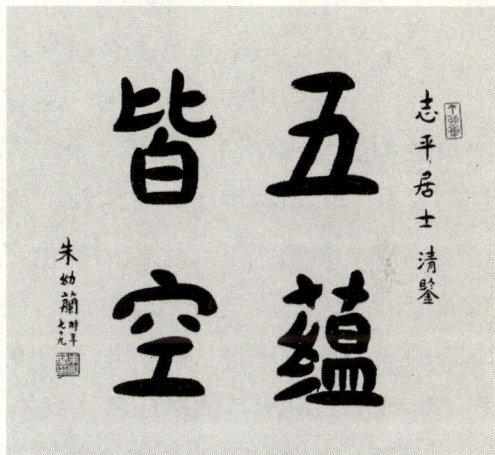

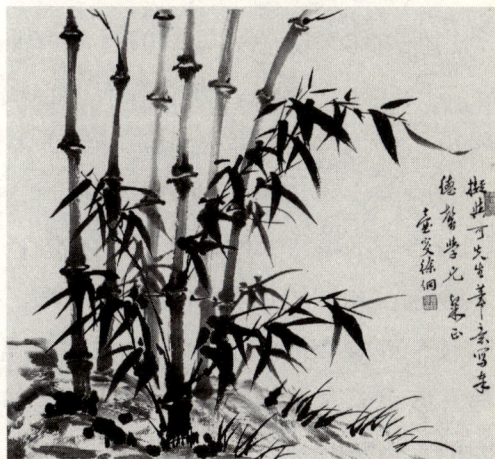

《竹图》（徐炯）

徐炯（1862—1936），字子休，号蜕翁，四川华阳人。无意仕进，以授徒为事，于江南会馆设私塾，命名为泽木精舍。创办四川通省师范学堂，任学堂监督兼四川高等学堂教席。辛亥革命后在成都创办华阳县中国学会、大成会、大成学校等。民国建立，任四川教育会会长。

13

堂上认真学习之外，戴季陶还在大哥的引荐下跟随日本教师服部操学习日语。服部操在早稻田获得文学士学位，其父又是汉学家，所以他汉语、日语都一级棒。在教课过程中，他发现现存的日语教科书存在诸多漏洞，于是就根据自己的教学经验，编著了一本教材，把文法、会话、读本有机结合起来。极富语言天赋的戴季陶在名师的指点下进步很快，二三年后就已经能讲一口流利的日本话了。

一年之后，戴季陶考入客籍学堂高等科。客籍学堂的大部分学生都是外省旅川人士的子弟，还有一些优秀的川人子弟。该校按年龄和国文水平分为高等科和初等科，虽然戴季陶年纪较小，却因文章出色而被提拔为高等科，成为班里年纪最小的学生。在这里，戴季陶遇到了人生中另两位名师的青睐与指点：一位是山东人丁师汝，一位是贵州人赵怡。在两位博学之士的指导下，戴季陶的学识增长迅速。除了学习日文，他还努力学习经史，年龄最小的戴季陶每次考试总是名列前茅，受到师生的交口称赞。

除了人文学科，戴季陶也学习了一些自然科学课程，活泼好动的他对体育颇感兴趣。但是体育课却给他留下了一个永久的记忆。一次体育课上，戴季陶不小心栽倒在地，经检查，左脚关节骨折。此伤终身未能治愈，导致他左脚微跛，难以正常行走。更烦人的是，步行过多或天气变化时，左脚都会隐隐作痛，这让他一生都苦不堪言。体育这项爱好也在不知不觉中被他放弃了。

随着知识的增长和视野的开阔，戴季陶的反抗思想也在潜滋暗长，他曾直抒胸臆："不闻从军老且苦，但愿热血溅黄土；只手拨开奴隶云，双腕击起革命鼓。"反抗意识渐长的戴季陶首先向学堂的监督敲响了"革命鼓"。

新任学堂监督为人不公，评定学生成绩时随心所欲，把高官显贵子弟的名次往前提，这样一来，学习成绩一向优异的戴季陶名次就被人为地降低了。年轻的戴季陶怎受得了这个气，他在祭孔的匾额上题写"某某宗祠"四个字，公开向监督发难。监督也是死要面子之人，怎能容忍学生揭他短处，灭他威严。为了杀一做百，监督不顾师生们的一致反对，坚持把戴季陶开除出校。开除似乎还不解他恨，心胸狭窄的监督呈请四川都署通令四川所有学校不得再收录戴季陶，妄图阻断戴季陶的求学之路。戴季陶被迫改名戴良弼，进入教会创办的华英学堂。可是世上没有不透风的墙，三个月后，地方官府得知戴良弼就是戴季陶时，再次勒令他退了学。

一时的义愤换来二度被逐出学校，年仅 14 岁的戴季陶陷入困境，遭遇了人生的第一个重大挫折。好在天无绝人之路，一位名叫小西三七的日籍教师向他伸出了援助之手。小西三七是通省师范的教师，曾在客籍学堂教授物理、化学等课程。戴季陶的聪明好学给他留下了很深的印象，尤其是戴季陶日语流利，交流起来侃侃而谈。小西三七有意栽培这个年轻好学的孩子，曾在自己的书房私下给他授课，使戴季陶的自然科学知识大有长进。当戴季陶再次被逐出校门时，小西三七恰好被聘为川北中学的理科教师，于是他便邀请戴季陶到川北中学做他的日语翻译，薪俸 14 元。戴季陶欣然同意，要知道在当时，就连举人、进士出身的教师也拿不到如此高的薪俸，更别说他一个被开除的穷学生了。这笔钱不但使一向生活俭朴的戴季陶自用有余，还可以贴补家用。

可是，一时优渥的待遇并没有泯灭戴季陶留学日本的念头，反而随着年龄的增长，见识的广博，他日益感到清政府的腐败无能，更加坚定了留学日本、学习新知的志向。小西三七也鼓励戴季陶到日本寻求救国之路。如果戴季陶没有被客籍学堂与华英学堂接连开除的话，获得公费留学的资格是迟早的事。但是随着他两次被开除，公费留学日本变得遥不可及。无奈之下，他决定自费留学。

风华正茂的戴季陶

孝子之事亲也居则致其敬养则致其乐病则致其忧丧则致其哀祭则致其严五者备矣然后能事亲

立中世六之重居

戴传贤季陶

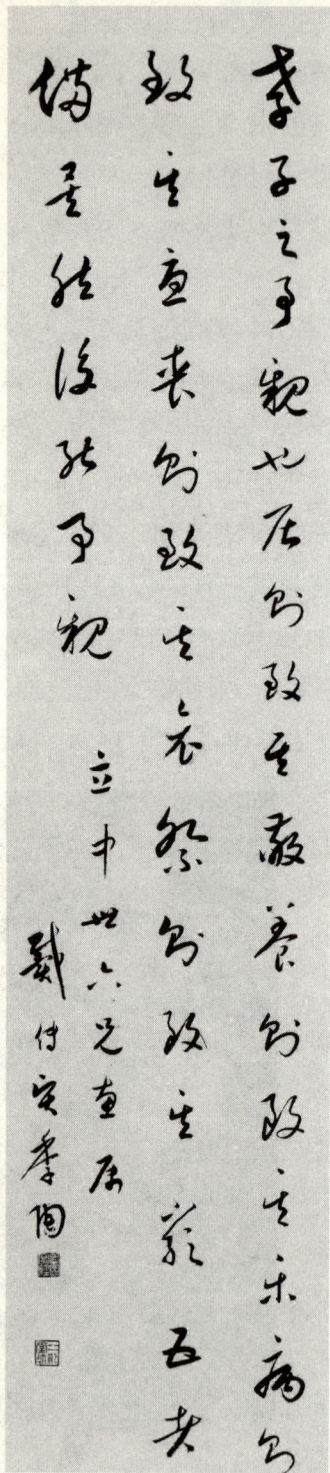

自费留学，家人支持不支持？拿不拿得出这笔费用？这是摆在戴季陶面前最棘手的问题。戴季陶把自己的打算告诉了一向开明的大哥戴传薪，虽然得到了大哥的全力支持，却遭到了其他家人的反对，尤其是70高龄的祖母一听小孙子要去一个陌生的国家，说什么也不同意。怎能让未成年的孙子漂洋过海呢？她不放心，她不忍心，万一孙子有个好歹，她怎能对得起戴家的列祖列宗？一想到这里，她就用发自肺腑的哭声和眼泪来表示反对。从小饱读诗书，以孝行天下的戴季陶一见这情景，心里也是矛盾至极。"父母在，不远游"的古训萦绕耳边，怎能抛下祖母和母亲远赴重洋呢？可是想到革命救国的远大事业，他还是决定暂时离家，待到学成，立刻归国，侍奉祖母和母亲，毕竟"父母在，不远游"后面还有一句"游必有方"。他是为了救国救民才离国背井、远赴日本的，是"有方"而离家的。夜晚当戴季陶躺在床上辗转反侧时，戴传薪做起了母亲的思想工作，开明的戴夫人也明白"男儿志在四方"的道理，儿子想出去闯荡一番，做母亲的应该支持，于是便点头同意了。然后，戴传薪和母亲一起做老太太的思想工作。在二人的劝说下，老太太总算同意让小孙子出国留学了。接着，让全家人更头痛的问题也来了——盘缠哪里来？家道中落的戴家是负担不起留学的巨额费用的。戴传薪为了弟弟，走亲访友，到处借钱，可是亲戚朋友也都是普通家庭，没有多少余资。几天的筹措，也只是杯水车薪，全家急得团团转。男子汉关键时刻需要硬心肠，戴传薪思考数日，咬咬牙，狠狠心，卖掉了祖传的 30 亩沙田，换来了 700 块大洋，终于解决了学费和盘缠的问题。

长兄的鼎力支持让戴季陶铭感五内，终生难忘。他曾说："我这看书作文的力量，都是由我的大哥很辛苦的教训得来的……我能够出来留学，也是由我大哥很坚强的决心，排除万难来帮助我的"。① 一句话道出了戴季陶对大哥的无限感激之情。戴季陶也知恩图报，在三位哥哥先后去世后，他毫不犹豫地承担起照顾他们孤儿寡母的责任，直到他自己去世。

此前的经历用他的一首诗描述，是"六岁学吟诗，十岁五经毕，十二至十三，废经读翻译（日文），十四任助教，十五事游历"。1905 年，15 岁的戴季陶带着家里筹措的盘缠上路，沿长江来到汉口，准备一路东行。到汉口后，他把携带的 700 块大洋分到两处存放，身上背 500 块，提篮里放 200 块。当他提篮子上岸时，因行李沉重，步履蹒跚，码头窃贼看准机会，一把抢过戴季陶的提篮，消失在人群中。戴季陶没有想到会发生这样的事情，变卖田产换来的 200 块大洋本来是充作旅费的，如今被贼人抢走，怎么向家人交待？如何到达日本？想到这，戴季陶悲悲戚戚地哭起来，越哭越伤心，哭声也不由大起来。首次出门在外的戴季陶体会到了"在家千日好，出门事事难"的道理。好在同行的一位族兄热情相助，劝他莫要半途而废，先到达日本后再和家里联系想办法。戴季陶听了族兄的话，擦干眼泪，跟族兄先到达上海，乘船驶向日本。一路上有族兄相伴，倒也平安无事。

① 戴季陶：《八觉》，见《戴季陶集》上册，上海三民公司 1929 年 11 月版，第 5 页。

第二节　热情、浪漫的留学生

"松滨四友"之一

19 世纪末 20 世纪初的日本是西学传入中国的中转站，许多先进的知识大多由日本转而传入中国，因而，许多有志青年把留学日本看作寻找报国的良药。正如戴季陶所言："当时我们的最大的希望，我们最出劲干的，就是要把欧洲的文化全部运输到中国来，改革我们的中国。"① 当时，在日本众多的私立学校中，最符合中国留学生心理的，有法政和师范两类学校。戴季陶顺利进入了东京的一所师范学校，学习一年之后，1907 年进入东京日本大学法科。

日本大学是当时东京五大私立大学之一，尤以法学见长。戴季陶在这里受教于日本著名的法学家，受到了专业的法学训练，为他日后成为法学权威奠定了良好的基础。日本大学的生活给戴季陶带来了两大收获：一是日语突飞猛进，二是结识了一群志同道合的同乡。

在国内时，戴季陶的日语基础不错，在师范学校读书时，说话听讲困难不大，但是，日语毕竟是他的第二语言，听的、说的日文都要事先在头脑中转化成中文，然后才知晓其意，这使他常常跟不上讲课进度。这也是当时留学生的一个通病。这时，一位曾经留学欧洲的教师教给他一个学外语的好方法：每天早上坚持读日报，把报纸从头到尾读一遍，不必要求理解，遇到生字，有时间就查，没时间就略过，一定要大声朗读，而且声调要尽量模仿外国人。戴季陶还在这个基础上给自己加码：大量阅读日文书籍，或朗诵，或背诵，坚持锻炼。半年之后，他的日语大有长进，日本人说日语，他也一听即懂，不存在任何交流障碍。据他的同

---

① 陈天锡主编：《戴季陶先生文存》第 2 卷，（台湾）中国国民党中央委员会 1959 年版，第 501 页。

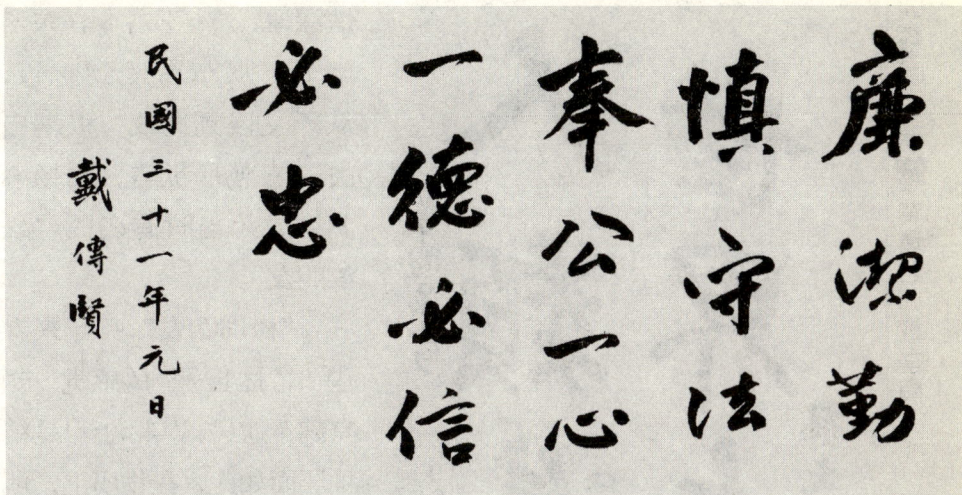

廉潔勤
慎守法
奉公一心
一德必信
必忠

民國三十一年元日
戴傳賢

行书格言（戴季陶·1942）

学说："季公（指戴季陶——笔者注）长于日本话。那时留学生说日语，能够让别人在隔壁房里听不出是中国学生的，不过三数人，季公尤称第一。"① 孙中山后来也夸戴季陶"日本话说得比日本人还好"。克服了语言障碍，戴季陶开始如饥似渴地阅读日文著作，在知识的海洋中尽情畅游，甚至达到了嗜书如命的地步。再加上他天资聪颖，看书极快，领悟性高，故而进步很快。书读得多了，想法也多了，他就勇敢地表达出来，曾用"散红生"的笔名发表多篇散文、小说或诗歌。他的文章因文笔隽永、感情丰富颇受欢迎，初步显示出他具备"笔杆子"的基本才能。

日语的进步固然让戴季陶欣喜，而更让他终身难忘的是在这里结识了一群志同道合的好友和同乡。日本大学学生总数约为5000人，中国留学生达1000多人，占1/5，学校里处处都有中国同胞的身影。戴季陶通过他那独特的四川乡音与在此地留学的谢健、胡森、杨子鸿、金锐新等人一见如故。他乡遇老乡，怎不让戴季陶兴奋？戴季陶和金锐新住在同一间旅馆，谢健和杨子鸿住在百步之外。三年里，风华正茂、志同道合的四人朝夕相处，感

---

① 谢健：《谢铸陈回忆录》，台湾文海出版社，第25页。

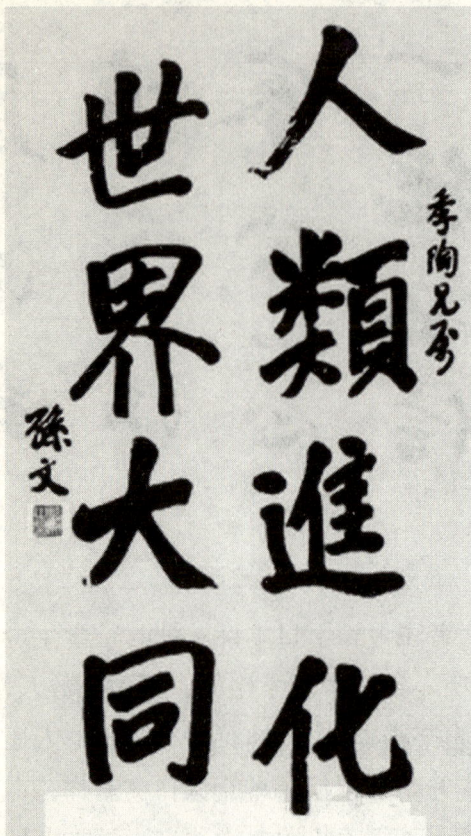

人類進化
世界大同

季陶兄季

孫文

孙中山为戴季陶题词

情深厚，"上下古今，东西南北，从革命谈到吃饭，从天文谈到蚂蚁，极端自由"，[1] 畅所欲言，酣畅淋漓，成为当时有名的"松滨四友"。

"松滨四友"听起来有些"竹林七贤"的感觉，颇有魏晋遗风，实际上只是精神层面如此，在物质上，他们却是不折不扣的"松滨四狼"。"松滨四狼"源于他们"囊中羞涩"，看到美食便如饿狼。与很多人一样，"松滨四友"是自费留学，学费昂贵不说，平日里吃喝住等都是一笔不小的开支。为了节省开支，他们有时候一天只吃一顿饭，聊解饥饿之苦。几天吃不饱还行，可是长时间吃不饱，嘴上不说，肚子整天唱"空城计"也让他们难以忍受。每当有家人寄包裹或者特产过来时，"松滨四友"立刻成为"松滨四狼"，闻香扑向美食，就像爱书的人扑在书籍上。不管这食物是谁的，他们都会毫不犹豫地拿过来大快朵颐，斯文、礼貌暂时退居二线，积攒多时的馋虫纷纷出笼，上演抢吃大战。一顿狼吞虎咽之后，馋虫被喂饱，才美滋滋地各安其位。争相抢食的趣事成为他们日后的谈资，言谈中甚至有些向往当年精神丰富、物质贫苦的生活。

在"松滨四友"中，生性活泼、文采斐然的戴季陶因年龄最小被称为"小戴"，可小戴人小鬼大，却干了一件大事，在留日的

---

① 陈天锡主编：《戴季陶先生文存三续编》，（台湾）中国国民党中央委员会党史史料编纂委员会 1971 年版，第 290 页。

中国学生中崭露头角。

中国留学生同学会会长

日本大学虽有 1000 多名中国留学生，但却处于一盘散沙的局面，各自为营，平时没有多少交集。为了加强留学生的联系，1908 年秋，戴季陶在好友的推举下向校方建议，成立中国留学生同学会。校方积极支持，却遭到了清政府驻日本留学生监督田景照的激烈反对。他奉清政府之命，严禁学生组织团体，聚众滋事，图谋不轨。可见，要成立同学会，首先要过清政府的留学生监督这一关。戴季陶在成都就有过与学监斗争的经验，此次二战学监，他一改上次孤军奋战的做法，号召中国留学生集体向学监施加压力，校方也积极做学监的思想工作。最终，在第二回合的大战中，戴季陶取得胜利。可以说，戴季陶的反清斗争是从反抗清政府的学监开始的。

获得了学监的同意后，戴季陶开始具体筹备同学会事宜，主要就是筹备"经费"。戴季陶充分利用平时积累的人脉，再加上他的口才，东拼西凑，连捐带借，总算是凑出了一笔经费。这样，日本大学的中国留学生同学会的筹备工作顺利完成，万事俱备，只欠一个正式的仪式宣告成立。典礼当天，日本文部省、清政府驻东京使馆都有人前来祝贺，给足了面子。日本大学校长和许多教授也前来观礼，到会的学生有 2000 多人，场面

穿朝服的清朝官员

热闹非凡。戴季陶因出色的组织才能和在筹备会上的贡献被推举为大会主席，并致开幕词。戴季陶按照国际惯例，首先用四川话演说一遍，再用日文说一遍，富有特色的四川话和流利的日语，再加上饱含感情、真挚动人的内容，演说博得了满堂彩。在众人的掌声和欢笑声中，中国留学生同学会正式成立。年仅18岁的戴季陶众望所归地当选为会长，好友谢健和杨子鸿当选为书记。

典礼后，同学会举行了盛大、热闹的文艺活动。戴季陶首开金嗓，唱了一首日文歌，博得满堂彩。谢健也在众人的起哄下，演唱京剧名段《出师表》，地道的唱腔、标准的发声，赢得了阵阵掌声，更激起了许多同学的思乡情、思国情。国粹京剧把来自中国各地的留学生的心紧紧联系在一起，许多同学也不禁小声附和，形成千人共唱京剧的感人画面。文艺活动达到高潮。

东渡日本已经两年有余，这是戴季陶最激动最难忘的一天，他也忘情地唱着带有川音的京剧，仿佛回到了祖国和故乡。大会散后，戴季陶的心情久久不能平复。回到松滨馆，他还沉浸在大会的热闹氛围中。千般情愫齐聚心头，一向能言的戴季陶却不知如何表达，竟嚎啕大哭起来，似乎只有大哭才能让过度高兴的心情恢复平静。好友们知道戴季陶一向性格外露，大喜大悲之情总是通过哭声来表达，大家对此习也已以为常。这一次，好友们知道他是喜极而泣，故没人劝止。爱哭也成了戴季陶的一个特色，中年甚至晚年以后，他还经常大哭。

戴季陶另一次大哭的导火线与爱情有关。这是一场纯洁、真挚的爱恋，也是一场没有结果的爱情。唯其悲剧，倒成永恒。

只开花未结果的初恋

戴季陶才华出众，风度翩翩，洒脱俊逸的性格引起了一位女子的好感。这位女子端庄秀丽，也赢得了戴季陶的思慕之情。好友们见"郎有情，妹有意"，便帮忙撮合这对才子佳人，两人纷纷坠入爱河。初次陷入爱河的戴季陶发现，两人的恋情与别人的恋情不一样，竟然受到日本警方的严密监视。为什么谈恋爱还会遭到监视呢？戴季陶百思不得其解，于是就把自己的疑问告诉了这

位女子。这位女子这才据实说出了
自己的真实身份"她不是普通的留
学生，而是朝鲜的一位李姓皇族公
主。日本吞并朝鲜后，到处搜捕、
监视皇族成员，公主担心日本警方
的监视会给戴季陶带来麻烦，想斩
断这段情丝。可是戴季陶刚刚体会
到爱情的幸福，哪会顾及到什么危
险，对公主仍是一往情深，甚至做
出与她同生共死的许诺。公主被戴
季陶的真情感动，继续与他交往。
戴季陶决定公开自己的爱情，让二
人的爱情得到好友们的祝福，邀请

爱哭的戴季陶

好友参加他的订婚宴。好友们得知公主的身份和戴季陶的决心后，
也都纷纷献上真诚的祝福。在订婚宴上，戴季陶唱了一首日文歌，
表达他对未婚妻的感情，朋友们也唱歌助兴，开怀畅饮，个个喝
得不醉不归。眼见意中人如花似玉，情投意合，朋友间无话不谈，
亲如手足，戴季陶感到自己是世界上最幸福的人，心里装满了幸
福和感动，禁不住再次放声痛哭，宣泄心中无法言语的幸福。

可是婚宴后没几天，新娘子却不见了，遍寻不着，戴季陶一
下子从幸福的天堂坠入了痛苦的地狱，陷入了深深的失恋之中。
是日本宪兵逮捕了她？是她自己无法承受压力主动离开？她现在
是生是死？戴季陶不知道，也不敢继续往下想。只有在夜深人静
之时，戴季陶才小心翼翼地想念她、担心她，任泪水滑过脸颊，
却不敢放声大哭。这件事成为戴季陶的一个秘密，一个永远也不
会对别人提起的心灵剧痛。

如果不是"松滨四友"之一的谢健在抗战时期曾讲述这段被
腰斩的爱情故事，也许我们永远也不会知道风流的戴季陶竟会有
过如此纯真的初恋。

也许是受到失恋的打击后想寻找爱情的寄托，也许是天生的

行书松竹梅（戴季陶）

浪漫多情作怪，戴季陶一改往日严于律己的生活方式，开始出入烟花柳巷，过起了放荡不羁的生活。谢健为人宽厚，对于戴季陶的这种做法，也忍不住直言批评，说他私生活不甚检点。戴季陶后来也说："在日本养成了一种浪漫的性格，不容易改变。"①

感情上的创伤深深地埋在了心底，物质上的贫穷再次赤裸裸地呈现在戴季陶的面前。日本旅馆可以替房客代买香烟、邮票等物品，月终结算。由于旅馆老板敬佩戴季陶，常常会借给他零用钱，以解燃眉之急，甚至帮他还所欠的其他地方的债务，当然包括他的风流债。到 1909 年，戴季陶在松滨馆的旅费已经拖欠几个月了，而此时一向慷慨的旅馆老板也遇到经济困难，不得不要求戴季陶缴纳房租和伙食费。可是戴季陶此时却身无分文，而房租和伙食费经过长时间的累积后已经成为一笔不小的数目。金锐新平时帮他缴纳学费，已经没有多余的钱来帮他缴房租了，对这笔巨款无能为力，其他好友也是经济窘迫，整日捉襟见肘，实在拿不出钱来。经济的窘迫使戴季陶不得不在日本大学办理了肄业手续，准备提前回国。谢健毫不犹豫地当掉了妻子留给他以备不时之需的一只金戒指，换来了 5 日元，

① 陈天锡主编：《戴季陶先生文存再续编》，台湾商务印书馆 1968 年版，第 739 页。

给戴季陶饯行和充作盘缠。中国人历来注重迎来送往，在为戴季陶饯行时，好友们决定一醉方休。一番酣畅淋漓的痛饮之后，个个喝得酩酊大醉，真性情也表露无遗，他们劝勉戴季陶回国后好好干，做出一番事业，来日再共诉衷肠。戴季陶被这真挚的话语感动，又为不得不提前回国难过，一杯接一杯地喝，边喝边流泪，最后索性放下酒杯大哭起来。好友们知道他又动了真性情，也不劝解，相互搀扶着返回旅馆。到了旅馆，戴季陶还抽噎不止。

第二天，好友们到车站为戴季陶送行，发现旅费竟然还差3日元，关键时刻出岔子。所有人翻遍了口袋，也没有找出一文钱，急得如热锅上的蚂蚁。轮船即将开锚，怎么办呢？又是好朋友谢健，关键时刻显身手，立马赶回旅馆，二话不说，抱起在日本大学两年来的20多本讲义，全部送进了典当行，换来了4日元。顾不得满头大汗，谢健跑回车站，把所有的钱都塞给了戴季陶。戴季陶握着谢健给的"救命钱"，体会到什么才是真正的"礼轻情义重"。"多情自古伤离别"，更何况是一向浪漫多情的戴季陶呢？想起三年来好友们的朝夕相处，想到不知何年何月才能再相逢，戴季陶的眼眶就湿润了，再一次大哭起来，好友们劝慰他的同时，

南京考试院

也都纷纷热泪盈眶。戴季陶与好友们一一相拥，才依依不舍地上船，踏上了回国之路。

戴季陶对谢健的这份情谊感念终身，后来当他在南京再次邂逅不得志的谢健时，邀请他到自己所在的考试院任职，成为自己的亲信和幕僚。

只是眼下，在海上漂泊的戴季陶并不知道回国后等待他的是什么。

第二章
从笔杆子到革命者

第一节　苏州从政

巧遇"及时雨"

1909 年夏，戴季陶回到了阔别四年多的上海，身上除了 0.8 元日币以外，一无所有，他再次面临流落街头的境地。好在天无绝人之路，正在戴季陶长吁短叹不知如何是好之时，上海教育界的知名人士张俊生成为了他的"及时雨"，说起二人的相遇，颇具戏剧性。

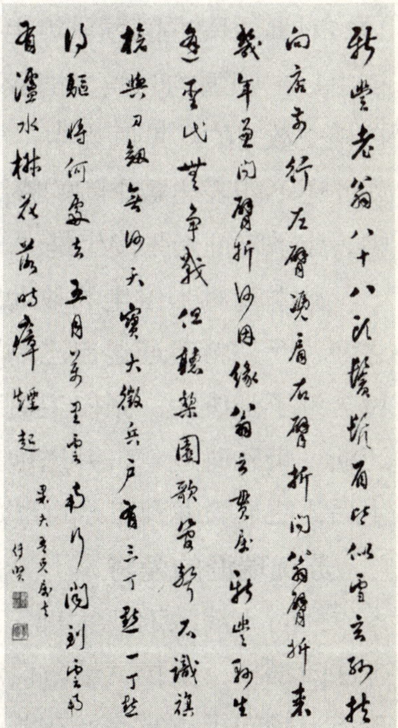

当戴季陶提着行李漫无目的地走在上海街头时，忽然听到有人问："敢问阁下是戴良弼吗？从日本回国了？"

陌生的上海，怎么会有人知道自己的名字？戴季陶仔细一看，一位身着黑色长衫、戴黑色眼镜的中年男子站在自己面前，他满面笑容，文质彬彬。

戴季陶对此人立刻产生了一种似曾相识的感觉，此人似乎从

行书节录唐诗（戴季陶）

戴季陶的反应中证实了自己的猜测，继续说道："在下张俊生，在上海教育界工作。当初去日本时，恰逢你当选为日本大学留学生同学会会长，所以对你印象很深。"

戴季陶这才知道，原来遇到了"故交"，赶忙热情地应答。当张俊生知道戴季陶因囊中羞涩而提前回国、现在正落魄街头时，他热情地邀请戴季陶到他家暂住几日。可是戴季陶年轻气盛，脸皮薄，拉不下脸来到别人家蹭吃蹭喝，婉言谢绝。张俊生似乎看穿了戴季陶的心思，再三邀请，他的热情和真诚让戴季陶无法再拒绝。

到了张俊生家，戴季陶才发现他家原来是一个小型的"落魄青年收容所"，好几个青年人都在此居住。几日相处下来，戴季陶打消了对张俊生的疑虑，成为可以坦诚相交的朋友。张俊生在了解到戴季陶的经历后，以过来人的身份勉励他要勇敢面对困难，自尊自爱，树立人生信心，不妄自菲薄，更不狂妄自大。戴季陶感到自己又遇到了人生的一位名师，受益良多。对于这段经历，1926秋戴季陶在回顾早年生平时饱含深情地写倒："俊生先生在我初由日本归国的时候提携我、帮助我，使我不致落魄穷途。并且在相交数月的短期间当中，能够很真挚地从道义上督责我。"似乎如此还不能表达戴季陶的感激之情，后来在他的著名文章《八觉》中，戴季陶推崇张俊生是"二十年来最感激的朋友"。

戴季陶对张俊生的救助感激万分，可是他绝非靠人施舍度日之辈，而是希望通过自己的才华找到工作，于是他便把未来的打算告诉了张俊生。张俊生更欣赏这个有骨气的小伙子，建议他到江浙一带碰碰运气，并送他几块大洋作为盘缠。戴季陶谢过张俊生后，便乘船来到江苏的省城苏州。

苏抚瑞澄的爱将

此时，清政府正大肆宣扬"预备立宪"，各省纷纷设立了不少法政学校，宣扬"地方自治"。江苏巡抚瑞澄出身于满洲贵族，政治上倾向于立宪，便在苏州创办了一个地方自治研究所，正在到处招揽人才，这为日本大学法科肄业的戴季陶提供了机会。可是在苏州他举目无亲，没有故交好友，怎么才能跟巡抚大人牵上线呢？古有毛遂自荐，戴季陶决定效法毛遂。他鼓足勇气，叩开江苏巡抚的衙门，递上了自己的履历，请求拜见巡抚。瑞澄看到戴季陶的自荐履历后，对这个年轻人的做法颇为欣赏，邀请戴季陶到后堂交谈。瑞澄算是满清贵族中较有学识和抱负的官员，当他发现戴季陶举止文雅，才思敏捷，对答如流，是可造之材后，决定破格录用他，当即委任他为江苏自治研究所的主任教官。

戴季陶见瑞澄如此赏识自己，也决心报效瑞澄的提拔之恩，尽心竭力为江苏的立宪工作献计献策，准备在江苏大干一场。然而，不久之后戴季陶就发现，做事情难，做成一件事情更难，因为处处都有小人刁难，他的一腔热血和报复在现实面前处处碰壁。

江苏地方自治研究所

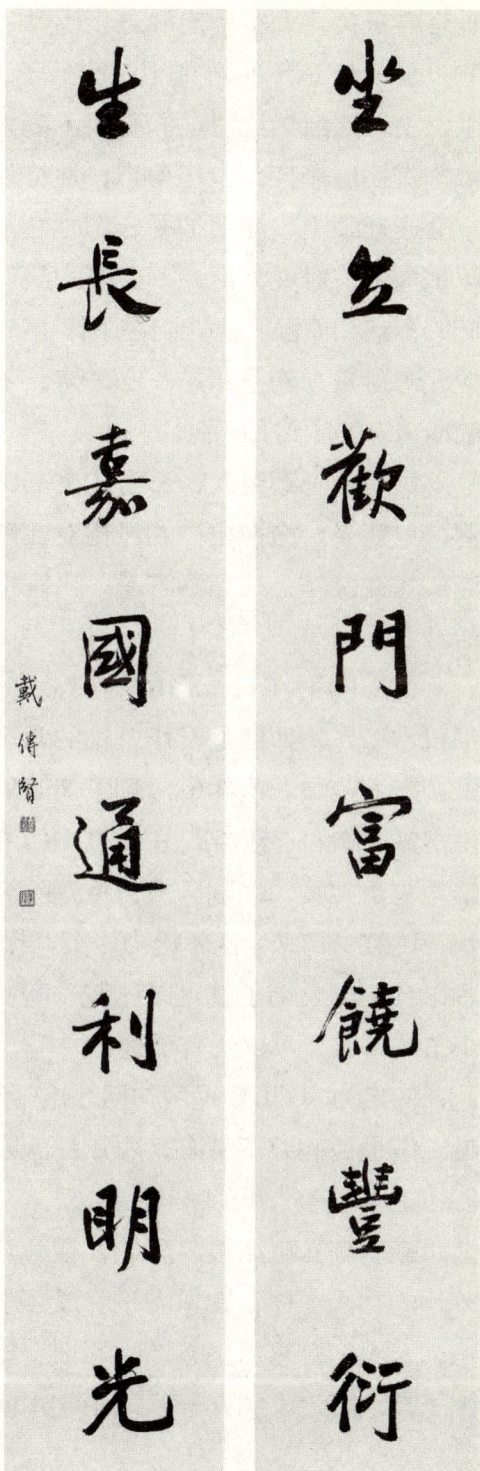

坐长嘉国通利明光

坐立欢门富饶丰衍

戴传贤

八言书法字对（戴季陶）

29

是官办机关，大多是翰林进士出身、年过半百的饱学之士，戴季陶只是一个不满20岁的毛头小伙子，竟然是主任教官，位在诸遗老之上，这自然让遗老们心里不高兴，想着法子刁难他。再加上戴季陶初出茅庐，少年得志，性格外露，奔放洒脱，对官场上那一套逢迎媚上、溜须拍马、勾心斗角一窍不通，对厌恶之人丝毫不加掩饰，对说大话、不办事的风气深恶痛绝，结果更引起遗老们的不满和愤恨。遗老们在工作上三心二意，相互间也勾心斗角，但在对付戴季陶上却是一心一意，可以说是同仇敌忾，表现出了前所未有的团结和干劲。

戴季陶聪颖过人，日常的文书之类他一学便会，办事干净利落，与遗老们拖拖拉拉的风格对比鲜明，由此深得瑞澂赏识。遗老们想在工作上找茬不容易，只好把注意力转移到戴季陶的私生活方面。

戴季陶把在日本形成的浪漫多情的性格延续到了国内，除了日常工作，他便是秦楼楚馆的常客，还自以为是倡导新生活方式，毫不避嫌。这件事传到了遗老们的耳朵里，他们认为找到了排挤戴季陶的"致命武器"，抓住了他的小辫子了。因为大清例律禁止官员狎妓，轻则斥责，重则除名。他们赶忙跑到瑞澂跟前告状，说戴季陶私生活不检点，公开进出声色场所，辱没官员名声。本以为扣顶大帽子就足以让戴季陶被开除了，谁知瑞澂是个不拘小节的官员，不仅没有责罚戴季陶，还为他辩护："年轻人谁不如此，何足为病。"[1]短短两句话让这帮遗老们碰了一鼻子灰，自讨没趣。但是他们并不甘心，决定另想办法。在扳倒政敌方面，遗老们还是很愿意"开动脑筋"的。

戴季陶私生活放浪形骸，在公开场合也是锋芒毕露。与当时苏州的文人一样，戴季陶也养成了在茶馆喝茶、聊天的嗜好，苏州文人墨客有喜欢坐茶馆的习惯，戴季陶也受到影响，经常在茶馆里高谈阔论。别人一般讨论学术问题，而他则喜欢谈论当前局

---

① 王寿南：《戴季陶》，见《中国历代思想家》，第55辑，第12页。

清朝衙门

势和政治问题，对于 1909 年刚颁布的《钦定宪法大纲》也旁若无人地进行评论，几乎可以说是批评，因为他认为这个宪法大纲和帝王专制没有什么区别。这一方面说明戴季陶对清政府玩弄的立宪手法有了较为深刻的认识，另一方面说明他对清政府的立宪主张深感失望，革命思想正在潜滋暗长。戴季陶的大胆言论再次成为小人攻讦他的借口。诽谤时政，这个罪名不轻啊，这回可以让戴季陶卷铺盖回家了。遗老们把戴季陶的罪状添油加醋地告诉瑞澄。可谁知瑞澄又为戴季陶开脱，认为臣民表达自己的意见，无伤大雅，不值得大惊小怪，如果这样就要治罪，以后就没人敢提意见了。瑞澄的一番言论让遗老们的愿望再次落空，戴季陶公开批评时政，非但无罪，反而有功。遗老们这时终于明白了，瑞澄是戴季陶的保护伞，只要有他在苏州一天，戴季陶就轻松自在一天。遗老们只好把对戴季陶的讨厌和憎恨埋在心里，等将来瑞澄不在的那一天，再图老账新账一起算。

潜心习国学

多年后戴季陶对苏州的生活还是很感激的，因为在苏州他除了遇到奸佞小人之外，更结识了一位良师益友——张雨田。此人

张东荪信札手迹

　　张东荪（1886—1973），浙江杭县人，原名万田，字东荪，曾用笔名"圣心"，晚年自号"独宜老人"。现代哲学家、政治活动家、政论家、报人。曾为研究系、中国国家社会党、中国民主社会党领袖之一，曾任中国民盟中央常委、秘书长。

是张东荪的兄弟，张东荪后来经常与戴季陶在报界打笔墨官司，但是戴季陶与张雨田的关系并没有因此而受到影响。说到二人的结识，还有一段充满戏剧色彩的故事呢。

　　戴季陶由于是茶馆的常客，再加上口才极好，旁征博引，毫不顾忌地畅谈天下事，观点大胆新颖，经常言人所未言，所以常常让茶客们感觉既过瘾又增长见闻。时间一长，他在茶馆里竟然拥有了几个铁杆听众，这也让他感到"英雄有用武之地"。一天，当戴季陶正侃侃而谈时，一位相貌堂堂的中年人坐在了戴季陶的桌子旁，笑而不语，静听戴季陶发表宏论。戴季陶以为又是一位慕名而来的"粉丝"，也没多加理会。此人临走时，向戴季陶做了自我介绍，并询问戴季陶的住址。戴季陶这才知道此人名叫张雨田，乃是刑部郎中改任候补知府，在苏州候缺。

戴季陶素来没有巴结清政府官员的喜好，本以为二人的交情仅此而已，应酬几句，也没放在心上。可是第二天一大早，当戴季陶刚刚起床正在洗漱时，这位张先生竟然带了几本书登门拜访。不请自来，没等戴季陶说话，张雨田就开门见山地说："老弟，你确实后生可畏，可惜聪明有余，学问不足。这是你读书太少之故，你现在应该赶快多读书。"说着就把自己抱来的书一股脑儿放在戴季陶怀里，叮嘱戴季陶一定要读。戴季陶心高气傲，哪受得了这般批评，心里拉下了脸，但是见此人一片赤诚，又是长者，不得不客气地接过书，放在书桌上，极力表现出恭敬和笑纳。可是当张先生前脚一走，戴季陶后脚就把书籍束之高阁了，对他的告诫也如同耳旁风，继续他高谈阔论和潇洒风流的生活。

可谁知第三天一大早，张雨田先生再次不请自来，询问戴季陶是否读了他送来的书，并要求他讲述书中的内容及读后感。戴季陶只好草草应付一番，本以为事情就此打住了，可是没想到，接下来的几天，张雨田就像中了邪一样，每天都甘做"不速之客"，不管戴季陶高兴还是不高兴，依然不厌其烦地询问他读书的进展情况，有何收获。虽然戴季陶对张雨田的多管闲事有些恼怒，但却不好当面顶撞，只好到茶馆或声色场所，躲避他的盘问。可是张先生竟似摸着了他的心思似的，每当戴季陶刚落座，张先生必尾随而至，简直成了戴季陶甩也甩不掉的影子。茶馆里各色人等闹哄哄，戴季陶本以为可以暂时落个耳根清净，但是让他想不到的是，张先生竟然不顾人多嘴杂，不顾氛围不对，执意询问戴季陶书中内容为何，感慨如何。许多不明就里的茶客对二人的关系颇感好奇，戴季陶是好面子之人，见此情景，知道不读几本书是混不过去了，只好按捺下来，读些张雨田推荐的书，希望赶快送走这尊"瘟神"。

戴季陶虽然对张雨田每天的盯梢反感，但是对书籍却并不反感。他天资聪颖，几本书读下来，便感觉自己思路打开，获益匪

好学近乎智 力行近乎仁
知耻近乎勇

滕田馆主人

甲寅夏慕春季

戴天仇

戴季陶行书书法

浅。每当遇到问题，他还会主动与张雨田交流讨论，张雨田在他心目中的形象也慢慢改善。张雨田见戴季陶虚心求教，也毫不吝啬，不顾路遥登门指教，二人相谈甚欢。在张雨田的指导下，戴季陶对国学有了更深刻的认识，如饥似渴地专心读书，暂时抛却了到茶馆和声色场所虚度光阴的生活方式。

那么，张雨田为什么要对戴季陶谆谆教导，诲人不倦呢？有人认为是为了把戴季陶拉入封建遗老的阵营；有人认为是爱惜人才，怕他虚度光阴，放浪形骸。不管怎么说，如果没有张先生勤加劝勉和督促，也许戴季陶依然是那个留恋声色场所、虚度光阴、心高气傲的年轻人。但是现在，戴季陶去秦楼楚馆的心思少了，认真读书的时间多了，国学水平也大有提高。戴季陶对张先生的精心指点感激不尽，与之义结金兰。国学水平的提高为他日后成为国民党中首屈一指的理论家奠定了基础。回顾这段经历，戴季陶感慨地说："我对国学能有基础，都是张先生所赐。"[1] 可见此言非虚。

快乐的日子总是很短暂。1910 年 2 月，瑞澄调任湖广总督，戴季陶的保护伞走了，他的厄运随即开始了。新上任的代理巡抚与那些遗老们一样，一向厌恶戴季陶，现在他是巡抚衙门的一把手，总算有

① 王成圣：《戴传贤的一生》（一），见《中外杂志》第 16 卷，第 4 期。

机会整一整这个不知天高地厚的黄毛小子了。一天，在一次僚属集会上，代理巡抚当着众人的面，声色俱厉地批评戴季陶，并且明明白白地告诉戴季陶，自己不是瑞澄。戴季陶知道，自己在苏州的日子到头了，这些人开始要对自己算旧账了。他怀着一腔报国热情来到苏州，本以为可以为国家富强献策献力，可谁料还没等他施展才能，却一直要与一帮小人斗智斗勇。官场的黑暗与争斗让他对清政府有了更加深层的认识，要想国家富强，只有另谋他路。怀着对现实的失望，怀着对未来的希望，戴季陶心情复杂地离开了苏州。

第二节 "天仇"时代

"天仇"露锋芒

1910年春，戴季陶再次返回到上海，回到张俊生家暂住。张俊生对戴季陶的苏州经历大为感叹，问他有何打算。戴季陶直言，苏州官场的经历让他极为厌恶官场上的尔虞我诈、勾心斗角，他决定另谋生路，不再涉足官场。张俊生频频点头，帮他四处打探。恰好他的一个好友在《中外日报》任职，说《中外日报》正在招聘编辑。张俊生问戴季陶是否有意到报社任职，戴季陶在日本时经常在报纸、杂志上撰文，对新闻业很感兴趣，表示乐意前往。这样，戴季陶在张俊生的推荐下，顺利进入上海的《中外日报》，做了一名新闻记者。

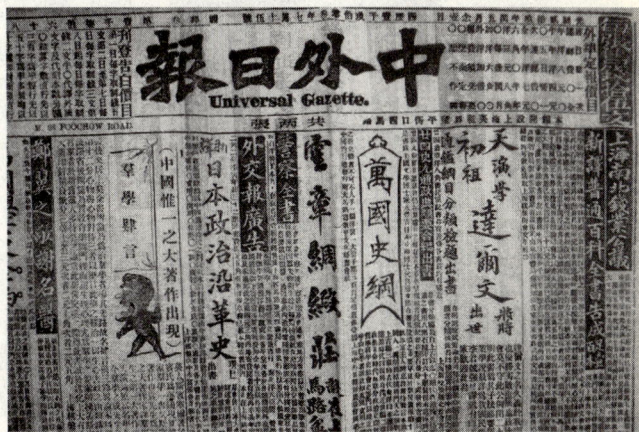

清朝末年的《中外日报》

在《中外日报》工作时，他起初沿用

日本时的笔名"散红生",后来又从"不共戴天"这一与"戴"相关联的成语中,取"天仇"为笔名,发表一些评论性文章,揭露君主立宪的真面目,言辞大胆,文笔犀利。比如在《立宪救国乎立宪亡国乎》一文中,他大胆揭露清政府立宪的实质是在搪塞国民,防止国民的反抗,根本不是为国民谋利益,说明他对清政府的立宪伎俩有了较为清醒的认识。《中外日报》是立宪派的报纸,极力宣扬立宪,而戴季陶却锋芒毕露地揭露立宪派的嘴脸,所以他的许多言辞激越的文章得不到报社的发表,双方在政见上存在着重大分歧。戴季陶担任编辑没几天就感觉到,双方的合作不会太愉快,于是他一边工作,一边寻找新出路。

在《中外日报》干了一个月后,他听说上海另一家报纸《天铎报》正在公开招聘新闻编辑。《天铎报》创刊于1910年春,创办人是曾任浙江咨议局议长的立宪派分子汤寿潜。不过汤寿潜只是名誉社长,并不负责报纸的具体事务,具体事宜皆由社长兼总编辑陈训正(陈布雷之堂兄)等人负责。陈训正是同盟会的活跃分子,他思想激进,鼓吹革命,反对改良,因而《天铎报》成为革命派宣传革命的讲坛,言辞犀利,深受欢迎,销售量达到4000份,短短几个月就在上海新闻界打开了一定的知名度。

《天铎报》的办报思想让戴季陶心向往之,于是他决定报考《天铎报》。《天铎报》的待遇较为优渥,报名者自然人数众多,考试也较为严格。总编辑陈训正亲自出题,限一小时交卷。戴季陶虽然只有一个月的新闻从业经历,但是他才思敏捷,文笔犀利简洁,按时交了卷。陈训正看到他的考卷时,对他的文才和气魄大为欣赏。就这样,戴季陶顺利地凭借真才实

陈训正

学成为《天铎报》的一名编辑。

戴季陶在《天铎报》找到了施展抱负和才华的舞台。此时他干劲十足，精神抖擞地投入到了报刊工作中，继续以"天仇"的笔名发表文章，内容广泛，大到国际时政，小至民生问题，无所不谈，有时候还在于右任创办的《民呼》《民吁》报发表文章。他"以极犀利词锋，写极激越言论，煽动力至强"，[①] 当年常阅读《天铎报》的陈仲经回忆说："常于《天铎报》端，见有笔名天仇者，识解超卓，笔锋犀利，心导往之。'[②] 戴季陶的才华不但得到了读者的赏识，也得到了社长的赞赏。两个月后，戴季陶被提拔为总编辑，此时他只有 20 岁，就成为上海新闻界最年轻的总编辑。戴季陶进入他崭露头角、大放光芒的"天仇"时代，"穷达利眼识天仇"成为上海新闻界的佳话。

戴季陶名扬上海新闻界的原因在于他大胆指陈时弊，明确站在革命派一方，主张走欧美的道路，反对君主立宪，以革命推翻清政府，建立新政府。虽然他在组织上还没有成为革命派的一员，但是在思想上他已经成了革命派的骁勇战将，用犀利的文笔与清政府进行斗争。他还积极把国外的各种学说介绍到国内，专文介绍有关社会主义和无政府主义的思想。

戴季陶酣畅淋漓地抨击清政府赢得了民众的支持，也招来了清政府的忌恨。1911 年春，两江总督、上海道台等人决定逮捕这个到处惹是生非的文人。上海会审公堂的关炯之是戴季陶的好友，听到这个风声后，赶忙通知戴季陶，并帮助他躲避起来。命是保住了，但是报社却不能再去了，戴季陶不得不暂时放下他热爱的新闻工作和刚刚新婚的妻子，第三次离开上海，登上了前往日本长崎的海轮。第一次去日本是为了求学，这一次去日本则是为了避祸。

戴季陶记挂着他热爱的工作，想念着他新婚的妻子，怎么能

---

① 陈天锡著：《戴季陶（传贤）先生编年传记》，第 17 页。

② 陈天锡主编：《戴季陶先生文存三续编》，（台湾）中国国民党中央委员会党史资料编纂委员会 1971 年版，第 251 页。

安心在长崎躲下去呢？两个星期后，戴季陶以为风头已经过去，就悄悄地返回了上海。可是他想得太天真了，清政府这时候正大肆逮捕革命党，上海处于一片白色恐怖之中。不得已，戴季陶不得不暂时躲到浙江湖州，暂住在岳母家。

此时湖州正是阳春三月的梅雨季节，阴雨绵绵的天气使戴季陶平添了几分苦闷和压抑。为了摆脱这种精神压抑，他到附近的云巢山读书游玩，过了一段世外桃源般的舒心日子。这也使戴季陶爱上了这种闲云野鹤的生活，在以后的宦海沉浮中，只要有机会，他就到附近的深山老林中度过一段时间，坐听雨落竹林到天明，暂时遗忘世上的纷争与烦恼，获得心灵的净化与平静。

可是舒心的日子也总是短暂的。不久，好友雷铁崖打电报邀他前往槟榔屿任《光华日报》编辑，戴季陶固然留恋世外桃源般的生活，但是更希望能到文化的战场上与敌人战斗到底。他接受了邀请，辞别妻子，登上了南下的轮船。戴季陶不知道，此去竟然是他人生的一个重要转折。对这个转折，他是欣喜的，甚至是引以为傲的，因为正是在槟榔屿，他由革命的同情者变成了真正的革命者，他加入了革命组织，结识了革命战友，遇到了革命领袖。

从进步文人到革命党

槟榔屿是马来西亚的一个小岛，居民大多是具有中国血统的马来西亚人和闽粤华侨，这里也是同盟会的重要活动根据地。1910年7月，孙中山把革命党的南洋支部迁到这里，于是这里便成为革命派的指导中心，因而这座小小的岛屿处处都洋溢着浓烈的革命热情和氛围。但是以康有为为首的保皇党也在此地颇有

民国时期的《光华日报》

武昌起义后，清军马队向汉口进发

影响，与革命派论战，争夺地盘。《光华日报》的创刊目的就是与保皇派论战，使槟榔屿成为坚定的革命阵地，为革命派制造舆论声势，支持国内的武装起义。戴季陶在上海的才华与影响深得革命派赏识，他们相信"天仇"定能打胜这场文化之战。

　　戴季陶了解到情况后，满腔热情地投入到《光华日报》的工作中，以更激越的文字投入到文化战斗中。在与保皇派的论战中，戴季陶明确了自己的革命思想，决定为推翻满清政府而奋斗。在与革命派同志的朝夕相处中，他对革命的目的和思想也有了较为深刻的认识，他已经由革命的同情者转变为革命者，所缺的唯有手续而已。辛亥革命前夕，在《光华日报》编辑部的楼上，由同盟会老党员黄金庆主盟，雷铁崖、陈新政介绍，戴季陶宣誓加入同盟会。这是戴季陶人生中的一个重大转折，从一个倾向于革命的文人成为革命政党的正式一员。实际上他与革命党早已心有灵犀，而组织上的加入则使他摆脱了孤军作战的局面，拥有了雄厚的组织后盾，更坚定了他的革命理想。这是他人生的新起点。此后，虽然他在思想上犯了一些错误，但是革命救国的思想却始终没有忘，而是贯彻终身。

戴季陶加入同盟会没多久，震惊中外的武昌起义爆发了。武昌起义的消息传到槟榔屿后，戴季陶激动地大哭起来，革命的熊熊火焰正在摧枯拉朽般地吞噬清政府的腐朽统治，革命即将在全国取得胜利，这怎不令人兴奋！戴季陶一向冲动热情，在革命如火如荼进行之时，他不要成为革命的旁观者，他要加入到革命的洪流中，拿起武器冲锋到斗争的第一线，成为真正的革命者。于是，经组织同意，他收拾行装，10 月 20 日来到了革命的最前沿——武汉。

武昌起义的枪声让全国人民振奋，但是反动分子却并不甘心束手就擒，而是不断地制造危机，企图颠覆革命。为首的正是当初很欣赏戴季陶的瑞澄。戴季陶本来想亲往总督衙门劝降瑞澄，但是当他得知瑞澄放话说："不灭起义'匪徒'，湖广便无宁日！"之后，便知道瑞澄是清政府的死忠派，于是便打消了这个劝降念头。

瑞澄到处烧杀抢掠的反革命行为也使革命者不敢掉以轻心，同盟会的领导人黄兴亲临汉口，指挥革命斗争，戴季陶以普通士兵的身份投入革命，冒着枪林弹雨，用血肉之躯为革命贡献力量。在指挥部外的广场上，他见到了阔别多年的湖州同乡陈果夫，可是两个老乡还来不及叙旧，就纷纷冲到了斗争第一线。戴季陶以革命军普通一兵的身份，持枪参与攻打招商局的战斗。当队伍攻打到二楼的时候遇到了清军依靠工事负隅顽抗，两名革命军战士手持炸药包冲了上去，但在工事前 30 多米的地方被密集的子弹打倒，无法再前进。戴季陶毫不犹豫地抱起了炸药包，借着敌工事外的一只石狮子做隐蔽，在机关枪手的掩护下，他迎着不长眼睛到处乱飞的子弹，沿着 S 形路线冲了上去，躲开了子弹的扫射，成功地将炸药包放在了敌工事下。随着一声巨响，敌人的工事及士兵被炸飞了天。减弱了强大的火力威胁，在弥漫的硝烟掩护下，

湖北军政府

　　1911 年 10 月 11 日，湖北革命党人在武昌成立中华民国。图为部分将士在湖北军政府门前合影留念。

革命军冲了上去，攻占了招商局。初战告捷，戴季陶提出将招商局中清朝官吏及洋人买办搜刮来的不义之财全部烧毁，战友们纷纷赞同，面对洋溢着强烈革命气氛的烈火浓烟，戴季陶的内心充满了激情和喜悦。

　　虽然革命者奋力保卫汉口，但是由于反动派的势力强大，最终汉口还是失守了。反动派开始进行反攻倒算，昔日繁华的汉口沦为一片焦土。戴季陶看到革命的成果化为乌有，难过得流下了眼泪。

　　汉口战斗失败后，戴季陶并没有灰心失望，他又一次来到上海。当时上海的革命者正在酝酿一场革命风暴。陈其美、于右任、谭延闿等革命者聚集此地，进行革命的准备工作。戴季陶到来后，

陈其美肖像

陈其美（1878—1916），浙江湖州人。中国近代资产阶级革命家。1906年夏，前往日本东京，入警监学校，同年加入同盟会。1908年奉派回国，往来于浙沪京津各地联络党人。1916年5月18日在上海寓所被袁世凯派人刺杀。

即刻参与其中。他同陈其美冒死到上海警察厅与厅长谈判，向厅长宣讲革命形势，晓以大义，劝其支持起义或至少保持中立。厅长考虑到形势的严峻及个人的利害，答应保持中立，并通知各分局维持治安。

11月3日，上海起义爆发，陈其美、戴季陶等亲率起义部队进攻上海军事要地——江南制造局。戴季陶试图说服守军投降，尽量避免伤亡，便与王一亭带领几名革命军战士到制造局门前，劝说守门士兵将门打开，但守门士兵没有同意，并示意楼上有大批清兵防守。戴季陶一看敌兵早已设置了排炮、水压机关枪、小钢炮等重武器，看来只有武力解决了。陈其美、戴季陶二人亲率200多人的敢死队对江南制造局发起猛攻，但清兵倚仗厚重的铁门和高高的围墙固守，双方僵持不下。经过再三考虑，陈其美决定冒险与制造局总办谈判，结果谈判破裂，陈其美被扣。形势更加危急。

午夜，3000多名革命军战士向江南制造局再次发起猛攻。戴季陶带领敢死队在考察了地形后，悄悄来到制造局西边围墙下，在墙角挖开一个洞，然后放置了4个炸药包，把又高又厚的围墙炸开了一个大缺口，敢死队员纷纷从这个缺口进入制造局。他们首先把堆放枪支弹药的军火库给端了，伴随着一声声巨响，一阵阵浓烟滚滚而起，制造局内乌烟瘴气，声响震天。革命军的大炮也将大楼轰塌一角，战士们潮水般地冲进去，形成内外呼应局面。

制造局总办一看大事不妙，立刻丢下阵地逃之夭夭。群龙无首的制造局守军也纷纷缴械投降。革命军占领制造局，陈其美也被成功解救。到第二天上午九点，上海光复。戴季陶用他的智慧在上海光复中建功立业。

智斗刘基炎

当关内的革命进行得如火如荼时，东北革命者也群起响应，结果却被赵尔巽、张作霖等人镇压下去。东北革命军首领蓝天蔚逃到上海，寻求革命支持。刚刚成立的上海军政府派戴季陶负责接待。蓝天蔚随后被南京政府任命为关外大都督，负责东北的光复事宜。蓝天蔚要求上海派得力干将与他一同前往东北，协助处理东北事宜。经过再三考虑，上海革命党决定派谋略过人、在上海光复中立下战功的戴季陶前往。戴季陶被上海的革命形势所鼓舞，只要革命斗争需要，去哪儿他都没意见。虽然他从未去过东北，但是一想到东北是清政府起家的老巢，自己去端满清的老巢，断绝将来满清退守关外的后路，在革命中大显身手，他就热血沸腾，恨不能立刻插翅飞到东北。

戴季陶邀请好友陈布雷同往。二人相识于《天铎报》，因意气相投而成为好友。戴季陶本想与好友在东北共建大业，可谁知陈布雷不愿前往，戴季陶说他胸无大志，自己随蓝天蔚前去。

戴季陶的到来，让东北的革命者精神大振。他的谋略、他在上海革命中的经验都使他成为东北革命者中的重要人物。蓝天蔚也对他委以重任，任命他为关外都督府交通部长，负责关内外

陈布雷（左）与戴季陶合影

彭汉怀山水画（1931）

彭汉怀（1876—1952），字斗漱，号斗漱居士、漱琴庵主，湖南湘阴人。早年留学日本，解放后任湖南省文管会委员。擅书画、篆刻，尤以大篆为诸艺之首。

的联系事宜。戴季陶凭借他的灵活机智出色地完成了任务。当时，东北革命军缺乏枪支弹药，上海军政府立刻命刘基炎运送弹药到东北。可是刘基炎却见财起意，企图私吞革命军火，半道上把枪支弹药偷偷运往登州（今文登），却谎报说军火被土匪劫走，他自以为这一切都做得天衣无缝，可是世上没有不透风的墙，当戴季陶得知刘基炎出卖革命的行径后，恼怒不已，如果弹药不能准时到达，贻误军情，后果将不堪设想。可是，刘基炎手上有枪有人，硬碰肯定不行，只能智取。戴季陶灵机一动，假托有事情，邀请刘基炎到海容舰上共商大事。

刘基炎以为自己可以瞒天过海，戴季陶根本不会疑心自己私吞军火，即使知道了事情的真相，戴季陶也不过是一介书生，没枪没人，根本没能耐跟他抗衡，因而他毫无戒心地准时赴会。刘基炎自己是有勇无谋的武夫，却以为所有人都跟他一样没大脑，只靠枪杆子说话，这就是他最大的弱点。

戴季陶见刘基炎只带了几个人进入海容舰，知道他并没有怀疑。当刘基炎坐定，准备开始共商大事时，戴季陶和关外都督府外交部长彭汉怀按照计划，纷纷亮出了手枪，抵住了刘基炎的脑袋。

刘基炎起初还装作若无其事："这是何意?"虽然故作镇定，声音却已颤抖。

戴季陶说："'若要人不知，除非己莫为'。你自己做过什么，自己心里清楚，你私吞军火，欺骗革命，罪不容诛。"戴季陶一开口就揭穿了刘基炎的卑鄙伎俩，让他无法再把戏唱下去，只能面对现实，老实交待。

刘基炎见事情败露，紧张不已。一个不小心，脑袋就要开花，他快速地转动眼珠子，想办法保命要紧。

戴季陶看出了刘基炎贪生怕死的心理，放缓口气说："只要你把私吞的军火交出一半，就可以活命。"一半的军火换一条命，刘基炎快速地想着这笔买卖值不值得，因用脑过度而大汗淋漓，衣服都湿透了。

彭汉怀把手枪直接对准刘基炎，他声称自己是个没耐心的人，要他快做决定。枪架在脑袋上，再多的枪支弹药也没有命宝贵，刘基炎做梦也没有想到自己会被两个文弱书生算计，自叹倒霉，只得答应交出半数枪支弹药。

革命党人得知戴季陶智取弹药的故事后，认为可以与梁山好汉智

身着戎装的袁世凯

45

取生辰纲相媲美，又一次成为革命党人机智勇敢的美谈。

正当戴季陶在东北满腔热血地领导革命时，1912 年 2 月 12 日，清宣统帝溥仪宣布退位诏书，满清的统治宣告结束。随后，孙中山和袁世凯达成协议，袁世凯出任临时大总统，孙中山功成身退，关外的革命政府也先后被取消。戴季陶本想直捣满清老巢，结果却功败垂成，这时候的他颇有些壮志未酬的感慨，不得已再次回到上海。

虽然在这几次革命中，戴季陶总有些遗憾，但是他在革命中表现出来的忠诚、勇敢和智慧，都说明他是一个革命信念坚定、高举革命旗帜的真正革命者，是一个愿意为了革命而赴汤蹈火的爱国者。这也是他人生中值得大书特书的一页。

第三节 反袁斗士

高举反袁大旗

回到上海后，戴季陶继续坚持他的革命理想，与一切反动政府作坚决的斗争，这一次，他把口诛笔伐的枪口对准了伪革命者——袁世凯及其政府。

1912 年 3 月 1 日，戴季陶和周浩共同创办的《民权报》创刊，宗旨是为革命党宣传革命主义。戴季陶不遑多让，自任总编辑。他秉承一贯的"天仇"风格，继续以"天仇"的笔名评论时政，文笔依然犀利，论述更为老练，他"能见人所不及见，能言人所不能言"。[①]"民国后，新闻界有竖三民横三民之称，竖三民者，民呼、民吁、民立也；横三民者，戴天仇所创之《民权》、吕志伊所创之《国民新闻》、邓家彦所创之《中华民报》也。横三民言词激烈，尤其以反袁著称。"周恩来在谈到个人经历时，曾说："戴季陶出了《民权报》，把章、梁的主张混合为一，写了激烈的文章攻击袁

---

① 朱传誉主编：《戴季陶先生传记资料》第 2 辑，台北天一出版社 1985 年版，第 114 页。

坐轿的袁世凯

世凯。我从它的创刊号读起，直到这个刊物被当时的统治者袁世凯查封为止。"① 可见,《民权报》在革命青年中具有很大的影响力。

当时，举国上下包括革命派元老都对袁世凯政府寄予厚望，甚至抱有幻想，戴季陶为什么率先反袁呢？难道他与袁世凯有什么私人过节？非也。戴季陶与袁世凯的渊源，还要从一件旧闻说起。

1912 年 2 月，南京临时政府成立后，孙中山为了尽快结束革命，辞去临时大总统，推荐袁世凯就任，条件是袁世凯到南京就职。然而，袁世凯迟迟不肯到南京就职，孙中山派蔡元培率领代表团到北京迎接袁世凯南下，其中戴季陶以《民权报》记者的身份随行（虽然此时《民权报》还未创刊）。2 月 27 日，迎袁代表团到达北京，袁世凯耍起了两面三刀、阳奉阴违的伎俩：一方面，他命人打开正阳门（按大清例，只有皇帝出入才打开此门），亲自欢迎专使，然后与代表们亲切交谈，对每一位代表都阿谀逢迎，极尽奉承之能事。在奉承之余，还不忘"真诚"探讨南下路线，

① 《周恩来同李勃曼谈个人经历》，载于《瞭望》1984 年第 2 期，第 27 页。

袁世凯就任中华民国临时大总统

表现出恨不得立刻飞到南京的态度。另一方面，他又唆使手下在北京制造混乱，恐吓代表团成员，制造北京离不开他的假象。

老谋深算的袁世凯把表面功夫做到了家，可以说是滴水不漏。如果此时有人能够识破袁世凯的阴谋，就说明他才智过人，或者他的城府比袁世凯还要深。可是代表团的成员要么是正直的饱学之士，如蔡元培，要么是初出茅庐的热血青年，如戴季陶等人，他们都是政治上的阴谋诡计、翻云覆雨的生手。因而代表团成员对袁世凯的表面功夫不疑有他，戴季陶也没有识破袁世凯的阴谋，只是对他的阿谀奉承、虚伪狡诈十分反感。

在袁世凯的一番甜言蜜语的逼真表演下，代表团听信了袁世凯的一面之词，离开北京，回南京复命。当代表团刚刚到达天津，就听闻北京兵变，袁世凯的狐狸尾巴终于露出来了。戴季陶联想起袁世凯的种种行径，确定他必有不可告人之心。可见，戴季陶反袁绝非出自个人私心，而是从革命大业出发的革命精神。

当袁世凯在北京就任临时大总统，孙中山认为民族、民权两

48

主义已经达到之时，戴季陶却认为孙中山太乐观了，革命还远远没有成功，袁世凯实行的是假共和、真复辟的阴谋，是革命最大的敌人。他对革命成果落入袁世凯之手感到痛心，面对袁世凯的虚伪嘴脸，戴季陶把自己的主要精力放在揭露袁世凯的真面目上，试图使民众不要被袁世凯的表象所蒙蔽，当然更希望能够唤起民众来声讨这个窃国大盗。

主笔不下狱，不是好主笔

袁世凯上台才一个多月，戴季陶就发表《袁世凯之罪状》、《袁世凯专横无道》、《道德之贼》等文章，揭露袁世凯的真面目，把袁世凯看作另一个专制魔王。袁世凯的爪牙也成为他抨击的对象，对他们口诛笔伐，毫不留情，有人形容他的文章"才气纵横，笔挟风雷"，[①] 字字句句犹如利剑插入袁世凯及其爪牙的心窝，一针见血，击中要害。毫无疑问，戴季陶的激烈挞伐引起了袁世凯的仇视，他命令爪牙无论如何也要拔掉这个眼中钉、肉中刺，让他为说真话付出生命的代价。

1912 年 5 月 22 日，上海公共租界巡捕以"戴季陶鼓吹阅报者杀袁、唐、熊、章，应即提究"的罪名前往

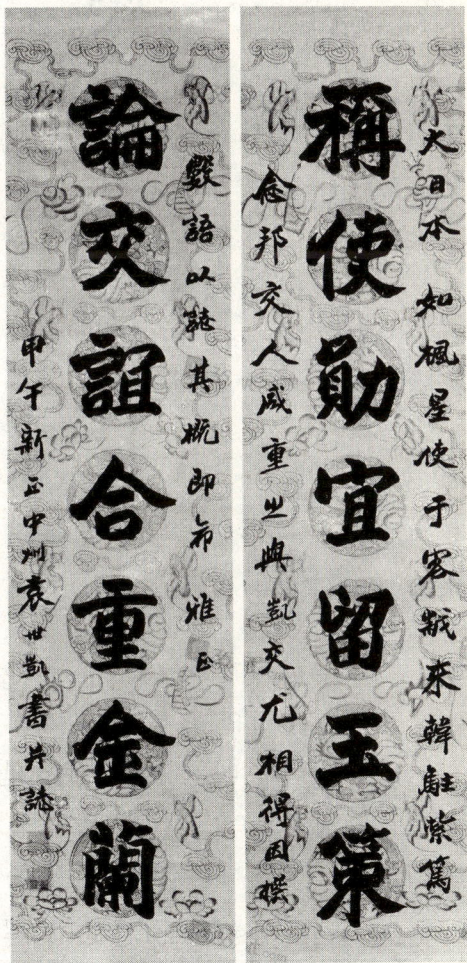

袁世凯书法对联（1894）

---

① 朱传誉主编：《戴季陶先生传记资料》第 2 辑，台北天一出版社 1985 年版，第 232 页。

篆书八言联（袁世凯）

《民权报》报馆，准备逮捕戴季陶和陈华。唐、熊、章分别指唐绍仪、熊希龄、章太炎，这三人都因为袁世凯张目而受到戴季陶的责骂。

巡捕只见到戴季陶，没有见到陈华。

巡捕问："陈华是什么人？"

戴季陶说："本社没有陈华其人，我作文，我负责。"回答得理直气壮，铿锵有力。

巡捕又问："发行者何人？"

戴季陶说："你们身为执法人员，应该懂得法律。既然你们的这张拘票上，没有列本报的发行人，为什么要涉及毫无关系的其他人呢？我跟你们走就是了。"

到了租界巡捕房，戴季陶用他的法律知识与这些执法者进行了机智英勇的斗争。

戴季陶气定神闲地问："我既是被告，原告是谁？与租界有何关系？公共租界有权代中国政府抓人吗？"三个问句就把巡捕问得哑口无言。

理屈词穷的巡捕只能转移话题，命令戴季陶把身上所携带的怀表、名片、图章等物品一应交出后，不由分说地就把戴季陶带入了大牢。

这是戴季陶第一次品尝牢狱之灾。牢中被关的其他人见戴季陶衣冠楚楚，像个读书人，不像罪犯，便戏谑地问："先生因何来此啊？"

戴季陶对自己入狱既悲又愤，自嘲中夹着无奈："仓颉造字累我，鸦片条约病我，更进一步说，又有阶级制度苦我，强弱关系害我。我识字，我住租界，我不做官，我弱，我是中国人。有此种种原因，我所以来此。我不入地狱，谁肯入地狱？地狱不空，我不成佛。"[①]

孙中山、张静江及诸同志观潮纪念摄影

张静江（1876—1950），名增澄，字静江，浙江湖州人，出身江南丝商巨贾之家。1902年任驻法商务参赞并开始在国外经商，自与孙中山先生结识后便开始从经济上给予支持。在蒋介石建立南京国民政府后，主持建设委员会的工作。晚年逐渐淡出政治，转而信佛，故又名"卧禅"，佛名智杰。1950年9月3日，病逝于美国纽约。孙中山称之为"革命圣人"，而蒋介石则称之为"革命导师"。图片中间手持礼帽者为孙中山，右三为张静江。

[①] 唐文权、桑兵编：《戴季陶集》，华中师范大学出版社1990年版，第398—399页。

这不是因个人原因，而是黑暗的现实逼得老百姓沦为阶下囚。这是戴季陶的悲哀，更是当时身为中国人的悲哀。在庭审时，留学日本学法律的戴季陶以法律常识把法官驳得哑口无言，引起旁听席上阵阵的嘲笑声，搞得法官狼狈不堪。法官恨不得找个地缝钻下去，他再也不想跟这样的犯人打交道，最后只得以证据不足为由，判交罚金后可以保释。在交罚款 30 元后，戴季陶由张静江出面保释出狱。

短短几天的牢狱之灾，让戴季陶领略了专制的可怕与可恨。他想起了入狱期间妻子说过的一番话："报馆不封门的不是好报馆，主笔不下狱，不是好主笔。"他把这几句话写在了编辑室的墙上，时刻提醒自己，做好报馆封门、自己下狱的准备。秉持着义无反顾之决心和大无畏之精神，戴季陶与袁世凯斗争起来，更加坚定与犀利。

袁世凯见直接逮捕没有奏效，又耍起了其他手腕，派地痞流氓经常向《民权报》寄恐吓信，甚至阴谋封闭报馆。戴季陶没有被袁世凯的威胁吓倒，反而通过多种形式投身到反袁大业中。在日本留学时，他就对戏剧产生了兴趣。由李叔同和曾孝谷创办的上海戏剧团体"春柳社"经常进行戏剧演出，以唤醒民众。闲暇时戴季陶经常参与剧本的讨论，后来他们共同编写了一个《国民爱国》的剧本，准备在新舞台演出。

戴季陶对戏剧充满热情，对戏剧表演却一窍不通，但为了唤醒民众反袁，他和国民党的元老沈曼云、吴稚晖都参加了这个演出。吴稚晖扮演"小热昏"，戴季陶怕闹出笑话，就出演一名新闻记者。戴季陶对记者这个行当再熟悉不过，实际是本色演出，轻车熟路，不过他还是花了两三天的时间去认真背剧本，背得滚瓜烂熟。然而到了后台，他却忽然心里发慌，竟把背好的台词忘得一干二净。正当他苦思冥想之时，冷不防有人推了他一下，说该你上台了，把毫无准备的戴季陶推上了舞台。

站在舞台上，戴季陶全然想不起自己的动作、台词，直愣愣地戳在那里，就像一根木头。戴季陶羞得面红耳赤，最终只能急匆匆地从另一个幕门进去。这次教训使戴季陶再也不敢尝试登台演出了，但是他对反袁大业所付出的努力和心血则是没有丝毫的折扣的。

戴季陶自加入同盟会开始，怀着对革命的满腔热血，积极投入反清、反袁的斗争中，或在枪林弹雨中冲锋陷阵，做大无畏的革命战士；或挥动如椽大笔，以笔为剑，剑剑击中敌人的要害，成为“笔挟风雷”的反袁斗士。戴季陶用他的文笔和行动继续撰写他波澜壮阔、瑰丽曲折的人生传奇。

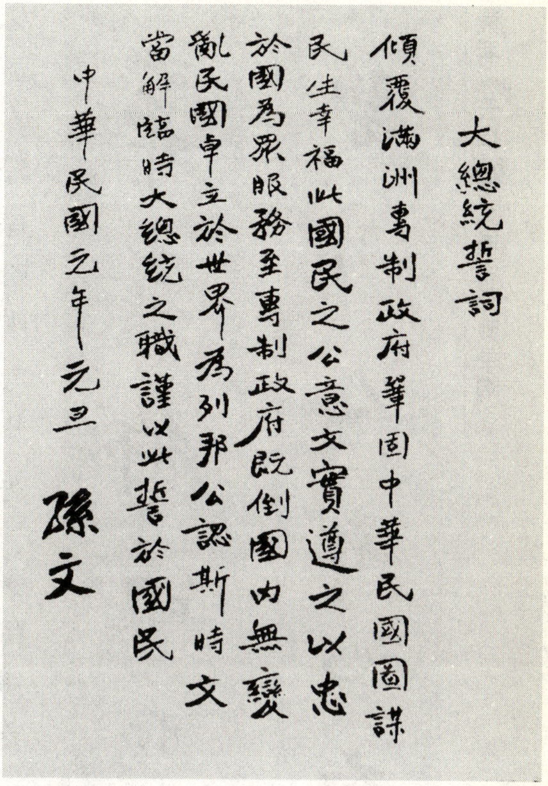

大總統誓詞
傾覆滿洲專制政府鞏固中華民國圖謀
民生幸福此國民之公意文實遵之以忠
於國為眾服務至專制政府既倒國內無變
亂民國卓立於世界為列邦公認斯時文
當解臨時大總統之職謹以此誓於國民
中華民國元年元旦
孫文

《大总统誓词》（孙中山）

作为革命勇士的戴季陶是坚强的、勇敢的，身为一个普通男性的戴季陶则是浪漫的、多情的。

第四节　文坛才子的风流债

千里姻缘一线牵

戴季陶把他在日本养成的浪漫性格也带回了国内，拈花惹草的生活作风也保留了下来，在苏州度过了一段放浪形骸的生活。风流的单身才子总是要成家的，这是一条颠簸不破的真理，戴季陶也不例外。戴季陶的婚姻验证了“千里姻缘一线牵”这句老话。

戴季陶在苏州任职时，曾到南京访友。当他在客室里候车时，闲来无事，就阅读随身携带的日本作家夏目漱石的《文学评论》，

碧山人来幽香满坐

华林狮吼妙义包天

钦硕先生属书

时二十一午春至

戴传贤书于沙园

之宁先生闲

行书八言联（戴季陶·1932）

以打发时间。谁知，一读竟不能罢手，忘却了周遭的嘈杂。

专心读书的戴季陶只注意书，没有注意到有人正专心看他。邻座的一位老者见他爱好读书，就吩咐仆人给他送来一杯茶。戴季陶道谢后，不好再钻入书中，便与老者交流起来。老人乃浙江湖州人氏，姓钮名耕孙，也是去南京。既然顺路，二人遂结伴而行，一路上相谈甚欢。钮耕孙见戴季陶一表人才，谈吐不凡，赞许他将来必成大器。得知他还未娶妻，钮耕孙来了兴致，毛遂自荐作月老，说要为他在自己的亲戚中择一淑女，与戴季陶结秦晋之好。

二人在南京道别，各走各路。戴季陶以为二人的缘份仅止于此，对于钮先生的做媒之事也是听听而已，并未放在心上。世上岂有路上闲聊就成就终身大事的好事？这只有在才子佳人的小说里才有。待戴季陶回苏州没几日，钮耕孙竟然真的从上海给他来信，说已经为他物色到了般配之人，要他前往上海见面。戴季陶见钮先生言而有信，自然喜不自胜，按时到上海赴约。

钮先生介绍的这位淑女不是别人，乃是钮先生的侄女钮有恒。

这位女子的经历与一般女子大为不同。钮有恒本名浩，出生书香门第，其祖父曾是清末的头名状元，其父也是湖州贤达名士，以慈善忠厚，颇得乡人爱戴。钮有恒生于1887年（清光绪十二年），7岁时曾发心修觉道，常于夜深人静之时，焚香默念《般若心经》，数年不辍。17岁时，她执意出家修行，在依塔院当了尼姑。后来，因母亲思念女儿，哥哥到庵堂苦苦相劝，她才结束尼姑生活，到浔溪女校读书。当时，恰逢秋瑾女士从日本留学归来，在该校任教，钮有恒与秋瑾来往密切，受到革命思想的熏陶，并帮助秋瑾

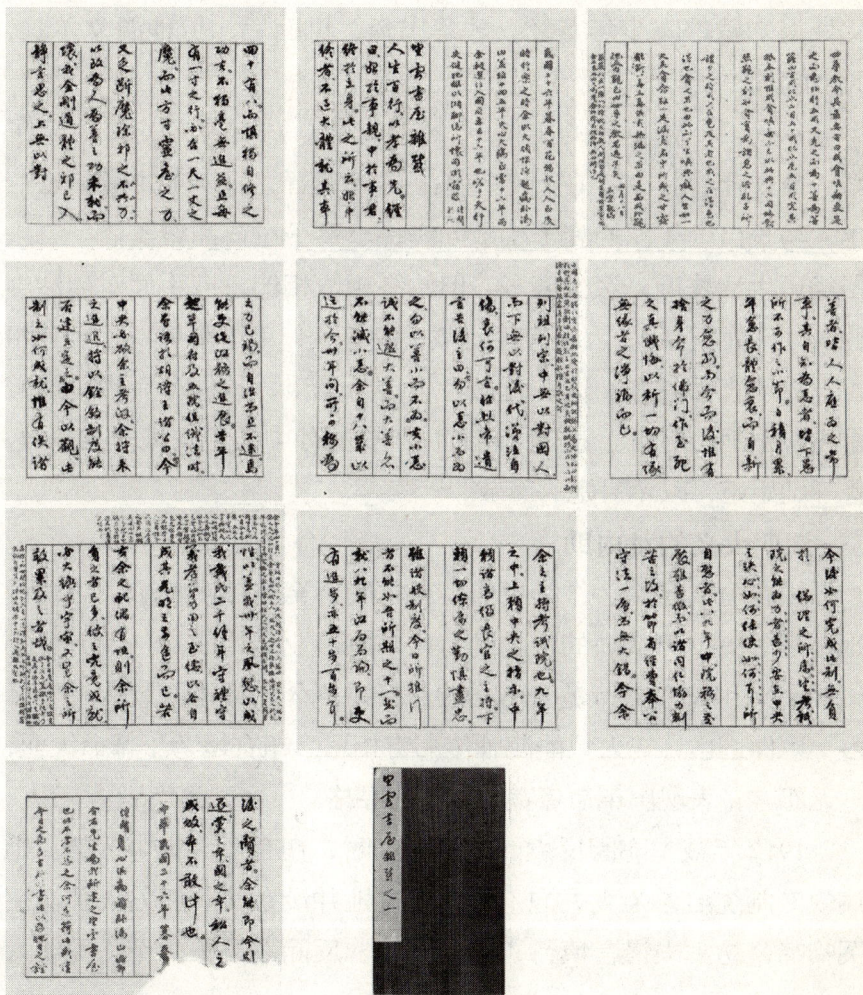

行书杂感册册页（戴季陶）

从事革命活动。秋瑾被捕牺牲后，钮有恒此时才改名有恒，意为提醒自己要有革命的恒心，继续革命事业。她秘密回到湖州，进入吴兴女学继续读书。她聪慧过人，学习刻苦，以全校第一的优异成绩毕业，后受聘于吴兴旅沪女学教书。

戴季陶本以为见到的会是一个封建礼教环境下长大的以无才为最大美德的旧式淑女，没想到却是一位倾向新学、具有爱国激情的新时期女性，这就使戴季陶与钮有恒的距离拉近了许多。再加上钮有恒此时 25 岁，正是含苞待放的花季年龄，身材修长，举止典雅，聪慧过人，戴季陶便对钮有恒一见钟情。钮有恒早从叔父处得知戴季陶少年英才，才华出众，见面后，见他温文尔雅，风度翩翩，谈吐不凡，于是也芳心暗许。

不久，在钮耕孙的主持下，"郎有情、妹有意"的二人订了婚。1911 年春，二人在上海完婚，结为秦晋之好。戴季陶新婚燕尔，与长自己 4 岁的妻子相敬如宾，小日子过得甜蜜美满。二人虽经历生活波折，聚少离多，但始终相依相伴，携手面对生活中的 31 个风雨春秋。因钮有恒比戴季陶年长，戴季陶就尊称她为姐姐，从不直乎其名。这在革命者中传为美谈，其他革命者也随戴季陶尊称她为姐姐。甚至比钮有恒年长的孙中山也与戴季陶一样，称呼她姐姐，以示对她的尊敬。①

深明大义的贤内助

钮有恒的品性、作为也值得戴季陶乃至革命者尊敬，可以说她是戴季陶不可或缺的贤内助，戴季陶事业上的成功与钮有恒的深明大义和大力支持是分不开的。新婚不久，戴季陶就因《天铎报》事件逃亡，二人只能鸿雁传书寄相思。钮有恒为了革命大业，毫无怨言，表现出革命者宽宏大度的品格。

1912 年戴季陶因反袁而被捕入狱时，钮有恒到狱中探望。她痛恨专制统治，为丈夫抱不平，不过她并没有像一般妇人那样哭哭啼啼，劝丈夫谨言慎行，收敛一些，反而以丈夫为荣，深明大

---

① 陈天锡：《戴季陶先生与钮有恒居士轶事》，见《传记文学》（台北）第 6 卷，第 2 期。

义地说："君为国事被捕，我甚感安慰。周浩君常说，主笔不入狱，不是好主笔。我为君贺。"这是何等的气魄，何等的胸怀。妻子的鼓励让戴季陶虽身陷囹圄而不愁苦，反而获得了无穷的力量和继续战斗的勇气。他有感于妻子的理解与支持，将此事写入《五月二十二夜》一文中，随后在《民权报》上发表，一时传为佳话。

钮有恒不但支持丈夫的革命工作，有时候还自愿充当革命的联络员。二次革命失败后，戴季陶等革命者的行动时刻受到袁世凯密探的监视，钮有恒是已婚妇女，行动较为自由。她以熟悉上海的情况、通晓日语的有利条件，常常往返于上海、东京两地，成为革命者的秘密联络员，还替孙中山处理一些杂务工作。她以自己的聪明才智和对革命的无限忠诚出色地完成了任务，受到革命党人和孙中山的尊敬与信任。

钮有恒的性格也与戴季陶互补，成为戴季陶的良师益友。戴季陶生性浪漫，喜怒皆形于色，感情易冲动，情绪化严重。戴季陶自己也意识到自己的这些弱点，但是总难改正。而钮有恒则是一个理智—意志型的人，遇事理智果断，做事有恒心，面对困难不退缩。她的规劝和关心使戴季陶避免了许多错误。

戴季陶才情肆溢，喜欢借酒浇愁，结果养成了酗酒的恶习。每次醉后，总是唠叨个没完，有时候还放声大哭。据说他因酗酒而闹出的笑话，招来的烦恼，受的苦，不知道有多少。但是戴季陶自制力差，今天说改，明天依然一点改的迹象都没有，照常我行我素。有一次，他与金锐新重逢，心情高兴，喝得烂醉如泥，送到医院两天后才醒酒，差点丢了自己的性命，也差点断送了金锐新的性命。朋友和钮有恒都劝他戒酒，戴季陶不看见酒就戒，一看见酒就开戒，戒了多少回也没戒掉。钮有恒给他打了一个金戒指，上面刻着"恶旨酒"三字，拳拳之心昭然可见。戴季陶深受触动，有几个月果然不饮酒了，然而后来不知道为了什么缘故又开始喝起来，后来戒指也不知道去向了。

戴季陶喝醉后的另一个特点是话多。不管是与人交谈还是开会，只要他话匣子一打开，犹如黄河决堤，滔滔不绝，古今中外，

胡汉民肖像

大事小情，无不侃侃而论。他的资历和辈分也使他能够畅所欲言，别人很少有胆子或者有资格制止他。1926年他得了一场大病后，钮有恒便让他少言，当他滔滔不绝时，钮有恒便摇铃，意思是要他停止说话，这是钮有恒和他的"暗号"。戴季陶也听劝，铃声一响就关闭话匣子。他们夫妻二人的这个"暗语"不知怎地竟成了公开的秘密，有时候要靠钮有恒才能让戴季陶安静。有一次，胡汉民主持国民党中央的会议，戴季陶滔滔不绝，东拉西扯，胡汉民不好意思直接打断他，只好耳语说："你姐姐来了。"果然奏效，戴季陶马上停止了讲话。

戴季陶在给独根儿子戴家秀（后改名安国）的信中，多次提及钮有恒，表达对她的赞赏与感激。他曾对儿子说，生你、养你、教育你的，都是你的母亲，家中大小事情，都靠你的母亲。甚至还对儿子说："你母智慧高出于我，你父少修少德，少年失于学养，而今多病，未老先衰，你要学习你母，忍耐精进，将来成就，不可限量。"①戴季陶对妻子的称赞绝非夸大，而是字字肺腑。

钮有恒不但全心全意支持丈夫的事业，更是成为家中的贤内助。钮有恒自小家境清苦，养成了吃苦耐劳、勤俭节约的性格。与戴季陶结婚后，由于戴季陶没有什么固定收入，钮有恒省吃俭用，购置田产，还周济家中大小成员，甚至连素不相识的过路人，她也乐善好施，主动救济。为了让更多贫苦的孩子有书读，她在

---

① 陈天锡主编：《戴季陶先生文存续编》，（台湾）中国国民党中央委员会党史史料编纂委员会1967年版，第379、390页。

湖州捐资兴办了一所小学，造福乡亲。

勤俭的钮有恒虔诚信佛，一向乐于助人。1928年，戴季陶就任考试院院长，钮有恒可以说是高官阔太太了，可是她没有像其他官太太一样锦衣玉食，而是见南京穷人极多，购置了1000石大米、1000件寒衣救济穷人。1929年她把救济的数额增加到米3000石、衣3000件，有时候范围还扩大到长安、洛阳等地，一直坚持到1939年政府迁都才暂时停止。在众多打牌玩乐的官太太中，钮有恒显得如此不合群，但是她用自己的行动证实自己没有忘本，是一个善良、慷慨的女性。

戴季陶对妻子的无私付出与帮助深有感触，曾说："有恒不仅为余之妻，实为余始终敬信之伴侣。"①

有情无义的婚外恋

如果以为戴季陶与钮有恒过着"只羡鸳鸯不羡仙"的生活那也有点言过其实了。生性风流的戴季陶虽然对贤惠的妻子尊敬有加，但却并没有改掉放荡不羁的生活习惯。除了结发妻子和其他不知名的露水夫妻外，他还有两个公开的妾。

钮有恒因在老家抚养幼子，无法照顾戴季陶的饮食起居，就让自己的一个远房亲戚赵文淑（又名赵季官）来照顾戴季陶，时间是1922年初。赵文淑刚中学毕业，正是天真烂漫、崇拜英雄的少女，对戴季陶的文才敬佩有加。戴季陶也对这个聪慧过人、知书达理的外甥女十分欣赏。一来二去，二人日久生情，趁钮有恒不在，超越伦理界限，行了苟且之事。当时赵文淑已经许给他人，戴季陶便利用他的职权和钱财，解除了赵文淑与未婚夫的关系。1926年赵文淑生下一女，取名家祥。钮有恒知道后，虽然对丈夫的做法有所不满，可是由于分身乏术，也只有默认下来。抗战期间，钮有恒因患高血压暂留上海，赵文淑母女在重庆照顾戴季陶，也算是相安无事。

1926年赵文淑生女后，为避免闲话一度携女单独居住。这期

---

① 陈天锡主编：《戴季陶先生文存》第2卷，（台湾）中国国民党中央委员会1959年版，第601页。

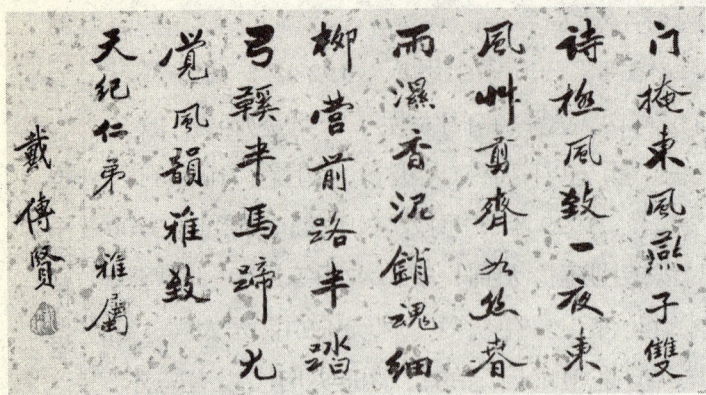

戴季陶行书诗

间，另一个女性闯入了戴季陶的生活，这就是张静江的义女赵令仪。当时戴季陶出任中山大学校长，事务繁忙，张静江见戴季陶独自生活，便让自己的义女前来负责戴季陶的饮食起居。于是二人开始了同居生活。不久，赵令仪搬到上海居住，后来又被戴季陶送到成都老家。赵令仪没有生育，也无理家之才，还时时病痛缠身，戴季陶晚年对她十分冷淡，几乎遗忘了她的存在。只是在过年过节时让秘书给她送些生活费用，最终赵令仪在孤独寂寞中了此残生。

对于戴季陶的风流债，戴季陶本人在中年时开始有所节制，注意维护自己的形象。1936 年他率领代表团去德国参加奥运会时，有人劝他到声色场所观光，他婉言谢绝。到了晚年，他对自己的少年风流是颇有些反省的，他曾说："于少壮之时，一言一行，乃至一思一想一念，皆当自爱，勿待老时自悔自愧耳。"[1] 当然这是戴季陶晚年对自身的一个反省，可是再深刻的反省也改变不了过去的事实，只希望后来人能够引以为戒吧。

---

[1] 陈天锡主编：《戴季陶先生文存》第 2 卷，（台湾）中国国民党中央委员会 1959 年版，第 601 页。

第三章
能文能武的孙中山秘书

第一节　唯孙先生之命是从

追随孙中山

戴季陶对革命党的领导人孙中山充满了敬仰之情。戴季陶曾出任孙总理的秘书12年之久，用他自己的话说，"在此后的十多年时间里，总有三分之二的时间没有离开总理过"，孙中山对他"爱护之殷，关垂之切，实已超出师之于弟，直与父子无异"。孙中山的耳提面命，对戴季陶的一生有很大影响，戴季陶曾不无动容地说："在国家社会工作的上面，指示我、教训我、鼓励我的人，第一就是孙先生。"此话颇为中肯。

戴季陶第一次见到

孙中山画像

孙中山是在1905年同盟会的成立大会上。当时，戴季陶年仅15岁，而孙中山已经是革命派中当之无愧的领袖了。戴季陶听到了孙中山的演说，与许多年轻人对孙中山的看法一样，戴季陶也认为孙中山是一位革命家，是一个伟大的人物。戴季陶对孙中山充满了敬仰之情，可惜此时二人没有单独交往。

1911年春，戴季陶接受雷铁崖的邀请到槟榔屿任《光华日报》编辑。孙中山由于在槟榔屿从事革命活动，已经于1910年底被驱逐出槟榔屿，转而在欧美各地募款。戴季陶再次与孙中山失之交臂。不过，孙中山的家属仍居住在此。经由雷铁崖介绍，戴季陶担当起了孙中山的两个女儿（与原配卢慕贞所生）的家庭教师，每天讲授两小时的国文。虽然戴季陶经常出入孙家，但因孙中山在家逗留的时间很少，两人仍是没有谋面。

1911年孙中山得知武昌起义胜利的消息后，从海外回到上海。上海的革命党人及广大群众举行了隆重的欢迎仪式。戴季陶以同盟会会员兼新闻记者的身份出席了欢迎仪式，这是他第一次近距离接触仰慕已久的总理，心情格外激动。孙中山在回答记者的提问时表现出来的把革命进行到底的精神给戴

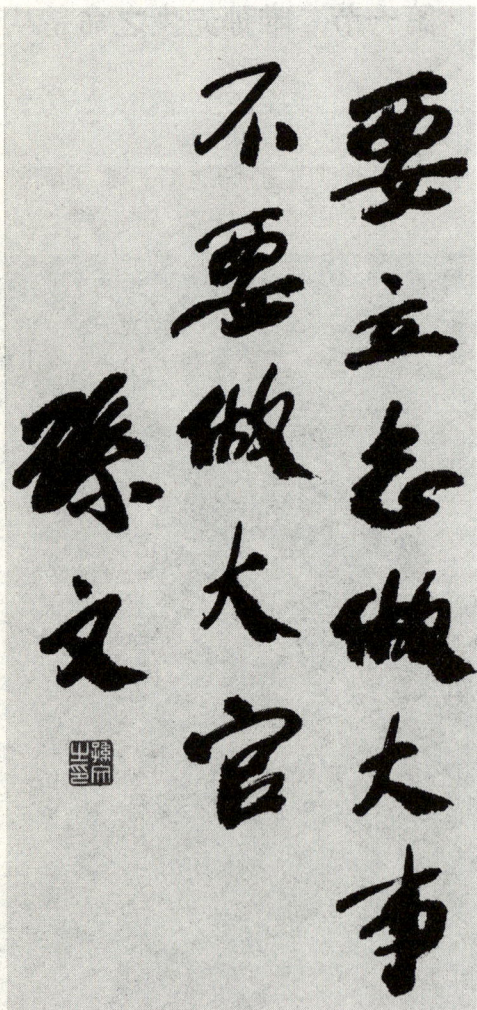

要立志做大事不要做大官 孙文

季陶留下了深刻印象。

在当时的同盟会会员中，戴季陶年龄较小，资历较浅，属于无名之辈，并没有给孙中山留下什么特别的印象。在随后同盟会的历次会议上，戴季陶都积极参加，聆听总理的教诲，当孙中山得知戴季陶就是上海新闻界大名鼎鼎的"天仇"时，对这个年轻而又才华出众的革命后辈开始关注起来。戴季陶也非常珍惜与总理接触的机会，经常向孙中山请教一些问题，二人的交往密切起来。

孙中山的日语翻译

1912年9月，当孙中山卸下临时大总统职务，出任全国铁路督办时，戴季陶被孙中山选为随从秘书，开始了他长达12年之久的总理秘书生涯，这是戴季陶一生引以为荣的时期。当时孙中山经常去各地讲革命理论与建国之道，戴季陶总是不离左右，并认真记笔记，后来整理成《民国政治纲领》和《钱币革命》两本书，扩大了孙中山思想的宣传。

1913年2月，孙中山前往日本进行访问，戴季陶随同前往，并担任孙中山的日语翻译。当时，孙中山与日本首相桂太郎进行过长达15个小时的密谈，戴季陶担任翻译与记录，谈话内容如果不是戴季陶记录下来，后人恐怕永远也不知道。在犬养毅招待孙中山的宴会上，犬养毅与孙中山之间的一段精彩的对话也是由戴季陶翻译并记录下来的。他第一次听到孙中山以幽默的方式谈到书和女人。孙中山的女人观，语惊四座。

犬养毅问孙中山："您很喜欢看书吗?"

孙中山答："是的，我很喜欢看书。"

犬养毅又问："除书之外，或者说，比书更使您喜欢的东西是什么?"

孙中山稍微考虑了一下，微笑着说："当然是女人喽!"

戴季陶没有想到孙中山会如此回答，犹犹豫豫不知是否要直接翻译。

孙中山等得不耐烦了，用英语强调："Woman（女人）!"仿佛

孙中山与廖仲恺等合影

1916年4月，孙中山（前排左5）、廖仲恺（后排左2）、宋庆龄（前排左4）、何香凝（前排右3）等在日本庆祝取消帝制时的合影。站在孙中山前面的是廖承志。

怕戴季陶和犬养毅听不懂似的。

另一位在座的日本人一听这个回答，来了兴致："那么，最使您喜欢的东西是什么呢？"

"革命！"孙中山回答得斩钉截铁，没有丝毫的犹豫。

又一位在座的日本人说："您是著名的革命家，您最喜欢革命，这我毫不怀疑，但您把喜欢女人放在书之前，这说的是否是实话？"

这个疑问也是戴季陶脑子里一直思考的，他不知道孙中山为何如此回答，因为他从来没有把总理与"好色之徒"联系起来，也从来没有发现总理"喜欢女人"的种种迹象。反倒是戴季陶自己，喜欢女人更甚于书。

孙中山正襟危坐，严肃地说："我们革命者的语言中，'女人'与'母亲'应该是同义词。当妈妈把她身上最富有营养的乳汁喂给孩子，当妻子把她真诚的爱献给丈夫，她们的贡献是那么的无私和高尚，这难道不值得爱吗？可是，我们很多男人不懂得这种爱，不怜惜这种爱，甚至践踏这种爱，以至千百年来，女人成了男人的附属品或玩物。这世道太不公平，太可惜了！"

原来，总理说的"女人"是"母亲"之意，戴季陶暗暗松了一口气，更加钦佩孙中山高超的谈话技巧和深邃的思想，在座的日本人也为孙中山的这番言论频频点头。孙中山的这番话让戴季陶受到了教育，可是他却并没有改变自己"好色"的老毛病，并没有把"女人"像"母亲"一样地尊敬与爱戴，这一点也让孙中山没少教诲他。

除了负责翻译和记录，戴季陶还细心照料孙中山的饮食起居。孙中山也对这位年轻后辈充满关爱之情，对他"谆谆教训，不下数十次"。有时候见戴季陶工作起来不注意休息，孙中山劝他要注意养生，不然老了就会遭罪。戴季陶对总理的教导和关爱也铭记在心。当然，孙中山对戴季陶表现出来的一些弱点和不足之处也进行委婉的批评。他发现戴季陶做事冲动，不能克制情绪后，赠送给戴季陶一副对联，上联是"淡泊明志"，下联是"宁静致远"，委婉地建议戴季陶要做到平心静气，克制自己的情绪。可惜，对于总理的批评，戴季陶虽然努力改正，但

孙中山楷书四言联

结果依然是我行我素。

孙中山教给戴季陶的不仅有革命的理论、为人处事的方式，还有时刻检点自己的举止。孙中山很注意身边人员的仪容，要做到干净整洁。在孙中山宴客之前，总是细心检查他们的衣着是否整齐干净。他经常告诫那些不修边幅者，说仪容不整容易给人留下坏印象，很有"一屋不扫，何以扫天下"的思想。身为孙中山秘书的戴季陶也深受孙中山的影响，一直保持仪容整洁、礼貌周到的形象。1936年，当戴季陶率队参加柏林奥运会时，他在社交方面处处衣着得体，仪态端庄。当身边人问他为何对西洋的礼节如此熟悉时，戴季陶说："这都是跟孙先生学的。"他还提到孙中山的一些具体表现："我们从前跟着先生的时候，如果在政见上同他的意见不同，先生必定反复地同我们辩论，夜以继日地，必定

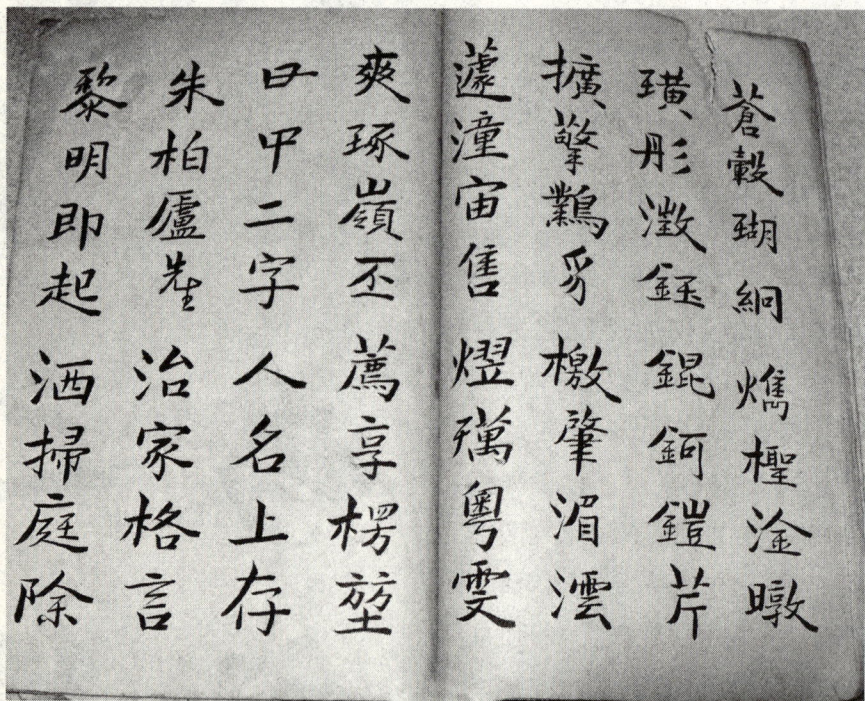

宋教仁手迹

宋教仁（1882—1913），字遁初，号渔父，湖南桃源人。中国伟大的民主革命先行者、中华民国的缔造者，是中华民国初期第一位倡导内阁制的政治家。1913年被暗杀于上海，享年三十二岁。

要说服了我们，他才肯罢休。然而辩论是辩论，总是平心和气的，从来不肯用言词切责。可是如果看见我们一时大意，不修边幅，那时，先生就要不客气地教训我们了。"①

到 1913 年，孙中山认为民族、民权两主义已经达到，把精力放在了民生上。然而，树欲静而风不止，袁世凯却没有把精力放在民生上，而是向革命者大开杀戒，妄图恢复帝制。当宋教仁倡导"政党内阁"而与袁世凯的野心冲突时，袁世凯毫不手软地派人暗杀了宋教仁，这就是著名的"宋案"。宋教仁的鲜血和生命唤醒了孙中山，大梦初醒般地发现袁世凯是中华民国和民主最大的敌人。他连忙返回上海，与陈其美、黄兴等人研究下一步的革命对策。

孙中山认为袁世凯不会满足于只做大总统，下一步必将复辟帝制，因而主张讨伐，但黄兴等人认为在敌强我弱的形势下，应当用法制的办法加以解决。这时候戴季陶在思想与行动上是亦步亦趋追随孙中山的。戴季陶就发言支持孙中山的意见，认为对袁世凯无法施之于法，结果引起黄兴不满，大声斥责他："你是何许人，竟然多嘴。"

正当革命者举棋不定的时候，袁世凯早已同帝国主义暗中勾结，出卖国家利益向帝国主义借款，目的是屠杀革命党。随后，袁世凯下令免掉了三位国民党籍的都督职务，并部署兵力围剿革命党。面对袁世凯的卖国行为和倒行逆施，孙中山宣布讨袁，"二次革命"爆发。

投身"二次革命"

1913 年 7 月初，戴季陶受孙中山派遣到南京帮助黄兴领导反袁斗争。到达南京后，正赶上南京讨袁军发生内变，戴季陶积极配合黄兴，做好筹款和安抚士兵等工作，给城内的官兵做思想工作，防止他们被袁世凯收买。

袁世凯先下手为强，黄兴的卫队长程德全被收买，南京到处

---

① 陈天锡主编：《戴季陶先生文存三续编》，（台湾）中国国民党中央委员会党史史料编纂委员会 1971 年版，第 280 页。

贴满了"捉拿黄兴"的告示，袁世凯的爪牙们也大肆搜捕黄兴。黄兴不得不离开南京暂避风头，在此危急时刻，戴季陶却坚定地留下来继续斗争。当时军费没有着落，他恰遇其留学日本的好友金锐新，金锐新此时正任交通银行协理。戴季陶通过他担保，从南京银元局借了 6 万元作为军饷，解了燃眉之急。接着，戴季陶在都督府召开军事会议，宣布人事安排，积极扭转局势。这些措施虽然暂时扭转了危局，但却无法改变整个战局。随着全国讨袁军的失败，南京局势再度告危。9 月 1 日，张勋部队用炸药轰开南京城墙，守军不支，南京陷落。

在弥漫着白色恐怖的南京，戴季陶的生命安全也受到了威胁，差点被捕。当时，戴季陶居住在日本开设的宾馆里，化名金子光。一天，当戴季陶正要回到宾馆时，发现一些士兵正在大肆搜捕。戴季陶见状，感觉到是来抓自己的。可是自己已经来到宾馆门口，如果不进去肯定会引起敌人的盘查，怎么办呢？戴季陶急中生智，故意少给车夫车费，如他所料，车夫果然大吵起来，戴季陶便用流利的日语在宾馆的士兵前说了车夫一顿，然后交足车费。站岗的士兵以为他是日本人，没有盘问，便放他进入宾馆。戴季陶从宾馆老板处确认，官兵的确是来抓他的。如果不离开，不只自己会暴露，也会牵连到宾馆老板。夜幕降临，戴季陶换上一身衣服，挽着一个日本妓女，大模大样地走出了宾馆。这样，在敌人的眼皮底下，戴季

晚清遗老张勋戎装照

陶两次进出宾馆，安然离开。愚蠢的袁世凯的走狗怎么也不会想到戴季陶如此的聪明机智，竟从他们的眼皮底下逃走了。如果袁世凯知道，肯定会大骂他的手下是饭桶，一群无用之辈！可是骂也不管用，戴季陶已经成功逃脱了。

戴季陶离开南京后，得知孙中山等人已经去往日本。戴季陶乔装改扮，与日本友人一道前往日本，与孙中山会合，商讨今后的革命道路。

二次革命的失败也使戴季陶深受触动，他在总结自己的革命道路时，感到"百万锦绣文章，终不如一支毛瑟枪"。[1] 所以，他暂时放下笔杆子，拿起枪杆子与反动势力进行斗争。只要能够推翻反动势力，哪怕赴汤蹈火，戴季陶也是毫无怨言的。他把孙中山视为中国革命的大救星，开始唯孙中山"马首是瞻"。

中华革命党的坚定拥护者

1913 年 9 月 29 日，也就是戴季陶到达东京的第二天，他立刻去谒见孙中山。为了发动第三次革命，孙中山积极联络日本政要，争取日本的外交和财政支持。戴季陶每天几乎和孙中山形影不离，有时候随孙中山拜访日本政要，有时候参加孙中山的会议作记录。流亡日本的两年多，才二十出头的戴季陶成为孙中山最信任、最器重的年轻人之一，他曾自豪地说："本人在当年追随总理的同志中间，要算是最年轻的一个。"也可以说，戴季陶是当时最忠诚于孙中山的革命者之一。戴季陶以他的才干和忠诚成为孙中山革命事业中不可或缺的得力助手。为了革命事业，戴季陶放弃了已经期待多年的赴欧留学。当时流亡日本的革命者也经常陷入经济困境，缺衣少食，生活困难，有的人因为冬天无法生火取暖而病倒，戴季陶似乎又回到了当年留日穷学生的状态。但是艰苦的生活没有吓倒戴季陶，他依然不离不弃地追随孙中山。戴季陶与孙中山"患难见真情"，在血与火的洗礼中凝聚成摧不垮、打不烂的革命情感。

---

[1]　唐文权、桑兵编：《戴季陶集》，华中师范大学出版社 1990 年版，第 506 页。　　　　69

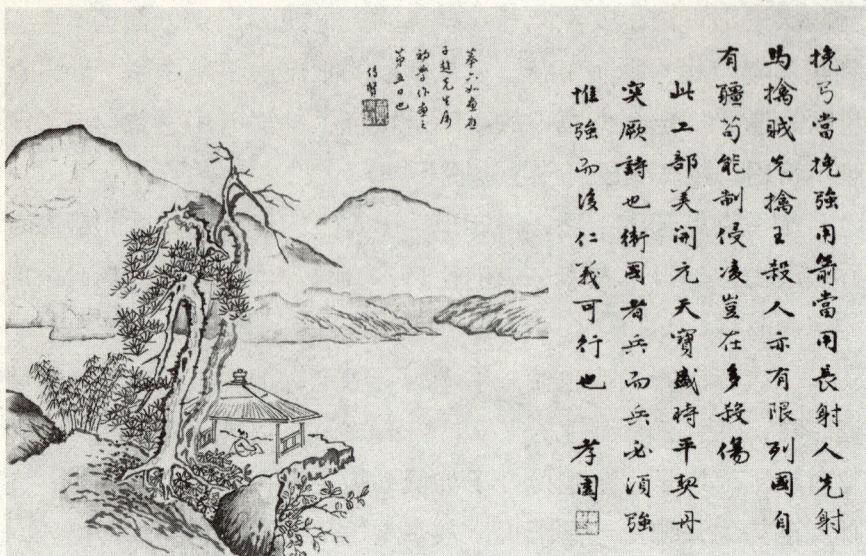

戴季陶山水画

　　孙中山一方面重整旗鼓，准备东山再起，一方面总结革命屡战连败的经验教训，避免革命功败垂成。再三思考后，他认为当务之急是培养革命人才和成立团结的革命组织。为此，他在日本创办了两所学校，一个是军事研习所，主要目的是培养军事人员，为了躲避日本人的盘查，对外名称是"浩然庐"；另一个是政法学校，主要培养政治、法律人才。这两所学校为后来创办黄埔军校提供了经验。戴季陶曾在日本的政法学校学习，被孙中山委任为政法学校的翻译。戴季陶欣然接受，并努力把工作做好。为了革命事业，戴季陶粉身碎骨都不惧怕，更何况为革命培养人才的大任呢。

　　这时候袁世凯在国内撕下了民主与共和的面纱，露出了真独裁、真复辟的真面目。国内笼罩在一片倒行逆施的乌云之中。革命党人因看不到革命的希望与未来，愁云惨淡，人心涣散，几乎一蹶不振。但是年轻气盛的戴季陶尊崇孙中山，对革命仍然充满了信心。孙中山认为二次革命失败的一个重要原因就是革命党组织涣散，不听自己的指挥与号召，各自为战，结果被各个击破。为此，孙中山着手改组国民党，决定成立中华革命党。

为了把新的中华革命党建立在一个团结统一的组织下，孙中山多次召开会议讨论建党方案和原则。戴季陶作为孙中山的秘书和支持者，积极参与这些会议，并承担一些会议的准备工作。1913 年 10 月，中华革命党还在筹备期间，戴季陶就加入了中华革命党，成为中华革命党的创始人之一。为了起草建党的主要原则《革命方略》，戴季陶在了解到孙中山的组织意图后，认真倾听各方的意见，一一记录，在此基础上充分发挥自己的文才，字斟句酌，润色修改。在戴季陶等人的多方努力下，《革命方略》的文本确定，成为中华革命党的纲领。《革命方略》制定了严格的入党规章，主要体现在三方面：一是"凡入党的人，须完全服从我一个人（指孙中山——笔者注）"，要宣誓"愿牺牲一己之生命、自由、权利，附从孙先生再举革命"；二是要在入会盟约上按手印；三是在党章中规定按入党时期划分党员等级，首义党员在革命成功后享有"元勋公民"的政治特权。实际上是把对革命的忠诚集中到对孙中山一人的忠诚上，带有强烈的宗派主义和个人主义的色彩，是一种变相的专制，第三条则具有论资排辈的色彩。这是非常时期孙中山为了加强党的凝聚力和向心力而采取的特殊举措，无可厚非。

1914 年 7 月 8 日，孙中山在东京正式宣布中华革命党成立，并被选为总理。但是《革命方略》和入党誓词却遭到了革命党元老们尤其是黄兴的反对。黄兴不愿意服从"党魁"个人，更不愿在誓约上加

袁世凯称帝祭天

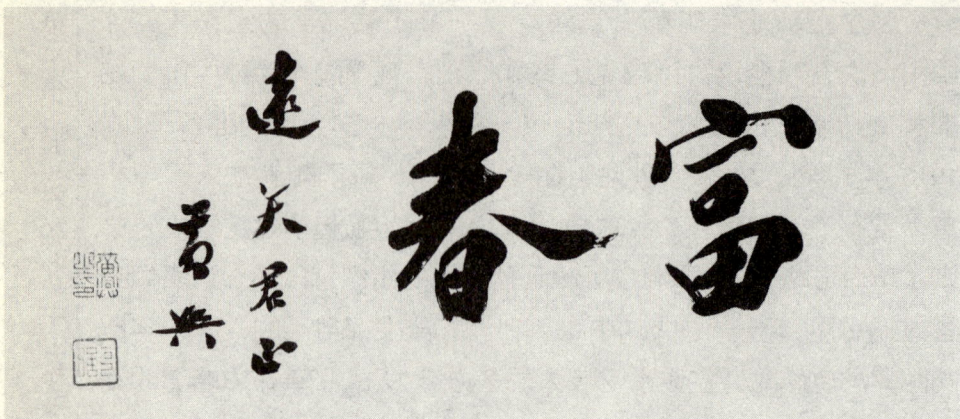

行书书法 "富春"（黄兴）

黄兴（1874—1916），原名轸，字廑午，号杞园，后改名兴，湖南善化人。中国资产阶级民主革命家。辛亥革命时期，时人多称其为黄克强，与孙中山常被以"孙黄"并称。1916 年 10 月 31 日，在上海因病逝世。1917 年 4 月 15 日，以国葬于湖南长沙岳麓山。著作有《黄克强先生全集》、《黄兴集》、《黄兴未刊电稿》及《黄克强先生书翰墨绩》刊行。

盖指模。戴季陶、陈其美、胡汉民和日本友人宫崎寅藏奔走调停，一谈再谈，但都没有成功。黄兴周围的原同盟会、国民党一些军事将领也都拒绝参加中华革命党。其中一部分人组织"欧事研究会"，以研究欧洲事务的名义从事革命活动，公推黄兴为领袖。革命党面临更加严重的分裂危机。

　　黄兴看到自己与孙中山在革命的策略、组织等方面存在分歧，不愿因个人分歧而扩大为革命党的分裂，因而他"为避免党内纠纷，决计到美游历"。临别前，黄兴宴请孙中山，虽观点不同，但革命信念却无差别。孙中山赠联："安危他日终须仗，甘苦来时要共尝。"黄兴和孙中山这两大革命元勋在友好的氛围中分道扬镳。戴季陶为此痛哭了一场，心中不禁涌起阵阵愁绪和不舍之情。他开始感觉到中国革命要成功实非易事，想到黄兴离开孙中山远渡欧洲，远离革命的大本营，革命党人将失去一位有实力、有才干和有影响的同志，在此用人之际，真是让人心痛啊！但是他依然把革命成功的希望寄托在孙中山身上，为了说服更多的革命同仁，避免党内新一轮的分裂，戴季陶在报刊上发表文章，再次强调不服从革命领袖孙中山、不宣誓者，不可加入中华革命党，表现出对孙中山无限的忠诚。

戴季陶在支持武力反对袁世凯的同时，还没有忘掉用他的文章与敌人斗争。他经常在中华革命党的机关报《民国杂志》上撰文，宣传革命，倡导反袁，提倡"第三次革命"，成为宣传革命的忠诚斗士。

戴季陶在日本期间，还曾与日本政界、军界一些要人有过接触和交往，有些是公事来往应酬，有些则是私交。如日本民党领袖犬养毅，戴季陶当年与他私交甚厚，在他竞选内阁首相时，戴季陶甘愿担任其助选员，不辞劳苦，奔走于日本各地，到处发表演说，拉选票。他的频繁活动，使犬养毅的对手陷于惨败。此后，日本法律特别规定，限制外国人参加日本的助选活动。

华兴会领导人合影

1905年，华兴会主要领导人在日本合影留念，前左一为黄兴，左四为宋教仁。

即使在革命如此危难、如此忙碌的时刻，戴季陶也没有抛弃他在日本养成的风流作风。他在访问德国期间，曾对他的德语翻译丁文渊讲起他年轻时的风流韵事。据他说，在日本的这段时间，每天从朝到晚，都要跟随总理，只有到了晚上十二点钟以后，

天坛祭天

袁世凯倒行逆施复辟帝制，遭到举国反对，做了83天皇帝后被迫取消帝制。图为袁世凯"登基"前在天坛祭天，为复辟帝制造势。

气吞河狱

平尾君正 陈其美

才稍有闲暇。忙碌了一天，本应早点休息，可是这点时间他怎舍得用于睡眠呢？于是乎，每晚都要出去过他的夜生活。甚至还向他的秘书大谈特谈日本京都高档色情场所如何的高贵，如何的让人流连忘返。

策划东北革命

1914 年春，孙中山派遣陈其美和戴季陶回东北进行革命活动。与戴季陶一样，陈其美也一直是孙中山的支持者和中国革命党的创建者之一。陈其美，字英士，出生于 1878 年，浙江吴兴人。他出身于一个破落家庭，十多岁时为了供兄弟读书，去当学徒。1906 年赴日本留学，入警监学校，结识孙中山，加入同盟会，是同盟会的早期参加者之一。返回国内活动时，结识了蒋介石，二人结拜为兄弟，并全力提携蒋介石，是蒋介石生命中的贵人之一。辛亥革命后，陈其美曾任上海都督。在中华革命党的组建过程中，陈其美也是孙中山自始至终的坚定支持者。在孙中山当众宣誓加入中华革命党时，由陈其美和居正作为孙中山的入党介绍人，这也是孙中山对陈其美无比信任与尊敬的一种表现。陈其美凭借他对革命的忠诚和才干被选为中华革命党总务部长。有人批评他对孙中山盲目崇拜得过了头，对此他说："我所以服从中山先生的缘故，决不是盲从，是因为我现今已经实在清楚此刻中国有世界眼光、有建设计划、有坚韧不拔精神的，除了中山先生以外，再没有第二人，所以我诚心地服从他。"在这一点上，陈其美与戴季陶是高度一致的。陈其美对孙中山的态度影响了蒋介石，使蒋介石也在众多的革命英才中把孙中山视为中国革命的救星。

孙中山选中二人回国是经过一番思量的。1912年前后戴季陶曾经在东北活动过，有一定的革命基础；陈其美则在上海起义中积累了丰富的斗争经验。此外，二人还有许多共同之处：都是浙江吴兴人，是老乡，都对革命和孙中山表现出绝对的忠诚。二人互补性很强，陈其美做事果断干脆，在革命资历、斗争经验、社会交际等方面胜过戴季陶；而戴季陶比陈其美年轻13岁，精力充沛，文笔出众，思维细腻，二人协力从事革命活动可以说是珠联璧合。

陈其美和戴季陶是老乡，是革命战友，在辛亥革命后就认识，本来应该英雄相惜、志趣相投，但实际上二人私交却一般般，甚至有点貌合神离。戴季陶觉得陈其美虽然具有革命的热诚和勇气，但是肚子里墨水太少，而他戴季陶则是胸中有百万锦绣文章的著名文人。戴季陶曾对蒋介石说，陈其美对他常怀畏忌之心，可能是陈其美因自己墨水不足而产生的一种自卑心理。在日本时，戴季陶甚至不愿意为陈其美做日语翻译。不过革命大业还是使他们接受任务，暂时抛却个人恩怨，开始了通力合作。

回到东北后，二人发现东北的革命形势相当不乐观，甚至有些悲观。革命党人在此地苦心孤诣创下的革命团体基本上被破坏殆尽，反动势力极为猖獗，具有革命倾向的群众也都缄口不言，退避三舍，不敢再继续革命，有的甚至从此不问国事，过起了养家糊口的小日子。在这种情况下，革命活动步履维艰。二人商量

张作霖戎装照

后，开始分头行动联系昔日的革命党人，希望他们能够克服目前的困难，重新振作起来。

经过戴季陶和陈其美的苦心经营，大连的革命形势有了好转，一些革命团体又活跃起来。许多革命文书上都是陈其美和戴季陶二人共同签字，看来两人配合默契。但是东北革命形势的好转很快便引起了东北王张作霖的警觉，他下达了逮捕戴季陶和陈其美的命令。在分析了革命形势后，二人认为，张作霖对东北的控制过于严密，革命工作很难打开局面，贸然革命得不偿失。从革命的长远考虑，二人回到日本，向孙中山复命。

在坚持革命的同时，戴季陶还响应国内的文化革命，倡导白话文，明确提出了"文字革命"的口号。早在 1910 年，他就提倡白话文，后来又进一步提出文字革命的号召。他认为中国的文字也是专制的，需要来一场文字的革命，把文字的专制、文字的腐败一起推翻，使读书识字不再是少数人的专利，而是全体国民都能享受的幸福。这样，戴季陶把文字革命作为暴力革命的重要辅助成分。他的这一思想比陈独秀正式提出文字革命的口号早了许多，可惜，由于他后来把主要精力转移到武力革命上，影响了他在文字革命上的地位和影响。

在日本的两年多，戴季陶对孙中山不离不弃，为革命出生又入死，展现了高度的革命忠诚和超人才干，在革命党人中的地位也逐渐上升。他加入同盟会较晚，革命资历较浅，但是在中华革命党的创建与早期活动中，他的地位迅速上升，成为中华革命党的"各省重要人物"中的一员，成为革命派中大有可为的干将。

第二节　爱锦绣文章，更爱毛瑟枪

拜会日本政要

　　1915 年 12 月 12 日，经过紧锣密鼓的策划，袁世凯决定于 1916 年登基称帝，公然违背全国人民的意志，改民国为帝国，开历史的倒车。云南的革命党人蔡锷等人首倡护国运动，孙中山也号召国人声讨独夫民贼。袁世凯在人民的反抗声浪中当了三个月的皇帝，结果内外交困，陷入四面楚歌，不得不暂时收起当皇帝坐龙椅的野心，取消帝制，恢复民国，但实际上仍然实行专制，换汤不换药。为了把袁世凯彻底轰下台，孙中山于 1916 年 4 月底悄悄回到上海，直接领导全国的反袁斗争。戴季陶也随同回国，继续担任孙中山的秘书，并负责革命宣传。

　　在全国人民群起而攻之的声浪下，6 月 6 日，袁世凯终于在众叛亲离中死去，护国运动取得胜利。随后出任总理的段祺瑞本是袁世凯的麾下大将，颇得袁世凯真传，面对袁世凯离世后纷乱

袁世凯葬礼照（1916 年 7 月 4 日）

秋山真之肖像

的政局，他试图作出改变，但那种历史大变动时的困局，即便是如师如父的袁氏亦难于应付，遑论段氏了。他上台后，拒不恢复国会，与总统黎元洪闹起了"府院之争"，争权夺利。南方的大小军阀也趁机抢占地盘，扩军备战，到处烧杀掳掠，全国处于分崩离析的境地，革命仍然任重而道远。

在"府院之争"的双方斗得不可开交之时，北洋系的骁将张勋瞅准时机，率领他的"辫子军"杀入北京城，控制了北京的局势，导演了一出"宣统复辟"的闹剧。一时间，整个北京又翻了一个天，一夜之间从挂名的民国回到了赤裸裸的大清朝。北京的居民也在一年之内体验到民国—洪宪帝国—民国—清帝国走马灯似的变化。张勋自知实力有限，与地方实力派军阀难以抗衡，多次派人寻求外援，希望获得日本和德国的支持。为了摸清日本政要的态度，孙中山派遣戴季陶到日本访问。

临行前，孙中山亲笔给日本政要写信，要戴季陶务必送到，其中千叮咛万嘱咐让他一定要去拜访日本海军中将秋山真之和陆军中将田中义一。1917 年 6 月 21 日，戴季陶抵达日本，他把孙中山的信件送到日本政要手中。在与他们的交谈中，戴季陶发现日本统治集团对中国的意见存在分歧，他基本摸清了日本政要的态度。随后，他专程拜访秋山真之和田中义一。

秋山真之是孙中山的密友，时任海军中将，是日本海军的最高领袖。虽然是日本人，但他却没有把中国人当作"东亚病夫"，而是怀有人类平等的博爱思想，对中国人士也表现出友好，曾多次向孙中山提供物质、精神帮助。戴季陶曾多次陪同孙中山来秋山家做客，与秋山的关系不错。当戴季陶来到秋山家时，无须通报，直接进入书房。当时秋山正在书房中凝神端坐，好似参禅悟道。

听到脚步声，他缓缓睁开眼睛，一看是旧相识戴季陶，大吃一惊，招呼戴季陶就座后，直接问道："你几时来的？所来为何？为何面色不好？"

戴季陶说："我刚到，现住在冈本旅馆。"

秋山忽然紧张起来，语气有些急促："还好，还好。这不是你的祸事，是你的住处不好。那个地方不久会有天灾，你快些搬到高处去住，低处住不得。"

戴季陶不明白秋山为何如此关心他的住处，也不好反驳，顺着他的意思问道："东京最高的地方是金生馆，先生是要我搬到那里去吗？"

秋山真之点点头，强调只有这一个地方可以住。

戴季陶见住处的问题解决了，怕他再引出其他话题，遂双手递上孙中山的亲笔信，静静地等秋山看完后，才问："先生，看中国局势怎样？"

秋山看过信件，似有所思，没有立刻回答戴季陶的问题，而是缓缓坐了下来，慢慢闭上双眼，疑似养神，又似思索，口中还念念有词，听不清具体内容。

戴季陶知道秋山一向神秘兮兮的，所以静待他的反应，不敢有丝毫造次。

几分钟后，秋山睁开眼睛，仿佛看着千里之外，幽幽地说："不出十日，中国必有国体变动。这个变动发生在北京，几天之后，变动仍然失败。"

戴季陶听得一头雾水："先生能否告知是什么样的变更？怎样发生？又

田中义一肖像

79

为何失败?"

秋山平视前方,高深莫测地说:"以我的能力,现在只能见到如此;以后的事情,还是待此局面出现后再看吧。"

戴季陶知道问不出所以然来,明智地转移话题。坐了一会儿,起身告辞。戴季陶虽然不明白秋山让他换旅馆的意图,不过他还是照做了,打电话向金生旅馆订了房间,吩咐把他的行李搬过去。然后,他去拜访田中义一。

田中义一是日本长洲系军阀的嫡系,是日本政坛上举足轻重的人物。不过,与秋山真之不同,田中是一个法西斯分子,与中国的复辟势力关系匪浅。他的住所也与秋山的宁静简朴小院不同,是一栋中西合璧的豪宅。戴季陶随仆役进入书房,等候田中。戴季陶发现,这书房也是相当的雅致讲究,各类书籍整齐排列其中,墙上还挂着一幅泥金的对联,对联的抬头是:"田中中将雅正",落款人是"弟张勋拜书"。复辟头目与他称兄道弟,二人关系果然非同一般。

田中走进书房时,恰巧看到戴季陶正在捉摸张勋的那副对联。

坐在龙椅上的溥仪

1917 年 7 月,张勋与康有为拥护溥仪复辟,图中坐朝的就是溥仪。

80

狡猾的田中心中掠过一丝不安，立刻又装出一副不在意的样子。

二人寒暄之后，不等戴季陶说明来意，田中就滔滔不绝地讲起如何反对中国的复辟运动，如何劝诫张勋不可逆潮流而动等等。田中越说越激动，越说越长，甚至有些不着边际了。

戴季陶越听越觉得蹊跷，心里嘀咕："我并没有说你与张勋复辟有关，也没说你是他的后台啊。如此的一番长篇大论，不是'此地无银三百两'，不打自招吗？"这倒使戴季陶摸清了田中两面三刀的做法，没必要再向他请教中国局势的问题了。即使问了，也问不出个所以然来，还要耐着性子听他冠冕堂皇的骗人鬼话，这是戴季陶极度厌恶的。寒暄几句后，戴季陶离开了田中家。

当戴季陶回到金生旅馆门口时，发现旅馆前面聚集了不少人。一打听才知道这里俨然成了中国复辟分子的大本营，各路复辟人员在此聚集，什么肃王派、恭王派，都拿了日本财阀赞助的赏银，在这里摇旗呐喊，为北京的复辟助威呢。

戴季陶满腔义愤地回到房间，给孙中山写信，一一告知所见所闻所感，两天就圆满完成了孙中山交待的任务。戴季陶的信件对于孙中山正确把握国内和日本的局势起到了很好的参谋作用。几天后，他决定动身回上海。在他离开东京一两天后，东京湾竟然发生海啸，低处变成了沼泽，这难道就是秋山所说的"祸事"？戴季陶到达上海后，得知张勋复辟的闹剧上演了 12 天就收场了，这难道就是秋山所说的变动，然后失败？难道秋山具有未卜先知的能耐？戴季陶百思不得其解，求教于孙中山。孙中山说，秋山对气象有研究，知道何处有飓风；他是日本高层人物，了解中国的政治动态，他本人已经知道张勋复辟的阴谋，又不能直言相告，只好假托法术拐弯抹角地告知。

护法受挫

张勋推动的复辟活动失败后，段祺瑞以"再造共和"的功臣自居，上台后公开宣称不恢复《临时约法》，不恢复国会。孙中山认为，《临时约法》和国会乃是共和国的根基所在，没有了这二者，与独裁无异。1917 年 7 月，孙中山南下广州，准备联合南方的革

段祺瑞肖像

命人士掀起护法运动，戴季陶也随同前往。8月25日，反对段祺瑞的部分国会议员在广州举行会议，因不足法定人数，故而被称为"非常国会"，主要议题是商讨反段。9月1日，非常国会选举孙中山为中华民国军政府大元帅，戴季陶先后被任命为法制委员会委员长、大元帅府秘书长、外交部次长（林森为外交总长），这样戴季陶在军政府中兼三职于一身，成为护法运动的中坚力量。孙中山对戴季陶的器重也与日俱增，甚至到了须臾难以离开的地步。

有一个故事颇能说明这一点。当时，孙中山计划把汕头的陈炯明部队改造为革命部队，派遣蒋介石和戴季陶去帮助陈炯明。戴季陶刚到汕头不久，就接到了孙中山电召他回去的命令，可是戴季陶在汕头的表现让陈炯明不想放人。陈炯明给孙中山发电报，要求戴季陶继续留在汕头工作。可谁知，孙中山没给陈炯明面子，回电说，让蒋介石留在汕头帮你的忙，对日事件离不开戴季陶，快点让他回来吧。戴季陶在离开孙中山几日后便又重新回到他身边，足见孙中山对他的倚重。

正当护法运动刚刚有点声色时，西南军阀出于利益考虑开始掣肘孙中山，限制他的权力，使他的种种主张都在争吵中化为乌有。孙中山被迫辞去大元帅职务，而戴季陶也抱着"皮之不存，毛将焉附"的心情，辞去了所有职务，随孙中山回到了上海。

护法运动失败了，这对一生为革命奔走的孙中山来说，是个

82

沉重的打击，他一直处于屡战屡败的境地。对戴季陶来说，二次革命让他认识到空有锦绣文章，根本不能救国，于是他狠心放下锦绣文章，毅然扛起了毛瑟枪，投笔从戎，奋不顾身走上反对袁世凯、反对张勋复辟逆流、反对段祺瑞独裁的战场。一次次在枪林弹雨中穿梭，一次次为革命东奔西走，可惜毛瑟枪也没有完成他的革命目标，全部的努力化为水中月、镜中花，他全心全力为之奋斗的民主共和国依然是个遥不可及的梦想。二十多岁，正是一个人立功名、干事业的年纪，班固的投笔从戎换来了扬名于疆场，而自己呢？他为自己的理想而努力，努力的结果却是失败。革命何时才能成功？他不知道，他只知道自己一次次在希望中努力，又一次次经历失败的打击。他对现状感到失望愤懑，心情沉重，不知道革命理想何日才会成为现实。为了获得暂时的精神解脱，逃避这暗无天日、让人愤懑的现实，他回到浙江吴兴，寄情山水，寻找心灵的归宿和寄托，过起了世外桃源般的日子。这是戴季陶逃避现实、苟且偷生的反映，是他做事缺乏恒心和意志薄弱的表现，是他在革命生涯中第一次"开小差"。可是，对于戴季陶的这段经历，我们不能过度苛责，因为，一个为革命尽心尽力的革命者，面对残酷的现实和革命理想的遥遥无期，产生失望的

段祺瑞部进攻皇城

街头演讲的北大学生

1919年5月4日，北京大学等13所学校的学生纷纷罢课，走上街头举行示威游行，抗议巴黎和会。

心情和暂时的逃避心理是人之常情。

与戴季陶不同，孙中山是个在革命中锻炼起来的领导者，他没有轻易被失败打倒，而是开始著书立说，总结革命经验，为酝酿下一次战斗做准备。戴季陶也在世外桃源中总结革命失败的原因。但是作为一个文人出身的革命者，戴季陶没有从革命者身上寻找革命一次次失败的原因，反而从国民的角度思考，认为国民思想幼稚，知识浅薄，道德堕落。

1919年的五四运动把全国人民的爱国热情和革命热情再次展现出来，国家已经到了"存亡之秋"，戴季陶日渐冷却的心这时候也被革命的浪潮所唤醒，犹如冬眠之后焕发出春天的朝气和勇气。他决定走出逃避的阴霾，重新披挂上阵，投入战斗。在孙中山著书立说之时，戴季陶也重操旧业，受孙中山之命创办《民国日报》副刊——《星期评论》。1919年6月，《星期评论》创刊，戴季陶继承、发扬以往的办报宗旨，使该报很快成为一份权威性的报纸。后来又协助孙中山创办《建设》月刊，内容广泛，风格独特，颇受好评。这两份报纸杂志以孙中山的"激扬新文化之波澜，灌溉新思想之萌蘖，树立新事业之基础，描绘新社会之雏形"为宗旨，宣传革命思想，唤醒国民，揭露北洋军阀的反动统治。

第一次下海

1919年10月10日，为了进一步团结革命党人，孙中山把中华革命党再次改组为中国国民党，其最高纲领是"巩固共和，实行三民主义"。戴季陶积极参与改组事务，并成为一名中国国民党党员。

革命宣传和革命组织都井然有序地进行着，可是革命经费却苦无着落。为了筹措革命经费，孙中山也积极谋求生财之道。早在1916年，孙中山就曾申请创立上海证券物品交易所，但是没有被批准。直到1920年，经过多方的联系，戴季陶、张静江、蒋介石等人和其他企业、团体投资的上海证券物品交易所才正式开张。本以为革命党人不懂经商之道，谁料交易所开张后竟然赚了个钵满盆溢。这几人都获得了巨额好处，当然国民党的经费也有了着落，为广州的陈炯明讨伐桂系军阀提供了军费，也算为革命立下了一功。孙中山对戴季陶的经商头脑感到惊喜和高兴，称他为"货殖天才"。

由于交易所的业绩太好，受股票泡沫的影响，股票一路狂飙，几乎处于失控的状态。戴季陶、张静江等人是凭着买空卖空、靠信誉在倒卖股票的，交易所要他们交保证金后再提货，他们竟然开空头支票，公然倒空买空。面对潜在的金融风险，戴季陶、蒋介石等人也毫无警觉，依然抬高股价，牟取暴利，结果交易所从牛市转为熊市，一路狂跌到底。1922年2月，交易所的股票成为废纸，风光一时的交易所瞬间倒闭。戴季陶也从"货殖天才"沦为商场败将，他后来在佛前发愿："今生不

上海证券物品交易所旧址

营商业。"可见，商场上的大起大落让他心有余悸，彻底金盆洗手。当国民党在全国掌权，许多政界、军界名流纷纷在商场上一展身手、甚至大发"国难财"时，戴季陶仍然退避三舍，不再为商场上的财富动心。

对于蒋介石、陈果夫、戴季陶、张静江等人来说，在上海的这一经商历程，重要的不在于其经济上的收获，而是使他们在政治上走到了一起，在国民党内互相攀援，抱成一团，密切合作，形成了"一荣俱荣，一损俱损"的利益集团。

处处碰壁

除了在商场上一展身手，戴季陶还涉猎了一项从未涉足的领域——编纂教材。当孙中山在上海著书立说时，发现中小学的教科书存在诸多讹误，而且明显落后于时代，这样的教材是无法培养革命的接班人的，因次，他决定让戴季陶、胡汉民、廖仲恺等人编制初等师范、中学、小学等的教材。戴季陶便受孙中山之命，研究中小学教育事宜，并且负责编辑初等师范、普通中学和初等、高等两级小学的教科书。在孙中山的指导下，戴季陶等人首先集中力量编辑国文、中国历史、中国地理三科的教科书，由朱执信任总编辑，戴季陶、胡汉民和廖仲恺分别任编辑。戴季陶在担任教材编辑时，积极工作，兢兢业业，他广泛搜集了各书局先后出版的各种教科书、参考用书、课外读物等共计数百种资料。另外，他还搜集了外国师范和中学的应用图书、小学教科书等各种读物，以及关于教育制度、教学方法的各类出版物。然后，他认真阅读了这些书，并进行研究，比较各种书的优劣，做了详细的笔记。待这一切都完成后，开

护法运动时期的孙中山

孙中山就任护法军政府大元帅时与同仁合影

始着手编辑新教材的工作。然而，教科书还没问世，中国革命形势又出现了新变化，北洋军阀解散国会的做法使孙中山举起了第二次护法的大旗。

1921 年 4 月，孙中山南下广州就任中华民国政府非常大总统后，决定对广东的地方政治进行一系列的改革，把广东建设为模范省。为了制定反映孙中山思想的广东省法律，戴季陶把孙中山的思想整理为《改革期中的广东》一书，对行政改革、改变军队、修订教育、移风易俗等都有论及。正当戴季陶对二次护法心存希望之时，孙中山一向器重的陈炯明在革命发展道路选择上与孙中山分歧日益明显，最终竟兵戎相见，炮轰总统府。这让戴季陶愤恨不已，他对陈炯明的那点好感全都随着隆隆炮声化为烟云。而他企图杀害孙中山的卑鄙行径更是让戴季陶对他恨之入骨。孙中山登上停在港口的永丰舰，离开了广东，第二次护法运动仍然以失败告终。

自 1911 年加入同盟会，到 1922 年第二次护法运动失败，戴季陶从加入革命党，追随孙中山为革命东奔西走以来，已经 10 年有余。在这 10 年里，戴季陶总是坚定地站在孙中山一边，甚至有些盲目听从，心甘情愿充当孙中山的忠诚追随者和马前卒。虽然一次次的革命失败也曾让他失望，让他气馁，可是他也总能怀着对革命的热情和对孙中山的无限信任，勇敢地站起来，继续奋斗。然而，十多年的革命生涯到头来除了让戴季陶逐渐成熟、从革命新手成为革命元老之外，并没有让他感到胜利和喜悦。革命的道路依然曲折，而革命的未来依然在漫漫黑暗里，似乎看不到光亮，看不到希望。这也不免使戴季陶开始尝试寻找其他的救国救民之路。正是在对革命的不断追求和探索中，他深受五四运动的影响，成为五四运动中的文化明星，并开始接触马克思主义，这对他的思想和随后的人生轨迹产生了一定影响。

第四章
从激进到保守

第一节　差点儿成了共产党

新文化运动干将

对于近代史上的重大事件新文化运动和五四运动，戴季陶以《星期评论》为阵地，积极参与五四运动，宣传马克思主义，扮演

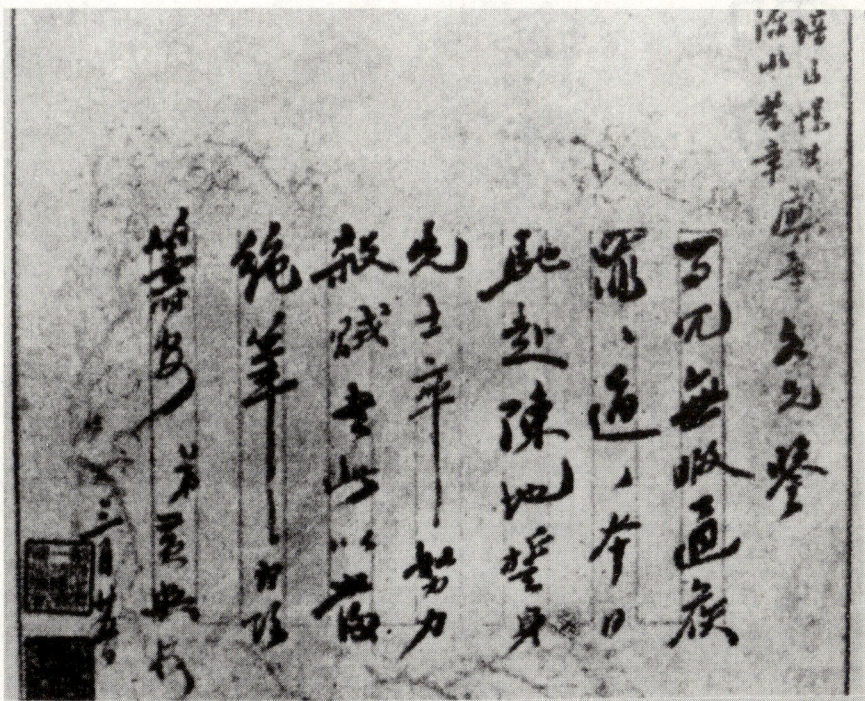

黄兴在黄花岗起义前写的绝笔书

了重要角色。

1919年五四运动爆发时，戴季陶正在上海，他积极参与其中，并欢喜到了不得，把它与黄花岗起义相提并论，足见他对五四运动的评价之高。他在 6 月份创办的《星期评论》上声援五四运动，用如利剑的文笔痛斥反动政府是戴季陶的看家本领，运用起来得心应手。他强烈抗议北洋军阀的反动措施，认为北洋军阀的倒行逆施"送了一个人的生命，也会培养出几万万个奋斗者来"，表现出革命的大无畏精神。

《星期评论》公开支持工人的罢工、学生的爱国行动，在社会各界很有影响，这就理所当然地引起了反对政府的仇视。但是鉴于该刊物的影响，反动政府不敢明目张胆地予以取缔，只好暗中动手脚。一方面截留各地给《星期评论》的稿件，一方面拒不发送《星期评论》到各地，这样，从稿源和出刊两个途径阻止了《星期评论》在社会上的流通，并最终使《星期评论》在 1920 年 6 月 6 日停止了发行。一个月前，戴季陶受孙中山之命返回广州，当时他说舍不得离开这个刊物，这里有他的心血和理想。再三斟酌下，他才依依不舍地离开，并一再叮嘱友人要把这份杂志办好。当他在广东听说《星期评论》停刊后，难过了好一阵，差点又大哭一场。

《星期评论》从 1919 年 6 月 8 日创刊，到 1920 年 6 月 6 日停刊，在短短 1 年的时间

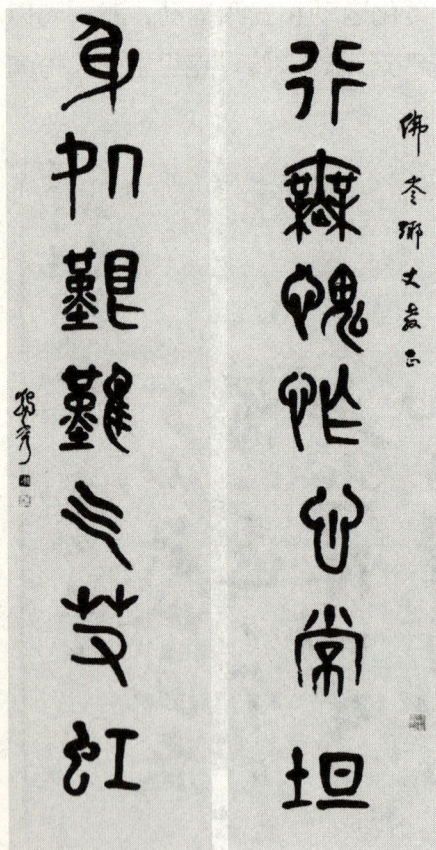

陈独秀书法作品

里，出刊 53 期，产生了重要影响。它与陈独秀的《每周评论》以及较早的《民国日报》成为上海地区最有名的报纸。共产党的早期领导人李立三曾说："最占势力的是新青年社和星期评论社，《星期评论》刊物的销路最广，销到十几万份。"① 戴季陶身为该刊的主编和主要撰稿人，先后发表了 130 多篇文章，内容涉及俄国革命、中国的社会主义问题、中国的经济问题、国际国内的劳工问题、妇女问题等诸多方面，是对新文化运动积极参与的有力证据。

　　与新文化运动的其他干将一样，戴季陶对封建制度和意识形态进行了口诛笔伐，宣传自由和平等，大声疾呼"大家族主义呵！我不愿受你的束缚！个人主义，你是我的救主"。作为曾留日多年、多次前往日本的"日本通"，戴季陶也对日本帝国主义表现出非同一般地关注，对日本的狼子野心毫不留情地进行抨击。他认为"日本是趁火打劫的强盗"，"阻止亚洲民族自决的魔鬼，是侵略同文同种的残忍者，是欧洲世界征服主义的帮凶"，并号召废除日本与中国签订的一切或明或暗的不平等条约。尤其值得指出的是，戴季陶对日本政府和日本人民进行了区分，"对华的侵略政策并不是日本的农夫工人的责任，是政治上产业上特权阶级的责任。——但大多数从来没有插过双刀、做过御用商人的日本人，到底还是中国的好朋友"。② 这与一般人把日本人看作铁板一块的认识当然进步许多，也客观许多。

传播马克思主义

　　新文化运动期间，戴季陶在抨击北洋军阀的反动统治，参与新文化运动之外，还在《星期评论》上发表文章，积极传播马克思主义。在宣传马克思主义的过程中，戴季陶与陈独秀、张国焘等人走到了一起，陈独秀曾说"戴季陶对马克思主义信仰甚笃，而且有过相当的研究"。③ 瞿秋白认为戴季陶先生也是中国第一批

① 陈绍康：《上海〈星期评论〉社始末》，载于《支部生活》1985 年第 1 期。
② 唐文权、桑兵主编：《戴季陶集》，华中师范大学出版社 1990 年版，第 949 页。
③ 转引自韦杰廷：《四一二反革命政变前的戴季陶》，载于《长沙水电师院学报》（社会科学版），1988 年第 2 期。

瞿秋白肖像

的马克思主义者。

早在辛亥革命前夕，戴季陶就接触到社会主义思潮，当时他把主要精力放在暴力反清上，因而态度较不明确。五四运动后，戴季陶对社会主义、马克思主义有了进一步的认识，并与陈独秀、李大钊等人书信往来，进行交流，扩大马克思主义的宣传。中共创始人之一的陈独秀就曾说自己"信仰马克思主义，最初也许是受李大钊、戴季陶等朋辈的影响"。当时，李汉俊是陈独秀家的常客，李汉俊又将戴季陶、沈玄庐介绍给陈独秀。陈独秀对戴季陶心仪已久，戴季陶对这位《新青年》的战将也是英雄好汉相惜，神交已久，相见恨晚。戴季陶将自己租住的楼房让出来给陈独秀一家住，这里成了陈独秀的家，成了《新青年》编辑部的所在地和中国共产党发起组织的诞生地。戴季陶与陈独秀在朝夕相处中，成为志同道合的战友和同路人。

戴季陶在传播马克思主义、社会主义理论时，表现出既赞赏又排斥的矛盾心理，这与他此时的思想基础和政治诉求有关。戴季陶追随孙中山10余年，虽为资产阶级民主革命鞍前马后，置生死于度外，然而革命一直处于屡战屡败的境地，他希望通过宣传介绍新思想马克思主义，从中寻找有利于民主革命的药方。另一方面，戴季陶传播马克思主义的目的，仍然是"使中华民国成一个真正'德谟克拉西（democracy，英文民主的音译——笔者注）

的国家'"。所以，在政治追求上，他仍然是中华民国的追求者。通过宣传马克思主义唤醒国民，反对中国的"危险分子"，包括七类人："迷信人治主义的官僚"、"迷信军国主义的武人"、"迷信国粹主义的学究"、"迷信金钱万能的财东"、"专靠挑拨是非接近政权过日子的政客"、"土匪"和"替私人供牺牲的军队"。[①] 在戴季陶看来，这些人是导致民国不像民国、专制独裁依然存在的罪魁祸首。

如果说戴季陶在五四运动之初还只是把社会主义作为一种学说进行宣传的话，那么 1919 年 10 月，苏俄废除与中国签订的一切不平等条约、美国国会否决关于山东问题的提案这两种截然不同的做法让戴季陶对美国失去了好感，感情的天平开始倾向于苏俄，倾向于社会主义。沙俄对中国的种种无理行径让戴季陶大为恼怒，认为沙俄是居心险恶的敌人，而苏俄的种种友好善意之举则让他把沙俄与苏俄区别对待，对苏俄采取了友好的态度，还公开为苏俄辩护。"俄国劳农政府里面充实的社会民主的精神的确是真实的……他们政府的领袖能够实实在在的和兵士工人受平等的物质分配，已经可以说在世界历史上要算空前的。"

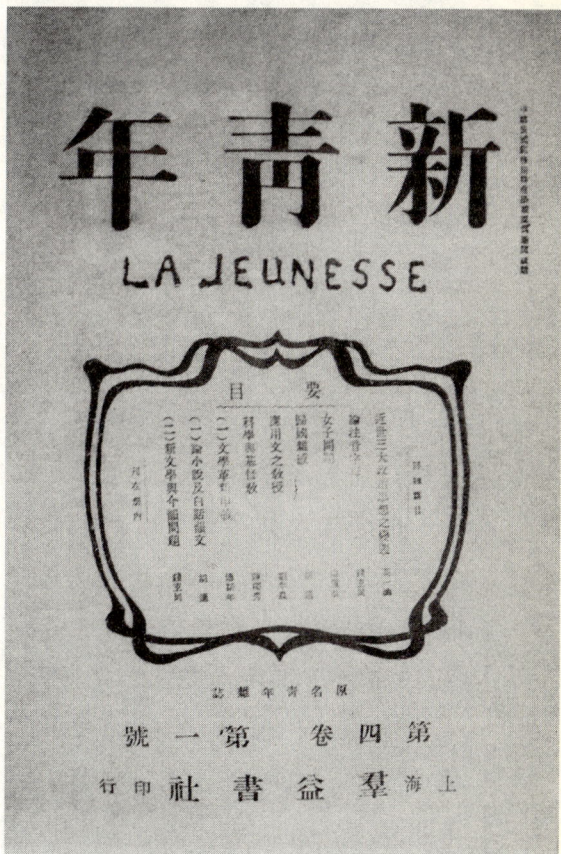

《新青年》封面

---

① 唐文权、桑兵主编：《戴季陶集》，华中师范大学出版社 1990 年版，第 885 页。

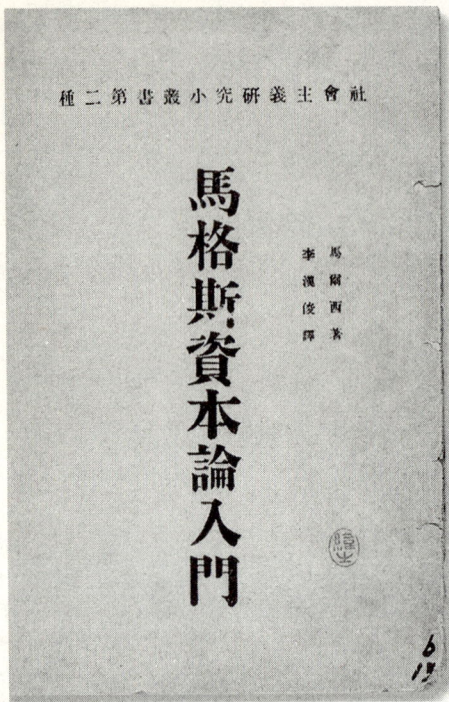

社會主義研究小叢書第二種

馬格斯·資本論入門

馬爾西 著
李漢俊 譯

《资本论》入门封面

怀着"爱屋及乌"的心情，戴季陶对马克思、恩格斯的态度也有了变化，他称马克思、恩格斯是"天才"，是"近代社会运动的先觉"。有时候他还与张国焘、廖仲恺等人谈论社会主义。他将考茨基的《马克思的经济学说》由日文译成中文，为国内读者了解和学习马克思的《资本论》提供了重要的参考书。此外，他还公开为马克思的"阶级斗争说"辩护，认为阶级斗争在阶级社会必不可免，"阶级存在一天，阶级的压迫继续一天，阶级斗争就要支持一天"。

然而，戴季陶最终还是没有继续前进一步，加入共产主义小组，而是止步于传播，站在了共产主义的门外。也就是说，他曾经与马克思主义并肩走过一段，最终却又转身离开。

拒绝加入共产党

1920 年 1 月，俄共（布）远东局的维经斯基来华，准备与中国的马克思主义者直接联系，推动中国的社会主义革命。也正是在 1920 年上半年，陈独秀、李大钊分别在上海和北京筹建马克思主义小组。4 月间，苏俄代表来到北京，与李大钊等人会谈，并南下上海，会晤陈独秀。当时，戴季陶、李汉俊等人也出席了与苏俄代表的见面会。为了躲避盘查，各种聚会都设在了戴季陶家中。1920 年 5 月，陈独秀在上海成立了马克思主义研究会，以研究的名义宣传马克思主义，实际上是为成立马克思主义小组做准备。戴季陶与陈公博、李达、陈望道等人成为第一批成员。戴季陶还为筹建中国共产党积极奔走，邀请陈望道翻译《共产党宣言》在《星期评论》上发表，以扩大马克思主义的宣传。陈望道依据的《共产党宣言》日文本就是戴季陶提供的，英文本是陈独秀提供的。不幸的是，陈望道翻译好后，恰逢《星期评论》停刊，不得已只好另择其他刊物出版。

1920年8月，上海的共产主义小组正式成立，研究会的成员们都纷纷表示加入，而戴季陶则态度游离。据周佛海回忆，"上海当时加入有邵力子、沈玄庐等，戴季陶也是一个，不过他说孙先生在世一日，他不能加入别党。所以中国共产党党纲的最初草案，虽然是他起草的他却没有加入"。这是由于共产党的党章规定"共产党员不加入资产阶级的政治团体"，而中国国民党党纲也禁止本党党员加入其他政党。面对都以救国救民为宗旨的这两大党派，戴季陶只有在二者之间选择其一，不能兼得。作为孙中山的绝对忠诚者，他不愿背叛孙中山。可以说，共产党这条"鱼"是他想要的，可是对孙中山的忠诚更是他不愿舍弃的，不得已，他"舍鱼而取熊掌"，选择继续忠于孙中山和国民党。

戴季陶在理智上做出了选择，在感情上却痛苦不堪。当他明确表示不加入中国共产党后，他大哭了一场。这表明戴季陶当时虽然是个忠诚的革命者，但是仍然具有封建社会的"愚忠"思想，这种思想使他在革命时期凭借对孙中山的忠诚而忠于革命，蒋介石上台后，他又对蒋介石"愚忠"起来。忠于革命事业固然可贵，

《共产党宣言》封面

君子之於學也藏焉修焉息焉
游焉夫然故安其學而親其師
樂其友而信其道

高橋先生雅屬

季陶戴傳賢

戴季陶行书

但把忠于革命事业置于对个人的忠诚之上，却极为可悲，这种思想最终也导致了他自己的悲剧。

戴季陶在关键时刻没有加入中国共产党，怀着一丝不舍，他离开上海，回到身在广州的孙中山身边。

第二节　有惊无险的投江

走上绝路

1921 年戴季陶回到广州，因思想仍处于困顿状态，便以有病为由回老家浙江吴兴休养。他把自己的住宅更名为"潜园"，希望自己可以像蜗牛一样缩起头来过日子，躲避精神的苦闷。就这样，在老家他又过了一段闲云野鹤的日子。1922 年第二次护法运动失败后，戴季陶得知孙中山返回上海，赶忙脱离他的世外桃源生活，回到上海，再次来到孙中山身边，与他同进退。可以说，在孙中山思想苦闷的时刻，戴季陶忠心耿耿地陪伴左右，没有辜负孙中山先生对他的信任和器重。

孙中山因革命屡次失败，再次反思以往的革命经验，探索新的救国之路。时值四川省省长派代表到上海慰问孙中山，邀请戴季陶到四川实行联省自治。戴季陶离家多年，母亲的七十大寿也近在眼前，他也希望借此回故乡探望。收拾停当，他离开上海，坐船回四川。

轮船沿长江缓缓驶往四川。想到即将回到阔别多年的家乡，见到七十高龄的老母，戴季陶兴奋不已，难以入眠，结果

护法战争时的孙中山

兴奋过度，以致神经衰弱严重。没过几天，戴季陶的亢奋状态转为闷闷不乐，过去所有行为的缺点和"罪恶"的影子，通通涌上心来，他开始精神恍惚，语无伦次。他的反常引起了同行者的注意，寸步不离地守着他，倒也平安无事。

船即将到达宜昌，离四川也越来越近了。"近乡情更怯"，这种感情对戴季陶来说，更为强烈，他想到离家 18 年来，自己一事无成，"罪恶"缠身，几乎有种无颜见四川父老的感觉。早上，同行者前来劝慰他，但丝毫没有减轻他心中的痛苦与哀愁。同行者所说的"人非生既死，生死皆有价值，唯独忧愁烦闷，没有一点价值"的话本是劝慰他的，结果反而使他思考起死亡的价值来。他此时所思所想的，只是如何逃离这个世界，不愿面对这个让他又爱又恨的现实世界。现实中无处逃离，只有死亡才能获得最终解脱。

晚上同行者在船舱里侃侃而谈，直到十一点才散去。戴季陶毫无睡意，走出船舱，来到甲板上。黑夜掩盖了他的表情，却掩

江天新雨後仙閣白雲間偶爾一樽共蕭
然萬慮間長風送盧賴落葉滿秋山欲
前朝事東流去不遠 三十六年秋月爲

崇頤先生之屬

戴傳賢於渝州

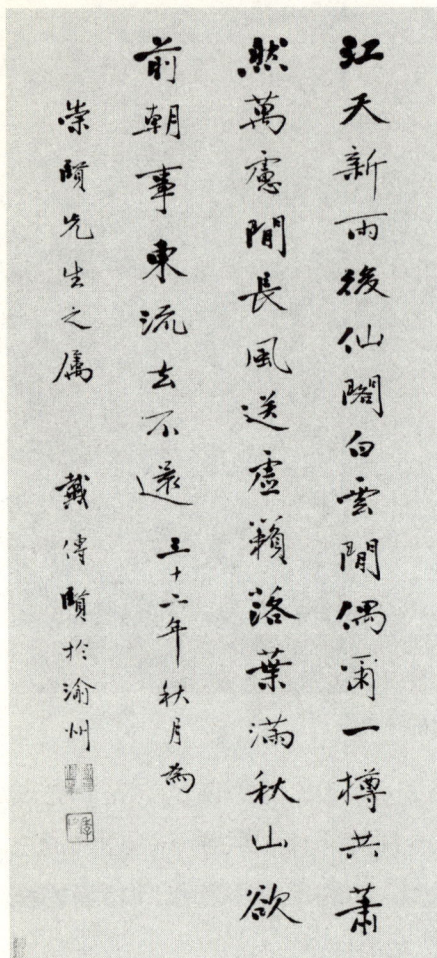

戴季陶行书书法（1943）

饰不了他的苦闷与烦忧，一声声的叹息诉说着他的苦楚。江上晃动的灯光或明或暗，似乎在向他招手，微冷的江风徐徐吹来，让他感到一丝畅快，也许长江水会更惬意吧。他走出铁栏杆，纵身跳入了长江里。

据戴季陶自己描述，当时他"万念俱空，就想沉下水去。但是越要沉越不得沉，想钻下去，从对面浮起出来，向左左浮，向右右浮，把头埋在水中，拼命的饮水，但肚皮已饱不能再喝。只有听天由命，站在水里，很清楚地觉得我站在水里成二十三度的倾斜，两肩以上完全露出水面，这时九月二十一二的光景，天气已经很冷，我身上穿的一件花缎薄长袍，里面是卫生绒衫，长江的水，已经完全将它浸透，我一点不觉得寒冷。头部露在水面，习习江风吹来，使我心地清凉只觉得舒服，一点也不觉得痛苦。民国九年以来，三年当中，一切烦恼罪恶失意忧思通通付与长江的水，流得干干净净"。[①]

正当戴季陶在水中等待被淹死时，忽然发现黑漆漆的空中有一圈很圆的白光，一向信佛的戴季陶以为这是佛祖要他生不要他死的指点，忽然又有了求生的念头。他在水中被冻得直哆嗦，颤巍巍地凭着本能开始向岸边爬去，结果冷风反而把他给冻僵了。

---

① 戴季陶：《八觉》，见《戴季陶集》，上海三民公司 1929 年 11 月版，上册第 15—16 页。

他体力不支，随水流漂去，倒在附近的沙滩上。

命不该绝

忽寻死、忽求生的戴季陶睁开眼睛，发现自己躺在一户人家的天井里，身子底下铺着厚厚的稻草，犹如舒适的大床，他好像从熟睡中醒来。抬头一看，不得了，竟然有十几双眼睛在看他，他好像被人看光了一般，不好意思起来。一位老翁喂他喝了一大碗酒，给他取暖去寒气。他看到一股股的青烟不断冒出来，原来是周围都燃着稻草，给他驱寒，难怪他睡得很熟，没有感到丝毫的寒冷呢。戴季陶知道自己还活着，感到全身酸软无力，很想睡觉，一闭眼睛，又睡着了。

等戴季陶再次醒来时，已经是第二天早上了，可能是被桌子上的早饭的香味给弄醒的。这位老翁热情地招呼他吃早餐，戴季陶不知道自己几天没吃饭了，只感觉饥肠辘辘，谢过老人后，坐下来用早餐。戴季陶询问自己怎会在此，才得知自己是被这位老人所救。当时老人去河边打鱼，见戴季陶湿漉漉地躺在岸边，双眼紧闭，气息还在，就招呼人把他抬回自己家中。戴季陶听闻，感激不尽，知道是遇上了好心人，不然早已冻死饿死在长江边上了，连忙恭敬地向老人叩谢救命之恩。老人连忙说，不用如此客气。再次坐定后，戴季陶询问老人尊姓大名。老人名叫齐顺发，

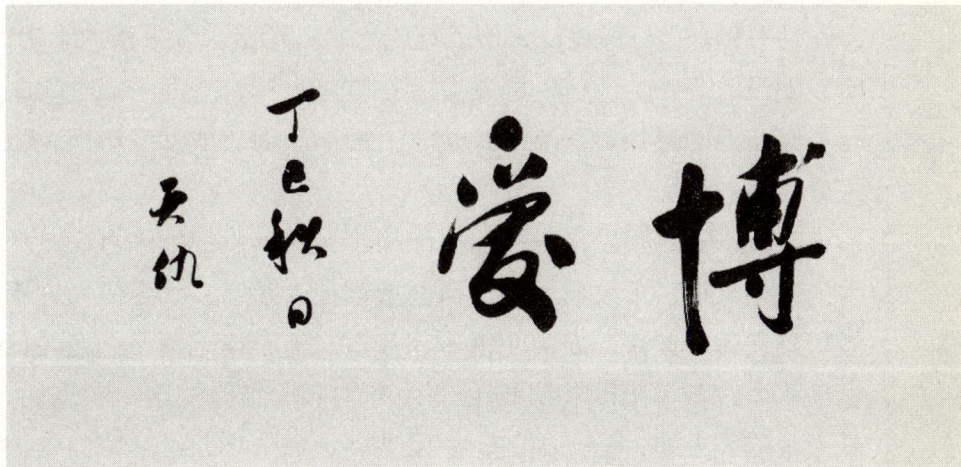

戴季陶行书作品

今年 60 岁。戴季陶默默地记住了这个名字，一并把这位慈眉善目、菩萨心肠的救命恩人的音容笑貌记在了脑海里。滴水之恩不能忘，何况是救命之恩呢？

老人问戴季陶为何落水时，戴季陶没有据实以告，唯恐将来给老人带来麻烦。当老人得知戴季陶要去汉口时，很乐意好人做到底。然而，老人家一贫如洗，有心无力，实在拿不出路费，只好说把他送到枝江县亲戚家再想办法。到了亲戚家，天色已晚，老人的亲戚热情地招待他们吃饭。闲谈中，戴季陶才得知此人是老人的妹夫，名叫杨开锃，是此地码头的当家人，为人热情仗义。然而，枝江县的码头太小，去汉口必须取道沙市的大码头才行。在戴季陶正不知如何是好之际，杨开锃主动说，沙市码头的当家是他的结拜兄弟，只要拿他的片子去，绝对一路畅通。戴季陶大喜，感激不尽。

在杨家住了一晚，第二天一大早，杨开锃给他饯行。下午一点，杨开锃买好船票送他上船，戴季陶感激万分，与他依依惜别。戴季陶上船后，发现他的秘书和另一个人正下船上岸，戴季陶连忙上岸与他们相见。见面后，秘书喜不自胜，连连说活着就好。戴季陶这才得知，自己投江不要紧，天都快塌了。

戴季陶投江后的第二天天亮，同行者才发现他失踪了。众人大感不妙，沿着船只寻找，依然没有看到戴季陶的踪影。有乘客说昨晚看到有人好像投江，但因灯光太暗，怕落水鬼来找他索命，所以他没敢声张。同行的好友立即在宜昌上岸，一面派戴季陶的秘书原路返回寻找戴季陶的踪迹，一面给上海、成都发电报，做好最坏的打算。

当戴季陶的好友打电报给上海报告戴季陶投江的消息后，孙中山悲痛欲绝，不久前爱将朱执信惨遭敌人杀害，如今得力助手戴季陶又命赴黄泉，连失两位革命战友，他心情沉重，一连几日食欲不振。戴季陶即将庆祝七十大寿的老母亲得知这一消息后，从大喜陷入大悲，七十高龄，白发苍苍，痛失小儿，禁不住老泪纵横。戴季陶的夫人和儿子得知噩耗，痛哭不已，准备后事，让他入土为安。正当戴家笼罩在一片悲戚中时，忽又得一电报，告知戴季陶大难不死，戴家人又从大悲转为大喜。几天之内，在天堂一地狱之间打了几个来回，饱尝悲喜交集。有人说这是老太太善因得善果，才保佑儿子逢凶化吉。大名鼎鼎的"天仇"投江在新闻界掀起不小的波澜，国内各大报刊纷纷报道，成为震惊新闻界的一个"号外"，让他的读者和同行们深感惋惜。有人甚至情不自禁地赋诗几首表达哀思，声情并茂，感人肺腑。得知戴季陶死而复生后，此人又将悼诗改为贺诗，欣喜之情，跃然纸上，一时成为美谈。后来戴季陶得知后，将悼诗和贺诗都讨去，装裱成联，挂在书房内，提醒自己莫要再意气用事。

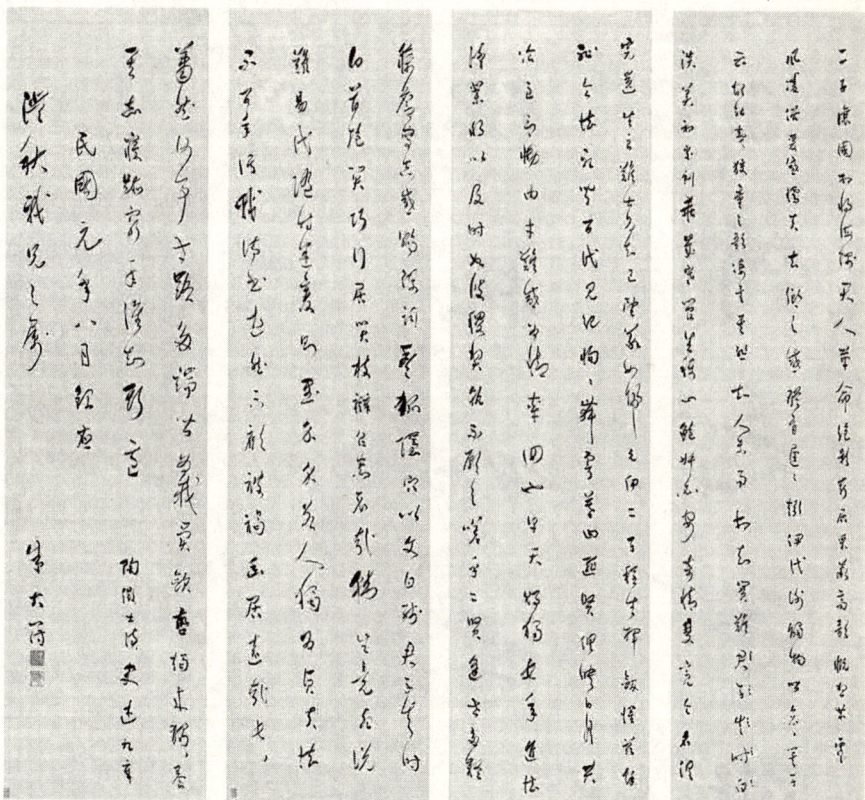

朱执信草书作品（1911）

朱执信（1885—1920），名大符，广东番禺人。中国近代资产阶级革命家、思想家。1905年被选为中国同盟会评议部议员兼书记。先后担任过《民报》、《建设》等刊物的编辑，积极从事资产阶级革命的理论宣传工作。1920年9月21日，在虎门被桂系军阀杀害。

戴季陶和秘书见面后，再次借住于杨开锃家。第二日，拿出20块大洋给杨开锃和齐顺发，聊表谢意，然后返回四川。

投江原因

忠于革命、风流倜傥的戴季陶为什么要投江呢？原因在于此时的戴季陶战场、情场都不得意，用他自己的话说就是"公私的前途，都无半点光明"，于是死神向他招手，导致他产生了轻生的念头。

"公"无半点前途，很好理解。戴季陶"廿年奔走四方，刺激既多，心理早呈变态，不过过敏而已"。当时"军阀横行，各自为政，频年内战，民不聊生。列强虎视眈眈，伺机吞食，广东为革命根据地又被陈炯明窃据，国事如斯，我等皆将为亡国之俘矣。中夜不寐，忧心如焚，独步船头，凭栏远瞩，忧时有泪，救国无方，猛见江心月圆如镜，明彻天空，四际无涯，觉浮生之渺小，念此行仆仆风尘，亦属劳而无益，一时愤悔，奋起投江"。再加上"民国九年以来，境遇非常恶劣"，想加入中国共产党却最终放弃，想继续革命却又不知出路在

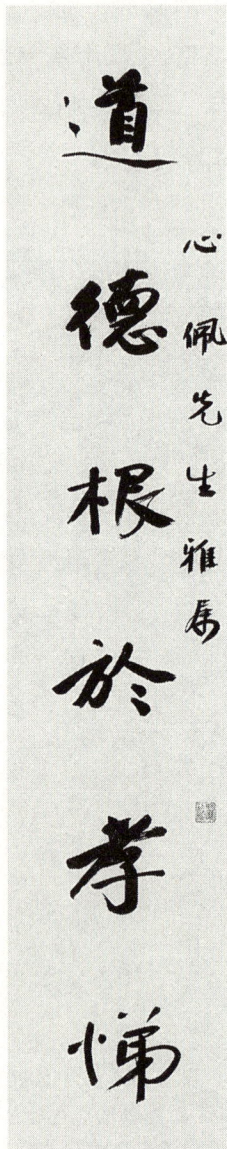

行书六言联（戴季陶）

哪儿，种种的无奈和伤心导致他神经衰弱。他本打算去四川施展一番才华，可谁知在汉口得知四川的军阀又开始混战，局面不是他想的那般乐观，往昔种种革命努力付诸流水的辛酸又一起涌上心头，情不能自已，一时不知如何摆脱心里的痛苦，才寻求一劳永逸的解脱。

"私"指什么呢？用现在的话说是婚外恋造成的苦果，也就是戴季陶与赵文淑的不伦之恋。对于自己的私生活，戴季陶曾说"由于十六七岁到三十当中无恒心的、个人享乐的、无节制的思想和行为、狂饮纵欲过度的勤劳"，结果"种种魔障缠绕，自己偏偏认假作真，落到了一切假象的当中，再也不能明心见性，一刀两断"。[①] 戴季陶一方面从良心上对自己的放纵感到懊悔，另一方面又无法控制自己的行为。在暂时的感官享乐之后，是深深的道德和精神自责。如果此事被妻子钮有恒和孙先生得知，自己将颜面无存，无立足之地。为避免丑事发展到尽人皆知的地步，他只好以死保存颜面。戴季陶一向以"孝"为做人之本，此时竟不顾"身体发肤受之父母，不敢轻易言死"的古训，纵身投江，足见他对自己的"公私"都感到无比的灰心失望。

知恩图报

戴季陶一走之后，音信全无。当初救他的齐顺发和杨开锃依然过着自己的日子，早已忘了当初所救何人。1930 年初，枝江县县长忽然收到考试院院长戴传贤委托他寻找救命恩人的信函。通过种种途径终于找到昔日的救命恩人后，戴季陶托人送给他们感谢信、匾额和 1000 块大洋。赠给救命恩人齐顺发的匾额题字是"佛心侠骨，古道照人"，赠给豪爽仗义的杨开锃的匾额上则写着"十室之邑，必有忠信"，落款皆为"吴兴戴传贤（季陶）敬赠"。齐顺发和杨开锃这才得知自己当初所救所帮的人竟是如今的政府大官，喜不自胜。两家把匾额高悬正屋正中，附近的百姓甚至官吏都前来观赏，让两家着实风光了一阵。齐、杨两家热心救人的

---

① 陈天锡主编：《戴季陶先生文存再续编》，台湾商务印书馆 1968 年版，第 740—741 页。

戴季陶肖像

故事也成为当地的美谈。

找到昔日的救命恩人也让戴季陶悬了许久的心放了下来。1931年春，他邀请齐、杨两家老少十几口到南京游玩，以尽地主之谊。戴季陶还主动提出为两人谋个一官半职，但是两人好言谢绝，唯一的要求就是在南京"见见世面"，游玩一番。戴季陶为两位恩人的高风亮节所感动，竭力满足恩人的小小愿望，每天派副官跟随观光，一切费用均出自戴季陶。两家人离开南京时，戴季陶又送每人一匹绸缎，命副官送到武汉。似乎如此盛情招待还不能表达戴季陶的感激之情，每年他都给齐、杨两家寄钱，以示不忘救命之恩，抗战爆发后因联系不畅才停止。① 可见戴季陶是一个知恩图报的人，他始终不忘救命恩人的故事也被广为传颂。

返川见闻

再说戴季陶于1922年11月回到阔别18年的四川，见到了白发苍苍的母亲。"谁言寸草心，报得三春晖"，戴季陶扑入母亲的怀抱，大哭起来，老太太也喜极而泣。戴家一家老小沉浸在团聚的喜悦里，喜气洋洋地为老太太操办古稀大寿。

不久，戴季陶见到亲人的喜悦就被四川局势动荡所带来的苦恼所取代。戴季陶返回四川的目的是帮助制订川省自治的草案，可是这时候四川的军阀们以自治为幌子，拥兵自重，各自为政，时不时就来一场厮杀，"梦里依稀慈母泪，城头变幻大王旗"，你

---

① 春蚕：《戴季陶投江遇救》，载于《民国春秋》，1991年第6期。

方唱罢他登场，四川大地竟然成为军阀们刀光剑影中轮番表演的舞台。每次表演过后，总有许多无辜的人为此送命，好不让人心痛。眼见四川的局势就如一团乱麻，戴季陶没有能力也没有信心改天换地，自治的愿望再次成为水中月、镜中花。

既然四川的局势非他一个文人所能左右，再待下去也是于事无补，1923 年戴季陶决定返回上海。他不知道，投江未死，对他来说是一个很大的奇迹，也是他一生一个很大的关键点。这次自杀遇救后，冥冥之中，他认为是佛祖所救，命不该绝，从此对佛教深信不疑，还给自己取了个法号——不空。虽然对现实怀有种种的失望与迷惘，此后却没有再走上自绝路，然而，他的思想却开始发生转向。他对于自己当初宣传马克思主义、积极参加上海共产主义小组初期的活动感到无比的懊恼，甚至认为是一种罪过。他的思想怎会出现如此大的变化呢？

原因在于，这时候的他联想起自己从事革命以来，每每被动听的口号所打动，便会尽心竭力地付诸行动，但结果皆以失败告终，因此他对动听的口号和美好的设想不再抱有任何幻想，认为那些都是蛊惑人心的假象。他要从现实出发，选择一条自认为能

佛教庙宇

够在最短的时间内使国家富强的道路，那就是孙中山的三民主义。这个思想转变了，戴季陶对共产党的看法也就转变了，他把共产党人视为一群"野兽"，借西洋动听的口号来满足自己放纵私欲的遮羞布，其目的不是为无产阶级谋幸福，而是要把国民的优良美德破坏殆尽，造成一个"洪水猛兽"的世界。在戴季陶看来，马克思主义以及社会主义不再是解救中国的良方，而是置中国于万劫不复境地的"异端邪说"，共产党人也不再是中国革命的希望，而是一群打着动听口号的"不怀好意者"。可见，投江未死的四川之行，使戴季陶的思想发生了一百八十度的大转变。他与共产党在思想上彻底决裂了，虽然对马克思主义了若指掌，却不相信其现实可行性，不相信马克思主义能够改变中国的旧面貌，这恐怕是戴季陶与真正的马克思主义者的本质不同。

第三节　从左向右转

反对国共合作

1921 年 7 月成立的中国共产党不但给中国革命注入了新的活力，也使四处碰壁、被军阀的反复无常折腾得筋疲力尽的孙中山找到了合作的可靠伙伴，看到了中国革命成功的希望。他不再对军阀抱有幻想，决定依靠工农大众和与苏联的合作来实现中国的独立与民主。

国民党把"三民主义"奉为圭臬，共产党把"马列主义"作为指导思想；国民党希望建立一个资产阶级的民主共和国，共产党则以实现共产主义为己任；国民党的党章禁止本党党员加入其他党派，共产党党章也禁止本党党员加入资产阶级政党。两大政党在各方面存在诸多差异，二者的合作似乎是不可能的。然而，双方在追求中国的独立、民主、反对专制等方面是一致的，这就使他们有可能"求同存异"，携手合作。为了打倒中国最主要的敌人——帝国主义和封建反动势力，双方都表现出合作的诚意，并

自序

自建國方畧之心理建設物質建設社會建設三書出版之後予乃從事於草作國家建設以完成此恍國家建設一書較前三書為獨大內涵有民族主義民權主義民生主義五權憲法地方政府中央政府外交政策國防計畫八冊而民族主義一冊已經脫稿民權主義民生主義二冊亦草就大部其他正條理使成為一完善之書以作宣傳之課本則其造福於吾民族普國家誠未可限量也民國十三年三月三十日孫文序於廣州大本營

"三民主义"自序（孙中山）

各自做出了一些努力。共产党修改党章，允许本党党员以个人身份加入国民党，而国民党也积极吸收共产党员和工农分子加入，为本党注入新鲜血液。1922 年 8 月，在孙中山的主持下，共产党的领导人李大钊、陈独秀等人以个人身份加入国民党，国民党也积极进行改组。1923 年 1 月 26 日，孙中山与苏联代表团越飞共同发表《孙文越飞宣言》，正式确定了联俄联共的思想。

　　1923 年 12 月，戴季陶由四川返回上海。他不知道，在他离开的这一年多，孙中山与中共和苏俄走到了一起。仅仅三年前，戴季陶为传播马克思主义而四处奔波，为不能加入中共而痛哭不已。他万万没想到，他昔日的愿望已经实现，国共即将携手作战，这本应该让戴季陶痛饮三杯，可是这时的戴季陶已经不再是 1920 年的戴季陶，他对于孙中山的"联俄联共"政策表示坚决反对，对于他被任命为国民党改组临时中央执行委员之职，也坚决推辞，更别说是让共产党加入国民党了。一向唯孙中山之命是从的戴季陶这时候出奇地不听话。孙中山不愿意失去这位爱将，于是派廖仲恺专程从广州到上海说服戴季陶。可是戴季陶依然不领情，廖仲恺只能失望地回去复命。孙中山两次电召他回广州，派廖仲恺二次北上请戴季陶。戴季陶虽然对孙中山的做法不满，但是从心

107

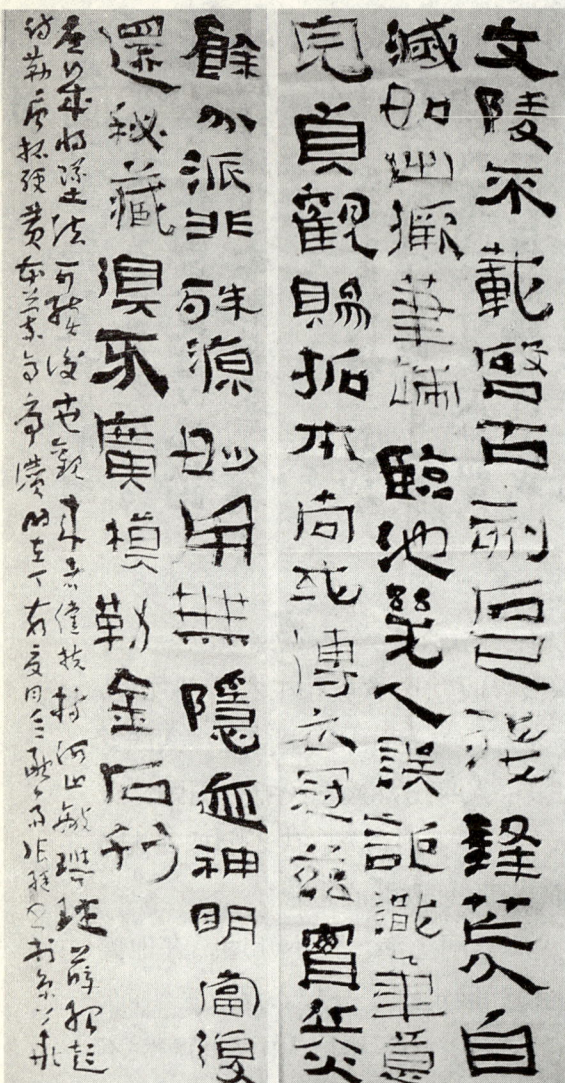
张继书法作品

底里还是尊敬孙中山的，他也不忍心一直与孙中山闹意见，惹他生气。于是他决定回广州，看看能否劝孙中山回心转意。

1924年初戴季陶来到了广州，时值中国国民党一大召开，作为国民党的元老，戴季陶勉强出席了一大。令戴季陶高兴的是，他并不孤独，因为有一些国民党右派在会上公然不赞成孙中山的改组，趁机发难，结果国民党一大成为共产党、国民党左派和国民党右派唇枪舌战的舞台。孙中山一向把跟随他的革命者视为同胞手足，平时关心备至，但是在改组问题上，孙中山铁了心，毫不留情地批评那些追随他多年但是反对改组的国民党元老。邓泽如与孙中山有着十分密切的私人关系，长期捐助孙中山革命，两人几乎月月有书信往来，但是这一次，他激烈反对孙中山改组国民党。孙中山在劝说无效的情况下，直言不讳地批评说："你们愿意跟着我革命的就来，不愿意革命的就走。我不勉强你们来革命，你们也不要勉强拉我不革命"，甚至还说，"你们不赞成改组，可以退出国民党啊"，"你们不赞成改组，那就解散国民党，我个人可以加入共产党"。① 为了使大会顺利进行，孙中山把反对改组最强烈的张继驱逐出会场，囚禁起来。

早在1916年时戴季陶就曾建议孙中山改组国民党，这一次，孙中山以为戴季陶会是他的坚决支持者，但是让他意外的是，戴季陶竟然持反对态度。他认为是由于戴季陶没有想通，所以没有公开批评，而是耐心说服他。由于戴季陶个人对孙中山充满敬仰，也没有公开表示反对改组，只是态度不积极。孙中山仍以他为股肱，他也被选进国民党中央领导机构，担任宣传部长之职，还兼任政治委员会委员。所以，在国民党一大上，他还是作出了一些贡献的。作为《国民党党纲》审查委员会的九委员之一，在审查《中国国民党第一次全国代表大会宣言》时，戴季陶并没有明确反对重新解释三民主义、联俄联共的主张。这表明作为一个追随孙中山多年的老党员，戴季陶还是具有纪律性和组织性的，关键时候能够顾全大局，这也是孙中山多年培养、耐心劝导的结果。

不过，戴季陶同意"联俄容共"的政策是别有用心的。他很怕改组后的国民党被苏俄、共产党所控制，所以他极力主张"把共产党参加进来，只能把他们作为酱油或醋，不能把他们作为正菜的"。也就说，要千方百计限制共产党，作为辅助，防止共产党坐大，体现出戴季陶狭隘的党派思想，更反衬出孙中山为革命超越党派利益和大公无私的革命胸怀。

戴季陶左右摇摆、不积极合作的态度虽然没有遭到孙中山的批评，但却使他遭到了来自左右两方的攻击。国民党右派攻击他是共产党，而共产党则说他是国民党右派，两方面都排挤他，导致他哑巴吃黄连——有苦无处诉，只想快点离开这个是非之地。

国民党一大刚刚闭幕，戴季陶就返回了上海。擅离职守，这是从前的戴季陶从未犯过的错误，不管前边是刀山火海也好，枪林弹雨也罢，他都会坚持着战斗下去。然而，现在的戴季陶，正如他自己所说的："我的思想从此时起，只有回头的感情，没有向

---

① 尚明轩、余炎光主编：《双清文集》，下卷，人民出版社1985年版，第937页。

国民党一大旧址

前的勇气。"①他曾批评国民党内"旧日同志，决不觉悟，不合群，不努力"，如今他自己也成为"旧日同志"之一员，为革命充当马前卒的戴季陶渐渐隐去，只有一个对革命不冷不热的戴季陶。如果他像孙中山先生一样，以民族利益为重，从大局出发，超越狭隘的党派利益，迈出他人生的关键一步，那么他的人生旅程必将改写。但是，正是由于他缺乏前进的勇气，缺乏超越党派利益的胸怀，他人生的辉煌时期提前谢幕了。以后戴季陶还保有早年革命精神的点滴，但其灵魂已经被党派之争所占据。这是戴季陶人生转折的发轫点。

黄埔政治部主任

孙中山对戴季陶擅自离开广州的行径非常恼怒，再次电召他回来。国民党内也批评他没有纪律，自由散漫。迫于压力，戴季陶于 1924 年 2 月中旬返回广州履行职责。他通过各种途径宣传自

---

① 陈天锡编辑：《戴季陶先生文存再续编》，台湾商务印书馆 1968 年版，第 745 页。

己的思想，劝说谭平山等共产党人放弃共产党党籍，加入国民党，结果碰了软钉子，死了这份心。

孙中山改组国民党之后，开始着手建立一支革命的武装，首先是培养革命的后备军。1923 年 8 月他曾派蒋介石率领代表团去苏联学习考察组建军校等事宜。1924 年 2 月 6 日，蒋介石作为陆军军官学校筹备委员会委员长，在广州南堤二号成立军校筹备处。

由于当时中国江北各省均在军阀势力统治之下，黄埔军校在一些省份不能公开招生，国民党中央只好乘"一大"会议之便，委托返籍各省中央委员私下招生，其中最积极者当属毛泽东、于右任、戴季陶、居正等人。经过当地考试合格后，约 1300 名考生来广州复试。复试的国文试题为戴季陶所拟定，数学试题由王登云负责，共产党员张申府除了和几位苏联顾问负责口试外，还负责笔试监考和阅卷工作。第一期招生近 500 名，其中包括陈赓、徐向前、胡宗南、蒋先云、贺衷寒等人。

5 月 6 日，蒋介石被任命为陆军军官学校校长兼驻粤军参谋长，随后廖仲恺被任命为军校的国民党党代表。军校下设政治、教练、教授三个部，戴季陶被任命为政治部主任，副主任是共产党人周恩来，政治部的秘书是聂荣臻、鲁易，也是共产党人。戴季陶这个国民党元老要与一群年轻的共产党人合作，陷入了共产党人的汪洋大海之中，这让戴季陶感到无限郁闷。

1924 年 6 月 16 日，黄埔陆军

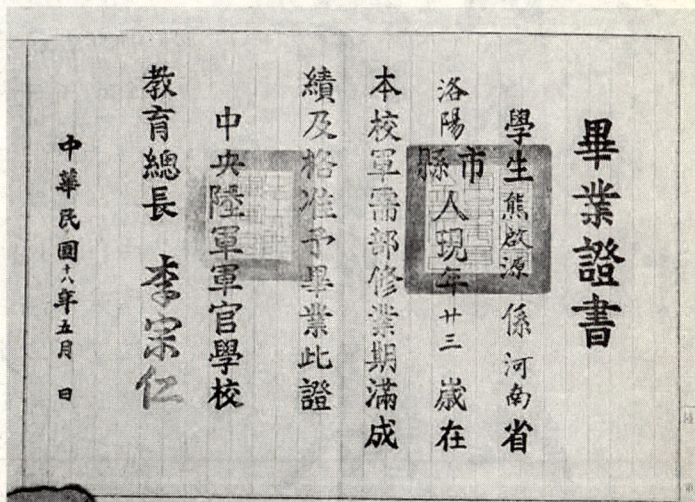

熊启源毕业证书
1929 年，李宗仁为熊启源颁布的中央陆军军官学校毕业证书。

军官学校举行开学典礼。孙中山在开学典礼上致开幕词，提出建立军校的目的与宗旨：

到了今天，一般官僚军阀，不敢明目张胆，更改中华民国的正朔，至于说到民国的基础，一点都没有。这个原因简单地说，就是由于我们的革命，只有革命党的奋斗，没有革命军的奋斗，因为没有革命军的奋斗，所以一般官僚军阀，便把持民国，我们的革命便不能完全成功。我们今天要开这个学校，是有什么希望呢？就是要从今天起，把革命的事业重新来创造。要从这个学校内的学生做根本，成立革命军。诸位同学，就是将来革命的骨干，有了这种好骨干，成立革命军，我们的革命事业，便可以成功，如果没有好革命军，中国的革命，还是永远要失败。所以今天在这地开这个军官学校，独一无二的希望，就是创造革命军，来挽救中国的危亡！

什么东西叫做革命军呢？诸君到这个学校来求学，要怎样立志才可以做革命军呢？要

廖仲恺行书书法（1924）

有什么资格才叫做革命军呢？

我们要知道怎么样可以做革命军，便要拿先烈做模范，要拿先烈做模范，就是要学革命党，要学革命党的奋斗，有和革命党的奋斗相同的军队，才叫做革命军。

随后，孙中山提出了十二句训词：

三民主义，吾党所宗；以建民国，以追大同。
咨尔多士，为民前锋；夙夜匪懈，主义是从；
矢勤矢勇，必信必忠；一心一德，贯彻始终。

这个训词是国民党的笔杆子胡汉民、戴季陶、廖仲恺和邵元冲的联袂之作，因简洁明快，朗朗上口而被孙中山所采用。在开学典礼之后，这十二句训词被谱上曲，成为黄埔军校的校歌，名之曰"三民主义歌"。因为该歌词富有爱国思想，体现出国民党精神，所以北伐成功后，戴季陶建议将《三民主义歌》作为国民党党歌。其后经中央常务委员会通过，并公开征求乐谱，1929年1月10日国民党中央常务委员会决议，程懋筠的谱曲在139件作品中拔得头筹，雀屏中选，并得到500银圆奖金，原因是该作曲和平，有力，鼓舞人心。20世纪30年代年代初，许多国民党员提议用《三民主义歌》作为国歌，经过讨论，1930年3月24日国民政府行政院明令全国，在国歌未制定前，一般集会场合均唱这首党歌以代替国歌。1937年6月3日，国民党中央常务委员会正式通过以这首党歌作为国歌，《三民主义歌》正式由黄埔军校校歌、国民党党歌而跃升为正式的中华民国国歌，体现出黄埔精神、一党精神与民国精神的关联。这首歌还获得国际好评，在1936年的第11届柏林奥运会上，被选为世界最佳国歌。需要指出的是，当今中华台北队在国际赛事上获得金牌时，演奏的是《中华民国国旗歌》，由黄自先生谱曲，歌词也出自戴季陶之手，因朗朗上口，民国时就已广为传唱，成了"第二国歌"。歌词如下：

集戴改古楊簡句

古来贤守是诗人

天下苍生待霖雨

百新仁兄 雅教

邵元冲书法对联

山川壮丽，物产丰隆，炎黄世胄，东亚称雄；

毋自暴自弃，毋故步自封，光我民族，促进大同。

创业维艰，缅怀诸先烈，守成不易，莫徒务近功。

同心同德，贯彻始终，青天白日满地红。

也正是在这一天，戴季陶正式走马上任。孙中山对戴季陶的器重还不仅如此，他还被任命为大本营法制委员会委员长。这两项职务给一向重视教育、精通法律的戴季陶提供了一个大展宏图的最佳舞台。虽然戴季陶对现状不满，但他还是做了一些工作。作为法制委员会委员长，戴季陶负责起草了考试院组织条例及其细则，经孙中山核准后明令公布，这说明戴季陶具有治国安邦之才，为他后来执掌考试院20年奠定了基础。由于他对共产党没有好感，不愿意与他们接触，所以他对黄埔军校的事情并不上心，成了政治部的挂名主任。更离谱的是，黄埔军校开学一个多月后，戴季陶因为跟张继、谢持等人争执共产党加入国民党的事情而起冲突，一气之下，他离开黄埔又到上海去了。对此，黄埔军校的师生感到莫名其妙，而戴季陶则有他自己的打算。

随总理赴日

这时候，戴季陶感到广东已经成了共产党的大本营了，因而他回到他的大本营上海去寻找、组织志同道合者，企图用三民主义颠覆"联俄联共扶助农工"三大政策，甚至发展出以中国为中心的"民族国际"来取代国共合作。这说明戴季陶在对孙中山的政策不满，但又不敢公开与他唱反调的情况下，想把他引到疏远共产党的道路上。由于国民党即将召开中央扩大委员会会议，戴季陶第三次回到了广州。会议一开完，他又回到了上海。

短短一年多，戴季陶三次离开上海到广州，又三次回到上海。说明戴季陶对国民党，对孙中山，对革命事业，还是有很深厚的感情的，也说明他对孙中山的三大政策持消极应对态度，貌合神离地与共产党人合作。对于一个感情外露、冲动浪漫的人来说，隐忍自己的真实感受也是颇为痛苦的，所以，一有机会，他就立刻逃离广州这个是非之地，以便能够暂时获得内心的平静。只要孙中山呼唤，他还是顺从地回到孙中山身边，无怨无悔地付出。

1924年10月23日，受革命思想影响的冯玉祥发动了北京政变，把溥仪从故宫轰了出来，占领了北京城。他发电报邀请孙中山北上共商国是。1924年11月13日，孙中山不顾身体不适，偕夫人宋庆龄及随行人员李烈钧、邵元冲、黄昌谷等，乘"永丰舰"离开广州，踏上了北上的旅途。舰离广州时，他专程视察了自己亲手创

冯玉祥肖像

建并寄予无限深情和希望的黄埔军校，检阅了第一、二期全体学生的实战演习。临行前，他似乎有什么预感地对蒋介石说："余所提倡之主义，冀能早日实行，今观黄埔军校学生，能忍苦耐劳，努力奋斗如此，必能继吾之革命事业，必能继续我的生命，实行我之主义。凡人总有一死，只要死得其所。"

"永丰舰"经香港，于17日到达上海，受到万余群众的热烈欢迎。由于北上的铁路中断，只能走水路，途中要经过日本，孙中山电召戴季陶一同北上，以日文秘书的身份随行。

途经日本时，孙中山在所到之处接见新闻记者、日本商界人士、中国留学生、华侨团体和群众等，发表演说，举行座谈，行程满满。在孙中山逗留日本的八天里，戴季陶作为日文翻译，不离左右，随时为孙中山翻译，其认真和热情犹如他刚加入同盟会时一样，准确而流利地把孙中山的演说翻译成日语，让听众对孙中山的思想有更深刻的认识。日本记者也为他杰出的语言能力所折服，当他翻译完后，记者们不约而同地为他鼓掌。由日本返回天津后，戴季陶的日语翻译任务大功告成，他便回到上海，准备等孙中山返回时途经日本再去接应。

陪侍病榻前

1924年除夕，孙中山到达北京。他对此行寄予厚望，认为能够完成革命大业，不料，天不从人愿，他的身体却到了油尽灯枯的地步，被确诊为肝癌晚期。连日的奔波让他一病不起，情况危急。戴季陶刚回到上海，得知孙中山病重的消息后，又立刻赶往北京，衣不解带地日夜陪伴于病床前。这也给了戴季陶与孙中山接触、相处的最后机会。

孙中山对戴季陶的到来很高兴，问他最近读什么书，有何进步。戴季陶没想到总理身患重病，形容枯槁，仍然如此关心他，督促他进步，一如从前，没有丝毫的减少，他不禁想大哭表达心情。但是在总理床前，他只能隐藏自己的感动和悲伤，不敢随意表露自己的情绪，唯恐影响总理的心情。他哽咽地回答了问题，劝总理安心养病，一切从长计议。孙中山点点头，脸上露出安适的表情。当一个人时，戴季陶才敢释放自己的真情实感，表现出前所未有的痛苦与忧伤，他那感情外露、多愁善感的性格这时候找到了抒发的对象和时机。想到与总理相处的点点滴滴，想到总理将不久于人世，戴季陶几次都忍不住哭泣，有时候还蒙头在被窝里号啕大哭。

知道总理的日子不多了，戴季陶与孙中山的亲属宋庆龄、宋子文以及国民党要员汪精卫、邵元冲等人一直守候在床前，珍惜与孙中山相处的最后日子。当孙中山精神较好时，戴季陶经常与他进行短暂的交流，继续探讨革命大业。生死存亡之际，仍记挂着革命事业，孙中山先生不愧是一代伟人啊！

孙中山书法作品

据戴季陶回忆："总理逝世前，我在北京侍疾，总理谈及了和日本有关的二三事项，总理说，我们对日本应谈主权的问题最少限度有三项：1. 废除日本和中国所缔结的一切不平等条约；2. 使台湾和高丽最低限度获得自治；3. 日本不得阻止苏联和台湾、高丽接触。这是我们对日本最低限度的主张。"[1] 孙中山对日本的看法对后来戴季陶写作《日本论》起了很大的启迪作用。戴季陶还向孙中山谈及了自己的看法，打算把对三民主义的心得体会编撰成书，发行于世，作为宣传革命的指南，以扩大三民主义的影响，

---

① 戴季陶：《总理孙中山先生与台湾》，1927 年在广州中山大学对台湾青年革命团讲词。

吴稚晖篆书

宣传三民主义精神，唤醒国民投身革命。孙中山点头称许。

孙中山以极大的毅力与病魔抗争，自知将不久于人世，便事先准备好身后事，命令汪精卫等人起草了两份遗嘱，一份政治遗嘱，一份家属遗嘱。3月11日，孙中山的病情恶化，众人决定让孙中山在两份遗嘱上签字。汪精卫将两份遗嘱和水笔交给孙中山，此时孙中山因身体孱弱，手没有力气，拿着笔抖个不停，几乎拿不住。宋庆龄眼睛湿润了，走向前，轻轻托起孙中山的右腕，孙中山遂借力用水笔在遗嘱上一一签名。亲眼目睹这一景象的，除了宋庆龄和孙科外，还有吴稚晖、宋子文、孔祥熙、戴季陶、何香凝等十多个人。孙中山在两份遗嘱上签字之后，经宋子文、孙科、孔祥熙、邵元冲、戴恩赛、吴稚晖、何香凝、戴季陶、邹鲁等依次签字，署名证明。

戴季陶亲眼目睹了孙中山签署遗嘱的整个过程，并成为遗嘱的见证人，这是孙中山对他的信任。对此，戴季陶心知肚明，想到总理将不久于人世，想到与自己情同父子、亲如兄弟的战友"出师未捷身先死"，戴季陶也不禁"泪满襟"，而这眼泪他却只能找个没人的地方肆意地流淌。

1925年3月12日凌晨一点二十五分，孙中山忽然痰往上涌，不能言语，滴水不进。凌晨三时许，气息微弱，戴季陶等人得知总理病危后立刻赶到。早上当太阳升起，北京已有春天的暖意时，北京东城铁狮子胡同五号的一间卧房里却是一股冷肃之气，孙中山身体渐渐变冷，他使尽浑身的力气，断断续续地说着："和平……奋斗……救中国"，在场的人无不热泪盈眶。九点三十分，孙中山带着对革命的一腔热血，带着"出师未捷"的遗憾，永远地闭上了双眼。戴季陶克制了多时的悲伤喷泻而出，号啕大哭。

他永远都无法忘怀，与总理相处的点点滴滴。

季陶追忆总理

自 1906 年加入同盟会开始，戴季陶就追随孙中山投身革命，孙先生既是自己的革命导师，更像自己的革命战友。在总理身边将近 20 多年的戎马生涯中，总理总是时刻关心自己，与自己谈心交流，同甘共苦，亲如兄弟。孙中山待人真诚宽厚，生性乐观豁达，没有个人利益的锱铢必较，常常给容易冲动、意气用事的戴季陶以鼓励和劝诫。戴季陶自己曾说："追忆民国元二三年间，总理之于传贤也，凡应对进退视听言动行住坐卧之礼节，谆谆教训，不下数十次。

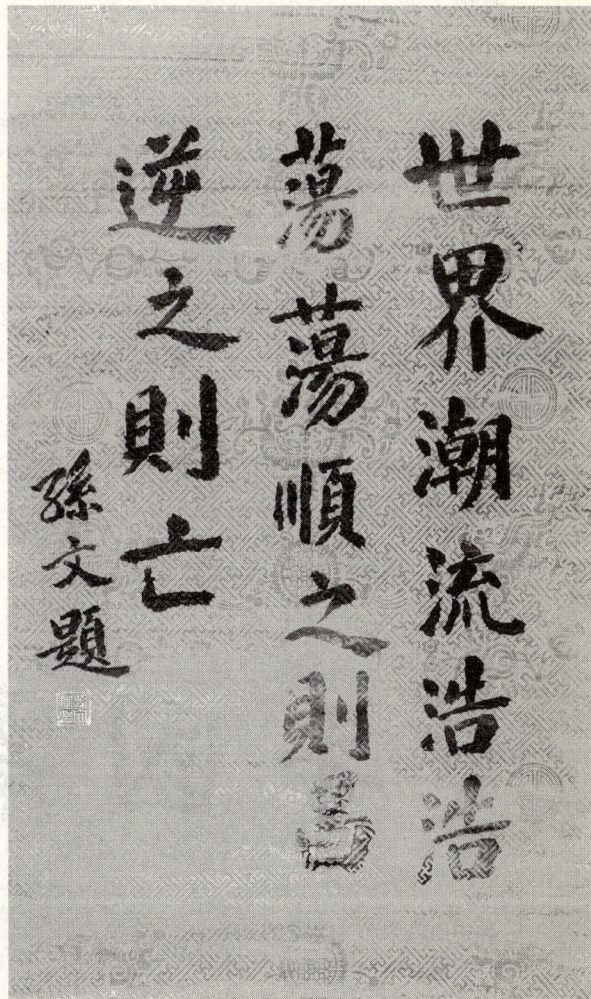

世界潮流浩浩荡荡顺之则昌
逆之则亡

孙文题

孙中山书法作品

每于对外宾时，仪节稍差，次日必亲加纠正。"① 戴季陶在给蒋介石的信中，多次提到要与蒋介石一块儿互相督促，共同向总理看齐，以为自勉。可见，戴季陶是以总理的教诲来严格要求自己的。

1922 年，戴季陶在吴兴老家养病，孙中山从广州回到上海，召戴季陶前来。虽然自己的公馆很小，但孙中山还是让戴季陶住在自己的公馆里，就在他卧室的对面，书房的隔壁，把他当做自己家的一分子，甚至比自己家人还亲。这么做，一方面是为了交流方便，另一方面是为了替钮有恒看住他，避免他老毛病不改，到处寻花问柳。其良苦用心，怎不让戴季陶乃至戴家感激万分呢？

孙中山抱着"爱屋及乌"的心情，与戴季陶一样，尊称戴季陶的妻子钮有恒为姐姐，对戴季陶的儿子戴家秀也十分疼爱。钮有恒到上海陪伴戴季陶后，他常邀钮有恒带孩子到公馆来玩，如同亲友般交流谈心。有时候，孙中山想小家秀了，就派人去把他接来公馆玩。在这里，小家秀享受到了另一种关爱。孙中山对加秀的喜爱，既有出自个人的感情，也有出自革命的长远的考虑，即精心培养革命后代。孩子的名字，还费了他一番心思呢。

1924 年夏，黄埔军校成立后，戴季陶和义兄蒋介石、金诵盘同在黄埔军校任职。金诵盘是一名较有名气的医生，他以精湛的中西医道医术，曾先后三次将孙中山从死亡线上拯救回来。孙中山曾送给他一幅"是医国手"的金匾。戴季陶和蒋介石有病都找

孙中山为金诵盘题词

---

① 陈天锡主编：《戴季陶先生文存》第 1 卷，（台湾）中国国民党中央委员会 1959 年版，第 139 页。

金诵盘看，特别是染上难言之隐，不仅医药费分文不收，还绝对保密。他们三人之间的关系情同手足。

　　一次，孙中山邀请三人到大元帅府聚会，三人都是孙中山信任的左膀右臂，一个是忠心耿耿的秘书，黄埔军校的政治部主任；一个是黄埔军校的校长，军事才能出类拔萃；一个是国医圣手，自己的私人医生。言谈中，孙中山希望他们能够团结一致，共同为革命效力，无意中谈到了三人的孩子问题。蒋介石两个儿子，戴季陶和金诵盘各有一根独苗，三人都非常重视对孩子的教育与培养。戴季陶乘机请孙中山为几个孩子重新取名，让他们长大后也能情同手足，共创革命大业。孙中山兴致很高，答应仔细考虑。戴季陶以为孙先生公务繁忙，早忘了此等小事，答应考虑只是玩笑话，也没有放在心上。

　　可谁知几天之后，孙中山又邀三人同聚，说孩子的名字已经取好了。他说："我们这一辈人，举旗打天下，目的是为了建立共和国。那么，孩子们自然是国字辈的。建立共和国的目的，则是求得天下大同，'经天纬地，安邦定国'，四个孩子就叫'经纬安定'好了。"

　　"经天纬地，安邦定国"寄予着孙中山对社会安定、天下大同的无限向往和追求，这名字取得有内涵有气魄，三人不约而同地叫好。从大元帅府出来，三人就商量怎么分配名字的问题。金诵盘建议按年龄排序，蒋介石非要把自己的两个儿子排在一起，因他长子蒋建丰年纪较长，于是便要求自己的两个儿子用"经纬"二字，正合"经天纬地"之意。金诵盘生性谦和，戴季陶又一直尊敬蒋介石，二人都同意了蒋介石的建议。蒋介石两个儿子的新名字就成了蒋经国、蒋纬国，戴季陶的儿子便叫戴安国，金诵盘的儿子最小，就叫金定国。此后，这四人再也没有改过名字。

　　戴季陶生性风流，算不上一个好丈夫，但绝对是一个好父亲。他没有忘记孙中山对自己儿子的教诲和期望，每当他想到儿子，总理为儿子取名的良苦用心就历历在目。此后，他更加尽心尽力地教育儿子，希望他为国效力。这里面，不仅有戴季陶作为一个

楷书"苦干"（蒋经国）

父亲的职责，更包含了孙中山总理的殷切期望。

在革命事业上，孙中山指点、提拔自己，对自己的成绩毫不吝啬地进行表扬，对自己的缺点也耐心地说服教育，使他从一个初出茅庐的文弱书生成长为坚强的革命战士，成为国民党的重要大员。没有总理的提拔和栽培，怎会有戴季陶的今日？戴季陶本是个感情丰富之人，一想到过去总理对自己的点点滴滴，他就痛不欲生，恨不得随总理而去。

虽然自国共合作以来，戴季陶对孙中山的政策有所不满，但他从没有公开与孙中山唱过反调，总是把孙中山看作自己生命中的贵人与恩人，看作自己人生中和革命中的导师。怀着无限的悲痛，戴季陶写了一副挽联：

继往开来，道统直承孔子；

吊民伐罪，功业并美列宁。

122

戴季陶把孙中山看作孔子思想的继承者，堪与社会主义革命导师列宁相媲美的领袖，在他眼中，孙中山的品格和业绩是无与伦比的。

1929 年，孙中山先生的灵柩奉安中山陵。1933 年，时任国立中山大学校长的戴季陶和中山大学全体同学，为表达对孙中山先生的敬仰和怀念之情，捐资铸造了一尊紫铜宝鼎。该鼎位于南京中山陵陵前广场正南面八角形的石台上，高 4.25 米，腹径 1.21 米，重约 5000 公斤，是中山陵纪念性建筑之一。鼎的北面铸有"智、仁、勇"三字，是中山大学的校训，朝南一面铸有楷体"忠孝仁爱信义和平"八字。鼎内竖有六方长方形的铜碑，上刻戴季陶之母黄太夫人手书的《孝经》全文，故宝鼎又称孝经鼎。这鼎体现出了戴季陶对孙中山如父如师般的感情。

戴季陶在与孙中山的交谈中，曾说以后将把三民主义编撰

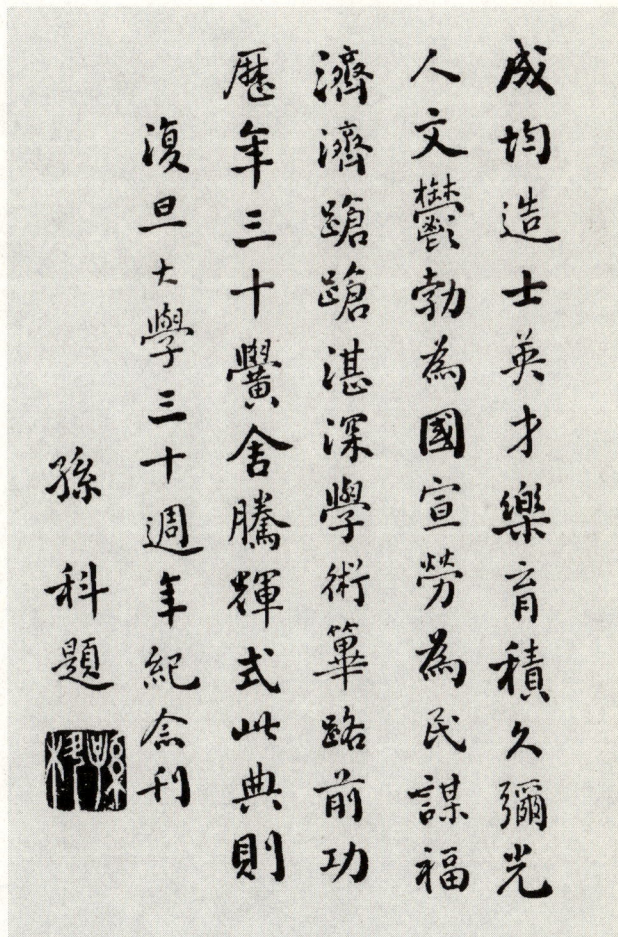

孙科手迹

　　孙科（1891—1973），字哲生，孙中山之子，广东香山人。曾任复旦大学校董、国民政府建设部部长、财政部部长、行政院院长、国民政府副主席、国民党中央常委。

成书，发扬光大，得到了孙中山的许可。这使戴季陶获得了研究三民主义的尚方宝剑，从投身革命的热血青年转变为国民党的理论权威，进而成为蒋介石的忠实追随者，开始了他生命中的又一个大转折。

第五章
国民党理论家

第一节　国民党新右派

炮制戴季陶主义

戴季陶与孙中山的亲密关系是戴季陶早年政治上崛起的政治资本之一，后来则成了他成为国民党元老的政治资本，他以研究孙中山思想而成为国民党的理论家，成为孙中山思想的继承人和阐发人。

1925 年 5 月 18 日，国民党中央在北京召开一届三中全会，会议中途迁往广州继续举行。孙中山尸骨未寒，面对国共合作的既成事实，戴季陶不敢明确提出国共分裂的言论，但是他从党派的立场出发，认为应当保持国民党的独占性、排他性、统一性和支配性。如果任由共产党的力量壮大，如果国民党不恢复自己的自信和团结，其结果必将是灭亡。因而戴季陶在会上发言时指出，孙中山的遗嘱给国民指示了政治奋斗之途径，全体国民应当牢记。他拿出预先写好的《接受总理遗嘱宣言》，提请大会讨论。在戴季陶这个宣言中，提出了以所谓"纯正的三民主义"思想来建立国民党的"最高原则"，声称对孙文主义任何人"不得有所独创"。这一提案实际上是一个"反对新三民主义、恢复旧三民主义、反对中国共产党、抛弃三大政策的宣言书"，引起了共产党人和国民党左派人士的强烈反对。但是由于戴季陶打着接受孙中山遗嘱的旗号，一些人还没有看出他的反共真意。经过激烈的争论，会议

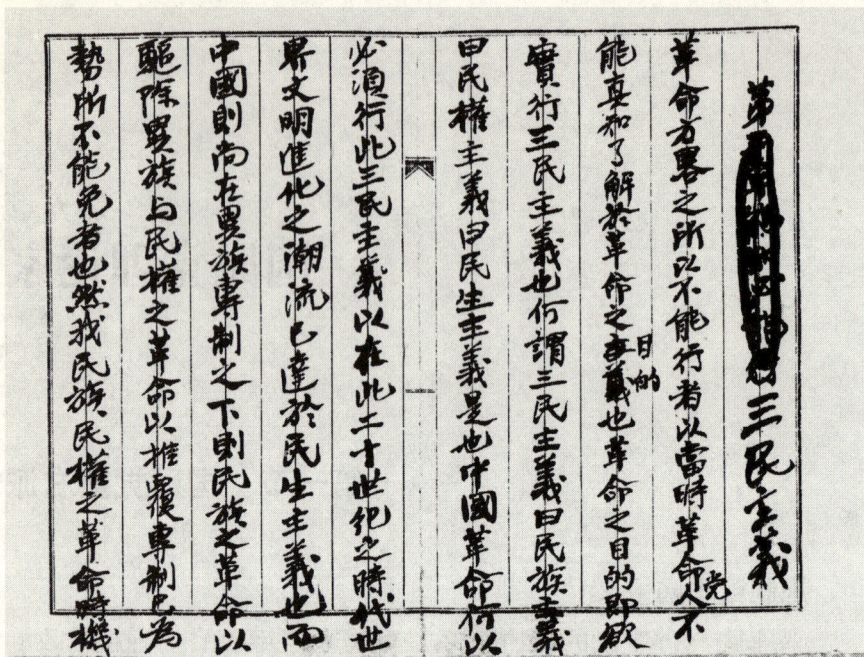

"三民主义"原稿

勉强通过了《接受总理遗嘱宣言》，戴季陶排共、反共的第一步成功迈出。

大受鼓舞的戴季陶感到信心倍增，更加积极地推销他的戴氏"三民主义"。1925年夏，他写出《孙文主义之哲学的基础》、《国民革命与中国国民党》等小册子，成为研究孙中山思想的权威。这两本书加上《民生哲学系统表》，构成了与孙文主义不同的、较为完整的理论体系，标志着戴季陶主义的形成。在他的理论中，他用孔孟的儒家思想取代孙中山的革命思想，用民生主义取代共产主义，用泛泛的民权主义取代阶级差别和阶级斗争学说，引经据典，谈古论今，而且"独具一格"，造成了中间派思想上的混乱。孙中山的本意是让戴季陶总结出自己的思想，扩大三民主义的影响，而戴季陶实际上是打着三民主义的幌子兜售被他阉割过的三民主义，即戴季陶主义。戴季陶成为国民党中第二个创立主义的理论家，成为反共急先锋。

从党派的立场来看，戴季陶貌似中国国民党的忠诚党员，时时处处以国民党的利益为出发点，唯恐国民党被共产党吞并。但是从中国革命的实际情况来看，戴季陶却是一个心胸狭隘之人，把党派利益置于国家利益之上。在当时的情况下，只有国共合作，团结一切可以团结的人，反对当时中国人民最主要的敌人——帝国主义和封建势力，中国的自由与民主才能尽快实现，孙中山为之奋斗终身的"三民主义"才能实现。可是，戴季陶过于突出国民党的力量，他没有发现，中国国民党已经不再是中国最先进、最能代表人民利益的政党了，失去了人民的支持，它也没有能力统一中国，在中国实现民主自由。1949 年 10 月 1 日之前中国国民党在中国大陆的统治充分说明了这一点。

如果孙中山在世，对戴季陶只顾党派利益、不顾国家利益的思想和行为肯定严厉批评；然而孙中山已逝，戴季陶便犹如一个没有紧箍咒约束的孙猴子，玩起了变戏法似的文字游戏，说出了国民党某些人想说而没有说出的话，得到了国民党右派和暗藏右派的欢迎。许崇智把戴季陶的著作印发给粤军全体军官阅读，邹

"四·一二"反革命政变后各界人士举行大游行抗议

鲁甚至把戴季陶的著作分送给中山大学的一些学生。黄埔军校的右派组织孙文主义学会，打着研究孙文主义的旗号反对孙中山的新三大政策。戴季陶的理论成为黄埔军校、中山大学以及粤军的必读教材，他因此被国民党右派捧为"党国理论家"。戴季陶的理论更是影响了国民党内的实力派人物蒋介石，为他在 1927 年举起反革命的旗帜，大肆屠杀共产党和进步人士提供了理论基础。

戴季陶的反动言论和国民党右派的反对言论喧嚣尘上，陈独秀、毛泽东等都发表文章，揭露戴季陶主义的实质，对他进行公开批评。周恩来当时任黄埔军校政治部主任，他召集全校师生员工讲话，批判戴季陶主义，并指示政治部的同志写文章对其驳斥。他还领导青年学生们画了一幅画讽刺戴季陶。画中的戴季陶身穿长袍马褂，头戴瓜皮疙瘩小帽，将原来立在世界园中的孙中山的塑像，十分吃力地背着往破败不堪的孔庙走去，其中一只脚已经跨进庙门，旁边站着的洋人、军阀、党棍、财阀们拍手叫好。这幅画形象地说明了戴季陶的做法是歪曲孙中山的理论，抹黑孙中山的形象，拉历史的倒车，除了赢得中国人民的敌人的欢迎

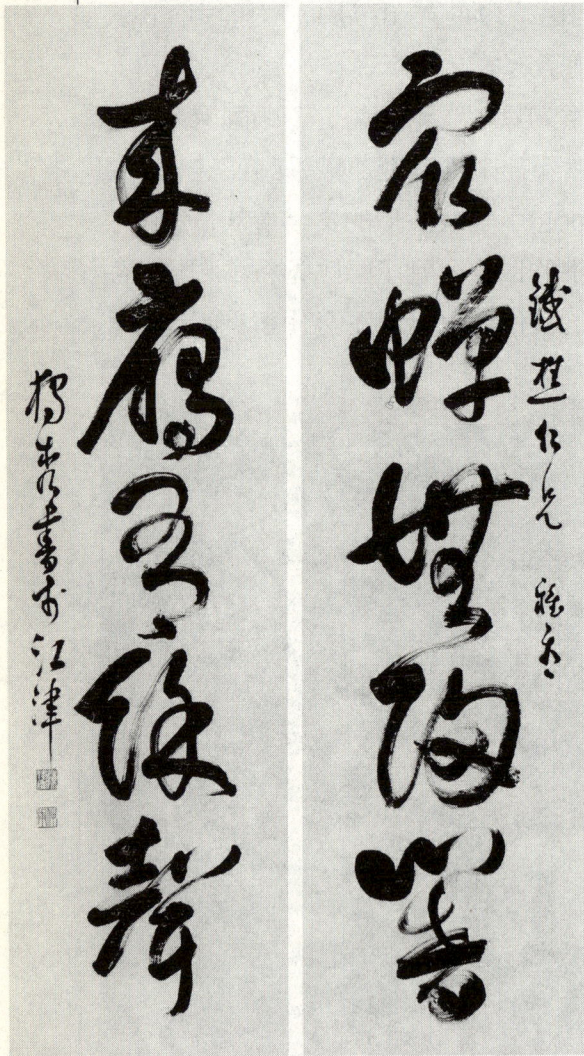

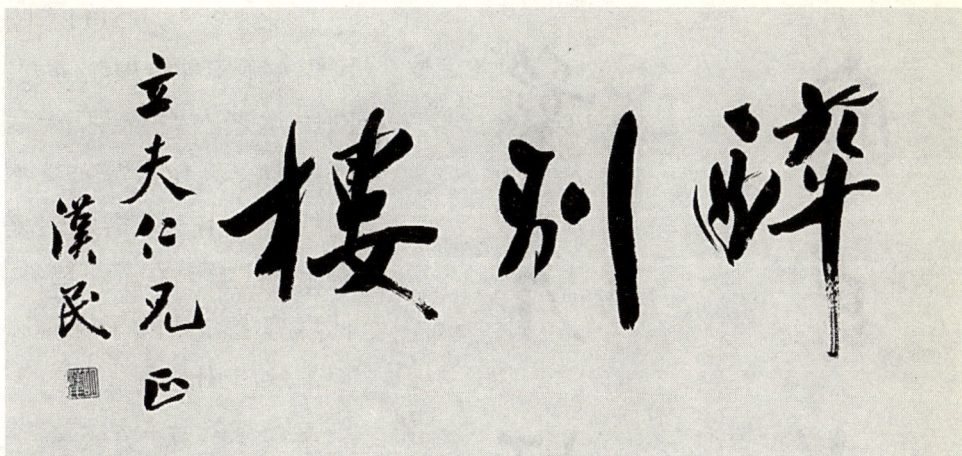

胡汉民书法作品

外，不会给中国革命带来任何好处。此画因形象鲜明，意思简单明了，张贴在校内外后起到了很好的宣传效果，随后寄往全国各地，成为反对戴季陶理论的一件有力武器。

虽然反动言论猖獗，但是国民革命仍在国民党左派和共产党的努力下，形势大好，势如破竹，戴季陶的理论虽然喧嚣一时，终究没有遏制国共合作的滔滔洪流。他在国民党内部找到了不少赞同者，但更多的人则沉默不言，用戴季陶的话说："一半是忍气吞声，一半是委曲求全。"他的做法并没有让所有的同志"回心转意"，[1]他自己也受到国民党内大多数人的反对，更因共产党的坚决批评，他的声望下降不少。

1925 年 7 月 1 日，国民党改组了广州军政府，成立了委员长的国民政府，汪精卫成为国民政府主席，胡汉民、廖仲恺和许崇智成为国民政府要员，而戴季陶只是众多委员之一，蒋介石连委员都不是，右派的势力受到不小的打击。正在上海的戴季陶并不甘心，所以就在上海设立"戴季陶办事处"，取代国民党上海执行部，成为国民党右派分子的活动据点。在广州的国民党右派势力也没有坐以待毙，他们正在秘密酝酿一场流血事件。

---

① 戴季陶：《重刊序言》，载于《国民革命与中国国民党》，中国文化服务社 1941 年 8 月版，第 1—2 页。

吴稚晖七言对联（1948）

1925 年 8 月 20 日，国民党左派廖仲恺被刺身亡，国民党老右派难脱干系。汪精卫、蒋介石等人从不同的目的出发，借廖案来整肃国民党老右派。邹鲁、林森等老右派为了躲避风声，从广州跑到上海，策划国民党的分裂活动。邹鲁还专门与戴季陶商讨，最后决定到北京碧云寺开会讨论对策。

西山会议落跑记

戴季陶与邵元冲等人北上，准备参加会议，商讨对付共产党的办法。可是戴季陶专程从上海跑到北京，最后却没有参加会议，原因何在？他改变主意了？他没有找到地方？又或者他生病了？都不是。他受到恐吓，被毒打一顿，退缩了。

事情是这样的：戴季陶到北京后，于 11 月 18 日与吴稚晖等人召开了预备会议。大家商量后，决定采取缓和态度，对汪精卫采取劝告而不是弹劾的做法，邀请共产党人李大钊等进行协商，其目的是不造成国共分裂，而是采取敲打、拉拢的政策，并不赞成与共产党一刀两断的极端做法。

第二天上午十点多，当戴季陶收拾妥当准备到西山开会时，忽然有数十个人拿着木棍来到戴季陶等人的住处，要求戴季陶等人出来见面。戴季陶出来，自报家门后，暴徒们二话不说，一阵棍棒伺候，外带拳打脚踢。戴季陶毫无准备，又无处躲藏，只能任由拳棒相加，浑身是伤。暴徒们还不满足，把他推推攘攘拉进汽车，来到了菜市胡同三十七号国民党同志俱乐部。这个俱乐部是国民党极右分子冯自由等人创办的，被打得鼻青脸肿、衣衫不整的戴季陶得知冯自由等人也是国民党后，以"本是同根生，相煎何太急"的思想劝说冯自由不要做出手足相残的悲剧来。可是他哪里知道，这个俱乐部虽然以"国民党同志"为口号，但其实质是以反共为招牌获得军阀、财阀的福荫，充当反动分子的打手和帮凶，与一般的国民党小团体根本不是一回事。冯自由等人也从来没有考虑什么"革命同志之情"，这在他眼里一文不值。他硬说戴季陶是共产党，命令戴季陶不得参加会议，否则小命不保。戴季陶此时才明白，所谓国民党者，并非均以国民和革命为大任，而是某些人升官发财的终南捷径。他叹口气，保命要紧，答应不参加西山会议。冯自由等人得到戴季陶的保证后，才放了他。

戴季陶被放出后，没有参加西山会议，只是发表书面声明，说自己同意会议的某些决议。戴季陶几次来北京都给他留下了不愉快的经历，让他感觉与这个城市八字不和，第二天就匆匆离开了北京这个是非之地。

1925 年 11 月 23 日，邹鲁、林森、张继等知名国民党右派在北京西山碧云寺召开"国民党一届四中全会"，为表示自己的正统性和控诉国民党左派以及中共的"罪行"，会议特意在孙中山遗体前进行。明明是反对孙中山的三民主义和三大政策，却要面对孙中山的遗体，孙中山先生如若有灵，不知作何感想。这场闹剧史称哭灵，极具戏剧性，历史上以"西山会议"而臭名昭著。国民党的温和右派吴稚晖听说了戴季陶被打事件后，也不敢再出席会议，这样，西山会议就完全操纵在国民党极右势力的手中。西

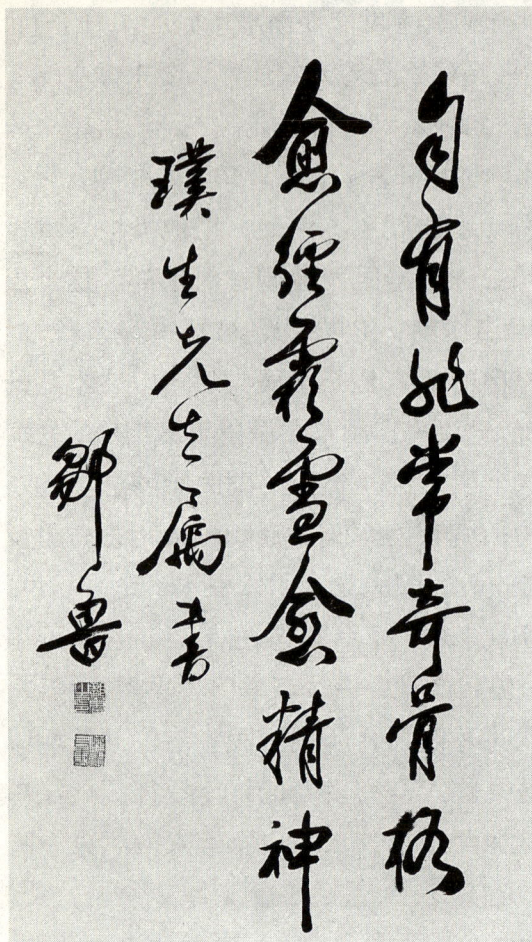

邹鲁书法作品

山会议开了43天，中心问题就是反共。与事先的商讨不同，这次会议不惜撕破脸面，与共产党公开分裂，不但开除了加入国民党的共产党人的党籍，大肆谩骂苏联顾问，还决定召开新的国民党代表大会，整顿国民党。西山会议派的倒行逆施不但引起共产党人的愤慨，也让国民党决定整肃党纪。

1925年12月，广州的国民党中央召开一届四中会议，认为西山会议派的会议非法，通过的决议无效，重申三大政策，并决定召开国民党全国代表大会来处理西山会议派。戴季陶得知西山会议的决议后，凭借多年的经验，预感到西山会议派一定会受到惩处，广州国民党的决议证实了他的想法。戴季陶认为救国无门，改党无望，心情非常消极，又把他张牙舞爪的脑袋缩回到他的乌龟壳中去了。12月13日，他电告全国，自行解除自己的一切职务，以神经衰弱为由，回老家湖州养病去了。

戴季陶每遇挫折，总喜欢回湖州寻找内心的平静，逃避现实的纷扰。在给蒋介石的信中，说自己"假使我亦如人之糊涂，未尝不可在糊涂中生活，而我则既明明认识此艰危之所在，欲假做糊涂，夫岂可得哉。至于四围之谣言蜚语，我固绝不置一词，盖此种无谓之辩白，于事无补，与理无当，我虽至愚，不欲为也。"① 这时候的戴季陶颇有些"众人皆醉我独醒"的感觉，对于受到共产党蛊惑的国民党左派他不能装糊涂，但又无能为力，既然不能"兼济天下"，那他就选择"独善其身"。对他的攻击，他不愿意辩白，一方面是出于文人的清高自傲，不屑于辩白；另一方面他对国民党的前途充满焦虑，也不想去辩白。一次投江未死，他再没有投江的念头。作为当代的"屈原"，在他看来，既然不能投江明志唤醒革命同仁，那只有退隐山林，寄情山水，做竹林七贤般的隐士。

可是隐居老家没几天，广州国民党中央执行委员会就给他发电，让他到广州参加国民党二大。戴季陶以身体不适为由，坚决不去，他知道二大不会有什么好果子等着他。

第一次受处分

对国民党二大来说，戴季陶是大年三十的兔子——有你也过，没你也过。1926 年 1 月，国民党第二次全国代表大会在广州召开。会议决定永远开除邹鲁、谢持的党籍，对林森、居正等 12 人提出警告。戴季陶作为西山会议派的同情者，也受到了党内处分，要他反思自己的行为，三年内不得著书立说，防止他发表不利于国共合作的言论。不过，作为国民党元老，戴季陶仍然当选为中央执行委员会委员。

林森肖像

---

① 陈天锡主编：《戴季陶先生文存》，（台湾）中国国民党中央委员会 1959 年版，第 986 页。

　　身在湖州的戴季陶得知自己当选为国民党中央执行委员会委员时，再次提请辞职，理由除了自己重病缠身外，还因为他对国民党二大的决议不满。不满表现在两个方面，一是关于对自己和西山会议派的不同处置上，二是禁止他写文章。他对于西山会议派个个受处分，而自己官职依旧，感到"不胜奇异"。邓演达等国民党左派为了把戴季陶拉回革命阵营，说他北上是被人骗去的，为戴季陶找台阶下，可是戴季陶压根不领情。他指出自己是自愿去的，没有受到任何胁迫，邓演达等人的说法不符合事实，更污辱了他的人格和西山会议派同志。此外，他公然为邹鲁、谢持鸣不平，认为不应该把西山会议看作"罪恶的行为"，邹鲁和谢持都是多年为党工作的同志，谢持同志"为中华革命党以来最忠实之党员……矢忠矢信，拥护总理"，要求停止执行对二人永远除名的决定，仍然要对二人表示尊重。他赤裸裸地为西山会议派开脱，表明自己与他们在思想上找到了相通之处，是他们潜在的同盟者。

　　作为一个以"百万锦绣文章"崛起的文人，剥夺了他的写作权利就等于要了他半条命；对于一个靠笔杆子与共产党作斗争的反共急先锋，禁止他写作犹如缴了他的枪械，让他无法与共产党斗争，不战而败。在革命大潮和文化领域纵横捭阖数十年的戴季陶决不会放弃自己写作的权利，他宁愿放弃国民党中央执行委员会委员这顶乌纱帽，也要千方百计保住自己的笔和纸。因为这是他的半条命，他的武器。

　　这是国民党左派和共产党合作的一大胜利。

　　没有了纸和笔的戴季陶，犹如困兽。这时候他希望抓住一根救命稻草，使他摆脱窘境，伺机对国民党左派进行报复，东山再起。经过多年的观察与接触，他终于找到了他的同路人。

第二节 "非蒋莫属"

　　1924 年 2 月，孙中山在筹办黄埔军校时，还着手创建综合类

学生游行抗议沙基惨案制造者

1925 年，沙基惨案后，国立广东大学学生游行示威。

大学。在合并广东高等师范学校、广东公立法科大学、广东公立农业专门学校的基础上，成立了广东大学，成为与黄埔军校齐名的"双璧"。1924 年 9 月，广东大学正式招生，1925 年 7 月，广东公立医科大学又加入进来，成为一所涵盖理、工、农、医、文、法等学科的综合性大学，为社会培养各类专业人才。

为了纪念孙中山的革命业绩，1926 年 7 月 17 日，广东大学更名为中山大学。该校的校长人选也是几经易手，广东大学成立之初，邹鲁出任校长，邹鲁随孙中山北上后，陈公博代理校长。1925 年 11 月，邹鲁因参加西山会议，失去了校长宝座，汪精卫乘机任命自己的亲信代理校长，控制了领导权。更名为中山大学后，以黄埔军校起家的蒋介石也企图插一脚。此时蒋介石身兼黄埔军校校长和北伐军总司令，在北伐势如破竹的情势下，他的个人威望和实力也逐日上升，他试图把黄埔军校和中山大学作为自己培植势力和文武后备军的大本营。面对咄咄逼人的蒋介石，汪精卫不得不暂时退让，接受蒋介石的建议，任命戴季陶出任中山大学校长。

蒋介石为什么把费劲到手的中山大学领导权交给戴季陶呢?

原来,戴季陶与蒋介石的密切关系,绝不亚于戴季陶与孙中山的关系。戴季陶与孙中山是师生,是上下级的关系;而他与蒋介石,则是结义兄弟,情同手足。

志同道合

1908 年留日期间,戴季陶曾在振武学校短暂就读。这是一所专为中国陆军留学生开办的预科军事学校,隶属于日本陆军参谋本部。就是这短短的几个月,他结识了蒋介石。蒋介石先后两次留学日本,第一次在 1906 年 4 月,蒋介石到日本进清华学校学日语,同年冬回国,这次他结识了陈其美;第二次在 1908 年春,蒋介石到日本入东京振武学校,编入炮兵班,结识了戴季陶。蒋介石是浙江奉化人,戴季陶祖籍浙江湖州,可说是他乡遇老乡,虽然两人没有泪汪汪,但也是一见如故,相知相惜,相见恨晚。此外,两人也有不少相同点,蒋介石是家中独子,父亲早亡,寡母独力将其养大,他侍母至孝,喜欢结交志同道合之人,弥补上无兄下无弟之憾;戴季陶虽有三兄,但皆不在眼前,受祖父影响,豪爽仗义,以"孝"作为为人处事之本。因而,在众多好友中,戴季陶与蒋介石在彼此身上找到了自己的影子,在私生活上,他们有共同点——风流,在未来方面,他们有共同的志向——革命,可以说志同道合。另一方面,双方在性格方面互补,戴季陶浪漫多情,文采斐然,说得一口好日语;蒋介石为人严谨木讷,喜欢军事,二人一文一武,相得益彰。有时候彻夜长谈,虽没

蒋介石与振武学校同学合影

有半点血缘关系，却胜似亲兄弟。干脆，二人在日本歃血为盟，结为兄弟，蒋介石长戴季陶 4 岁，戴季陶称蒋介石为兄。因戴季陶博学多才，蒋介石对其十分尊重，在书信往来中称戴季陶为兄表示敬意。戴季陶不知道，正是这个称自己为兄的义兄会在自己的生命中扮演至关重要的角色，决定了自己后半生的政治生涯。这也许是他在振武学校最大的收获。

　　回国后，两人也保持联系。1907 年蒋介石第一次从日本回来后，与原配毛福梅关系不睦，曾在吵架时动手打了毛福梅，导致怀孕七八个月的毛福梅流产，蒋介石的母亲非常生气，要夫妻二人和睦相处，让她早点抱上孙子，可是从此以后，毛福梅的肚子一直不再有动静。1908 年蒋介石第二次从日本回来后，与陈其美、戴季陶等人在上海筹备革命事业。蒋介石的母亲盼孙子心切，让毛福梅到上海与蒋介石同住，二人又整天争吵不休，蒋介石恨不得立马把她赶回老家。蒋介石的母亲得知后，对儿子的行为异常生气，不顾年迈从浙江赶到上海，劝说二人复合。蒋介石性子拗，不愿意低头，老太太也是急脾气，威胁说要投黄浦江，免得活着受罪。蒋介石一向孝顺，跪下求饶，发誓不再与妻子争吵，并邀好友张静江、戴季陶同来劝解担保，答应让毛福梅在沪居住。老太太似乎不相信儿子的缓兵之计，戴季陶见状，耐心安抚老太太，说不出多久，就让老太太抱上孙子，用花言巧语哄得老太太怒气全消。果然，1910 年，毛福梅生下了长孙蒋建丰，老太太对儿子的怨气才消解，并感激戴季陶的"未卜先知"。

　　1920 年，戴季陶与蒋介石、陈果夫等人在上海交易所期间关系更加密切。在上海从商的经历带给戴季陶最大的收获不是金钱上的，而是加强了他与蒋介石的感情纽带，结成了利益共同体。据蒋介石的第二任妻子陈洁如说，蒋介石除了对孙中山尊崇外，还有四位好友，分别是张静江、许崇智、廖仲恺和戴季陶。蒋介石在给戴季陶的信中，说戴季陶对他比孙先生与张静江待他还好，把戴季陶看作"畏友良师"。此言不虚，戴季陶确实尽到了一个"畏友"的职责。

一劝蒋介石

张静江（坐者）与陈果夫（左一）等人合影

1921 年，孙中山在广州掀起第二次护法运动，戴季陶随侍孙中山左右，而蒋介石则因为陈炯明架空他的权力、粤军不听从他的指挥，一气之下回浙江老家去了。孙中山正是用人之际，非常看重蒋介石的军事才能，多次打电报催他到广州。蒋介石说自己不愿意被陈炯明呼来喝去，不愿与他共事，遂拒不出山。孙中山着急万分，苦无良策。戴季陶见孙中山心急如焚，于心不忍，于是毛遂自荐，说自己愿意去浙江请蒋介石出山。孙中山大喜，派戴季陶亲赴浙江溪口请蒋介石。戴季陶这样做，一是从革命大业考虑，为孙中山帮忙；二是从私人感情来说，他希望蒋介石能够在关键时刻帮助孙中山，为蒋介石日后的飞黄腾达奠定基础。

怀着公私两重目的，戴季陶不顾舟车劳顿，日夜兼程赶到溪口。兄弟相见，自然热情，叙旧一番。戴季陶直接说明来意，希望义兄暂时抛却个人恩怨，以党国事业为重，为革命大业建功立业。蒋介石铁了心不回去，戴季陶只得以个人情感来打动蒋介石，要他从革命大局考虑，为孙先生考虑。戴季陶素来是个脾气不好的人，这次竟发现蒋介石比他还厉害，脾气暴躁得像头驴，倔强得像头牛。戴季陶费尽唇舌，软硬兼施，蒋介石就是认准了一条道——不回去。受不了戴季陶的死缠烂打和喋喋不休，蒋介石的驴脾气也上来了，破天荒地把戴季陶痛骂了一顿。戴季陶见自己

138

的一腔好意化作了驴肝肺，换来了劈头盖脸的痛骂，怪自己吃饱了撑的多管闲事，满腔失望和委屈地回去向孙中山复命。

兄弟反目，交情差不多也画上了句号。事后想想，蒋介石知道自己有错在先，为了挽回这段兄弟之情，他给戴季陶写信，承认自己的缺点，说自己自暴自弃，为人傲慢，容易得罪人，要戴季陶不要放在心上。还把戴季陶恭维了一番，夸他是生死患难的挚友，时刻教导自己，督促自己，真心为自己好。从这封信中可以看出，心高气傲的蒋介石还是很看重与戴季陶的这段友谊的，信中所言也大多符合事实，是蒋介石的真实感受。为了降低自己的过错，蒋介石还委婉地指出，戴季陶也有不对之处，主要是他太感情用事，对人太严厉，结果导致"兄弟阋墙"。蒋介石怕戴季陶不肯原谅自己，还给张静江、廖仲恺等好友写信，让他们帮忙说和，促使他与戴季陶重归于好，甚至说自己正准备南下，听从孙先生的号令。

从溪口回来，戴季陶一直怒气未消，感觉心口像是被人捅了一刀，便打算和蒋介石一刀两断。可是收到蒋介石的信后，见他态度转化，放低姿态请求自己原谅，本是性情中人的戴季陶怒气便消了一大半，觉得义兄没有明白自己的苦心，因而在回信中直言不讳地讲出了邀请他出山的真实意图——"劝兄赴粤，虽属为党国事业，实一半为吾兄个人前途打算。兄任性使气，不稍自忍，以此处世，深

蒋介石肖像

1911年，辛亥革命成功后，蒋介石留下了一张非常珍贵的穿着西装、戴着无框眼镜的照片。

蒋介石视察庐山高级军官训练团

虑根祸，亦足碍事业之成功。"戴季陶的意思是要蒋介石暂时忍耐，追随孙中山左右，在关键时刻崭露头角，赢得孙中山的信任和好感，为日后平步青云打下基础。作为一个深谙政治谋略的老手，戴季陶劝蒋介石不要任性，要暂时忍耐，动辄辞职会影响孙中山和党内高层对他的看法，影响他的政治前途。

戴季陶这番肺腑之言打动了热衷政治、权势的蒋介石，正可谓一语惊醒梦中人。古人云："小不忍则乱大谋"，为了有朝一日出人头地，忍一时之气又怎样呢？蒋介石遂接受戴季陶的拳拳奉告，在提出了几个条件后，回到广州。孙中山对蒋介石抛却个人恩怨的做法很欣赏，对他的信任和好感提升不少。蒋介石暗暗感谢这位小老弟的苦心。戴季陶也获得了一箭双雕的好处，既让孙中山觉得自己是可以倚重和信赖的人，又让蒋介石对自己感激不已。

1922 年 6 月，蒋介石的母亲去世，戴季陶同陈立夫（陈其美之侄）等人专程从广州到溪口参加葬礼，表现出与蒋介石非同寻常的私人关系。孙中山也为蒋介石的母亲写了祭文，托戴季陶送来，表明对蒋介石的器重。蒋介石明白，这是当日戴季陶对自己劝说之故，因而与戴季陶的感情日渐升温。

1922 年 6 月，粤军总司令陈炯明叛变，孙中山避难于永丰舰，蒋介石不惧危险，登舰随伺 40 多天，与孙中山朝夕相处，取得孙中山的信任。解困后，蒋介石著《孙大总统蒙难记》一书，既赞扬孙中山临危不惧的大无畏精神，又暗中吹捧自己的忠诚与勇敢。

这样，蒋介石因"护驾有功"而在国民党内人气上升。孙中山也大力提拔这个忠诚部属，同年 10 月，任命蒋介石为东路讨贼军第二军参谋长，1923 年 2 月，任命他为大元帅府大本营参谋长，8 月，派他率领"孙逸仙博士代表团"赴苏考察学习军事、政治和党务工作，提高他的威望。

二劝蒋介石

1924 年 2 月，在孙中山的支持下，蒋介石开始筹备黄埔军校事宜。筹备处条件艰苦，既没有经费，又缺枪械，更没有教官，人力、物力都非常有限，但是大伙儿干劲很足。正当筹备工作日趋紧张的时候，主持筹备工作的蒋介石却以"环境恶劣，办事多

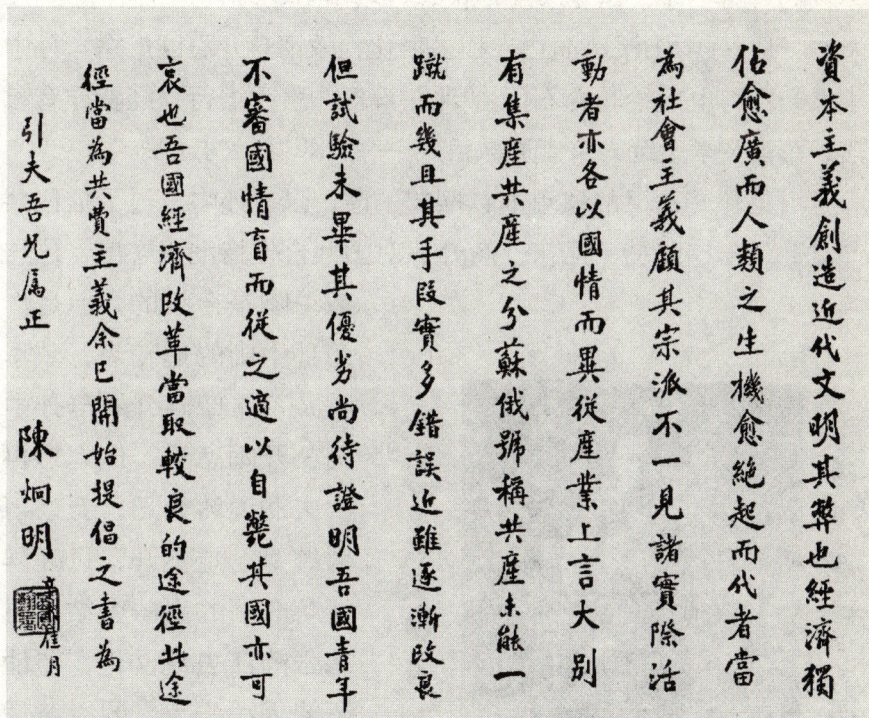

陈炯明书法作品

　　陈炯明（1878—1933），字竞存，广东海丰人。中华民国时期广东军政领袖，参加过辛亥革命。1917 年，他帮助孙中山打响护法战争，对抗袁世凯。毕生坚持联省自治的政治主张，致力于以和平协商的方式统一中国，与孙中山奉行的中央集权、不惜以武力征战谋求统一中国的政治纲领不合，最终分道扬镳、反目成仇，为国共两党均不受欢迎的争议人物。1925 年，他的残部被李宗仁等的桂系军摧毁，逃到香港，后卒于香港。

遭掣肘"为由，于 2 月 21 日提出辞呈："所有军官学校筹备处已交廖仲恺先生代为交卸，乞派人接办。"没等批复，他再次上演撂挑子走人的戏码，拍拍屁股，两腿抹油，回老家了。

蒋介石不是奉行戴季陶的"韬光养晦"吗？为什么又撂挑子了？原因在于蒋介石在中国国民党一大上没有捞到政治好处，现在只负责黄埔军校的筹备工作，将来校长这个肥缺还是别人的，自己是为别人做嫁衣。自己栽树，别人乘凉，蒋介石心胸狭窄，咽不下这口气，所以就赌气回老家了。

孙中山看到蒋介石的辞呈后，立刻挥笔批示："务须任劳任怨，百折不回，从穷苦中去奋斗，故不准辞职。"同时为了不耽误军校的筹备工作，指令廖仲恺代理各项事务，并开始招生学生。2 月 25 日，孙中山派邓演达专程去奉化，敦请蒋介石回广东。孙中山又亲自打电报给蒋介石说："现在筹备即着手进行，经费亦有着落，军官及学生远方来者逾数百人……希即返，勿延误。"

可是蒋介石又故伎重演，摆起了谱，以"孙中山过于信任共产党"为借口坚持不回来。蒋介石对国共合作持消极态度，这与戴季陶是合拍的，但是作为孙中山的追随者，戴季陶并不希望蒋介石与孙中山公开闹意见。他本想再次去劝说蒋介石，无奈事情缠身，走不开，只好拜托蒋介石的另一个结拜兄弟张静江去规劝他，要他不要因小失大，要以黄埔军校起家，做一番事业。蒋介石的牛脾气才稍微拉回来一点。

孙中山见蒋介石迟迟不回来，又派许崇智等人

蒋介石肖像（1910）

再去劝说，并暗示将来可由他出任军校校长。蒋介石感到挣足了面子，捞到了实惠，也见好就收，乖乖回到广州，继续黄埔军校的筹备工作。如果没有戴季陶委托张静江劝回，蒋介石很可能再次错过大好机会。结果，蒋介石如愿当上了黄埔军校的校长，戴季陶出任黄埔军校的政治部主任，兄弟俩可以说在一个单位谋事，这让蒋介石颇为高兴了一阵子。但是好景不长，戴季陶劝蒋介石要"韬光养晦"，"忍一时之气"，可自己却没做到，身处共产党的包围，他不善于掩饰对共产党的厌恶，没几个月也学蒋介石，撂挑子走人，放弃了政治部主任这个肥缺。蒋介石为此还懊恼了好一阵儿。

博学慎思明辨笃行

许崇智题

许崇智题词

携手谋大权

孙中山去世后，谁成为孙中山的接班人，谁是中国革命的领头雁，这个问题立刻成为各方关注的焦点。当时接班人中呼声最高的首先要推胡汉民、廖仲恺、汪精卫和许崇智四人。权力很小、野心很大的蒋介石也觊觎着最高领导人的宝座。可是，他自己也知道，论资历、论能力、论党内军内地位，自己是无法与胡汉民等人相提并论的。他当时连中央执行委员都不是，仅仅是黄埔军校校长，他想问鼎革命宝座，可谓是难上加难。

但是，难，并不等于实现不了。蒋介石为了在这场群雄逐鹿中获胜，千方百计物色自己人，他首先想到的便是戴季陶。二人是患难之交，在追随孙中山、厌恶共产党方面是情投意合的，而且两人一文一武，一个是军事院校的校长，一个是著名的笔杆子，

蒋介石的幕僚精英

二人联合，可以说是珠联璧合，无往而不胜。

戴季陶来到广州后，二人进行了一番密谋。蒋介石认为戴季陶的当务之急是必须先造舆论，让国民党乃至全国人都知道共产主义不适合中国的国情，苏俄式的暴力革命势必将导致中华民族的毁灭，听任共产党继续留在国民党内必将造成三民主义的赤化。当戴季陶说宣传并不难，难的是缺钱时，蒋介石主动提供了一笔经费，让他务必要从理论上把共产党、共产主义打倒在地。

戴季陶回到上海后，经过一番紧锣密鼓的策划，《孙文主义之哲学的基础》和《国民革命与中国共产党》两个小册子先后出炉，连同他在广州发表的《三民主义哲学系统表》，构成了"戴季陶主义"的骨架。

那么，戴季陶为什么心甘情愿听从蒋介石的指挥呢？除了二人私交甚厚、思想相通外，最重要的一点是戴季陶知道，自己作为一介文人，只有在强有力的军政要人的器重下，才能更好地生存、发展。孙先生在世时，他对孙中山俯首听命，自己的才华得到施展的舞台，在党内的威望也日渐上升；现在，孙先生这棵大树倒下了，他需要寻找一个新的大树作为依托。对当时的国民党要人进行一番比较、分析后，他把蒋介石选作新的大树，把自己的政治荣辱与蒋介石的利益联系在一起。他没有忘记，当孙中山卧病在床，与他谈论将来局势时，曾表示非常器重蒋介石的军事才能。孙中山器重蒋介石，蒋介石也是孙中山的信徒，这样，把蒋介石作为靠山是对孙先生遗志的继承，没有违背他的"愚忠"领袖原则。

当时在黄埔军校工作、后来跟随戴季陶入考试院的袁同畴在《忆孝园戴先生》一文中说："戴先生与蒋公交谊最厚，亲如手足，而敬若兄长。总理逝世后，戴先生即以其事总理者事之，举凡党国大计、革命理论，靡不互相研讨、彼此参议，说者皆谓：蒋公思想与戴先生如出一辙。"可见，戴季陶与蒋介石的交情，非但他们二人心知肚明，别人也了然于胸。

二人决定携手合作，互相包庇、提携也就在情理之中了。因戴季陶同情西山会议派，国民党二大在共产党的建议下决定开除戴季陶的党籍，商讨中央委员人选的时候，国民党高层征求蒋介石的看法。蒋介石推荐政治上与自己一致的戴季陶、陈果夫、邵力子、王伯岭等人。国民党左派和共产党都对戴季陶没有好感，蒋介石则极力推荐他，双方意见难以协调。最后，国民党左派征求陈独秀的意见，陈独秀为了平衡国民党内部的分歧，主张可以选他。这样，在蒋介石的大力推荐下，戴季陶保住了国民党中央委员的职位。不然，他从此可能就会在国民党内一蹶不振。

虽然蒋介石保住了戴季陶的中央委员职位，但是却不能左右国民党中央对戴季陶的惩罚，戴季陶又一气之下回了老家。身为他的结义兄长和政治盟友，蒋介石千方百计为他捞取好处。1926年6月，蒋介石出任国民革命军总司令，成为国民党内的实力派人物。在考虑总司令部政治主任人选时，蒋介石继续本着"内举不避亲"的原则，推荐戴季陶，共

北伐时期的邓演达

"宁汉合流"时的蒋介石与汪精卫合影

产党则坚决不同意，而苏联顾问和共产党提出的人选，蒋介石也是死活不答应。双方为了这个职位几乎翻脸，几经商讨，最终任命了性格温和的国民党左派邓演达。但蒋介石并没有灰心，而是再接再厉，继续为戴季陶谋取其他肥缺。几经考量，蒋介石决定为戴季陶争取中山大学校长这个肥缺。如果成功，那么兄弟二人就一个在中山大学掌权，一个在黄埔军校培植势力，一文一武，相得益彰，就为将来夺取更大的权力培养了后备军和巩固的基地。抱着一定争取到手的信念，蒋介石使劲浑身解数对国民政府施加压力，面对他的咄咄逼人，汪精卫不得不把这个职位让给了蒋介石，蒋介石则把它送给了戴季陶。

中大任校长

戴季陶看出了蒋介石的用意，决定不辜负大哥的好意，在政治上助他一臂之力，再加上他本身对教育也颇感兴趣，也算蒋介石找对了人，这样，戴季陶又从老家来到了广州。

到广州后，戴季陶也耍了一阵小性子，坚持不肯从代理校长手中接过中山大学的管理权。他发现该校内部党派林立，思想复杂，学潮汹涌，基本上是一个没有王法的烂摊子。接手后他打算下猛药进行改革，尤其是整顿校纪，如果进行改革，必然会受到多方限制。权衡之下，戴季陶决定以退为进，提出了就任中山大学校长的三个条件：一，改中大校长制为委员会制；二，实行党化教育；三，学校的财政由政府及党中央共同负责。实际上是向国民政府施加压力，逼迫政府给予他更大的权力。在条件得到满足后，戴季陶才走马上任。

戴季陶上任后的第一把火，就是整顿校规校纪，清除异己力量。在他的主持下，朱家骅等人立刻着手整顿教职员和学生，思想左倾的教师都被开除，由原先的 400 人裁减到 70 多人，全校2000 多学生，有 200 人被开除。中山大学一下子就由"红色大学"转变为"白色大学"。随后，戴季陶把中山大学视为推行党化教育的基地，兜售被他阉割过的孙中山思想，提出了三民主义教育的办学方针。1927 年 6 月开始直到 9 月，每周一和周三下午他都亲自对学生训话两小时，目的是加强宣传，让学生改变信仰。

戴季陶明白，三民主义只能从思想上影响青年，真正扩大中山大学的影响力还要靠学校的实力。他的办学宗旨是把中山大学发展为国民党的最高学府，成为国民党思想教育下的样板学校，培养为国民党服务的人才。据此，他认为与学校发展最密切相关的是两件事：一是招揽人才，二是培养人才。招揽人才是因，培

赵元任与梁启超等合影

图为国学研究院部分教师合影。前排从左至右分别为李济、王国维、梁启超、赵元任，后排从左至右分别为章昭煌、陆维钊、梁廷灿。梁启超、王国维、赵元任与陈寅恪四位学者共同被称为"国学研究院四大导师"。

养人才是果。在他"唯才是举"的方针下，鲁迅、傅斯年、许德珩、顾颉刚、赵元任等名重当时的学者先后在中山大学任教。"名师出高徒"，在知名教授们的耳提面命下，中山大学的教学质量和水平也上了一个台阶，这也算戴季陶在民国教育史上的一大贡献。

中大的经费来自于国民政府和国民党，因而较为充足。戴季陶用这些经费一方面建设图书馆，购买大量的图书和仪器设备，供教学科研之用，提高学校的硬件设施；另一方面规划学校建设，改善整体教学环境。戴季陶对土木工程很感兴趣，投入巨大的精力和财力来设计、建造中大校园，所有校园建设的图纸都须经他过目后才能施工。他追求完美，许多图纸再三修改，建设工程也一拖再拖，1930 年他离开中大时，校园建设还没有竣工，可说是旷日持久。所谓"慢工出细活"，在他的严格监督下，中大校园设计合理，美不胜收，至今仍然是国内最美、设计最合理的校园之一。与之相配套，中大的硬件设施和学术水平也在众多中国大学中出类拔萃，不能否认，其中有戴季陶的巨大心血和付出。这也为他执掌考试院、成为知名教育家打下了基础。

任中大校长期间，戴季陶也曾做出许多让人瞠目结舌的事情。比如说，当他听说许多中大学生在从事孟姜女哭长城的研究考证，且争论激烈时，他召集这些同学开会，一言未发就先哭起来。学生们感到奇怪，他说，闻诸君但知孟姜女哭长城，故不能不为诸君痛心而哭。其目的是希望学生不要为孟姜女而哭，而为当前中国的局势而尽心。他这种劝法还真是别出心裁。

在忙于中大校务之时，戴季陶还不忘抽身为蒋介石奔走。1926 年末，随着大革命形势一片大好，广州国民政府决定迁都武汉，推进北伐进程。蒋介石当时在南昌设立总司令部，企图把国民政府迁到南昌，处于自己的控制下。但是由于他的羽翼还没有丰满，当国民政府要求江西的委员们到武汉就任时，他不得不暂时虚与委蛇，作为缓兵之计。与此同时，他秘密派日本通戴季陶到日本去寻求日本政要的支持。

舌战日本政要

1927年2月14日，戴季陶携夫人钮有恒在一位随员的陪同下乘船前往日本。从上海到日本需10天左右，戴季陶仅有老婆和一名随员做伴，如此轻车简从，让人不免生疑。戴季陶对外的说法是去日本养病，不需要大费周章，而且战事吃紧，他也不敢奢糜，摆排场，实际则是遵循"知道的人越少越安全"的原理，唯恐真实动机外泄。

国民党总部对蒋介石和戴季陶的神秘兮兮产生了怀疑。2月初，即戴季陶赴日之前，国民党总部向东京国民党总支部发去密电，说戴季陶赴日的目的可能是与日本政要进行密商，要求总支部派人监视，密切注意其动向，及时汇报。东京国民党总支部接到电报后，决定以公开的身份与之联络，不打草惊蛇，最好是能够成为他的跟班，直接了解他的行踪和动向。那么，派谁去呢？年仅27岁的国民党员夏衍成为最佳人员，原因是他做事细心谨慎，反应灵敏，能够随机应变。

2月21日，戴季陶一行抵达神户。当他们登上岸时，发现十几个华侨举着小旗在欢迎他，领头的是他的旧识杨寿彭的儿子杨永康，旁边还站着一个年轻人。杨永康热情欢迎戴季陶的到来，转达父亲邀戴季陶叙旧之意。戴季陶没想到自己在日本也会遇到故交，如此有人气，不禁心情大好。

杨永康和夏衍把戴季陶等人送到车站，夏衍忙前忙后，让戴季陶印象很深。他问杨永康："这个年轻人是谁？"

杨永康随即回答："他叫夏衍，是总支部派来迎接你的。也是浙

夏衍手迹

江人，对东京很熟悉，办事很牢靠。"

戴季陶一听浙江人，来了兴致，用浙江话与夏衍交流，夏衍也用地道的浙江话回答。他乡遇老乡，亲切的乡音，戴季陶夫妇一下子就跟这个刚认识的年轻人拉近了距离。

当戴季陶一行走出东京站时，遇到了与神户车站完全不同的待遇。车站月台上站着许多警察，一群日本人抬着一个黑色花圈，堵在门口，嘈杂地嚷着什么。戴季陶从他们的嘈杂中听出什么中国人滚回去，反对戴季陶等语，明白这些人是以特殊的方式"欢迎"自己的。刚到东京，就遇到这样的下马威，戴季陶明白此次日本之行凶多吉少。他正思考如何下车时，一个人走近他，用日语小声说："戴先生，我是日本警察。为了诸位的安全，请稍等再下车。"

戴季陶听从这位日本警察"善意"的建议，等众人纷纷下车后才悄悄走出火车，结果还是被示威者发现了。他们企图把黑色纸花圈套在戴季陶的头上，因夏衍的奋力保护，才没有得逞。在警察的护送下，戴季陶等人才安全离开车站，在帝国大旅馆住下。

一切安顿好后，夏衍询问戴季陶是否能接见东京总支部的同志们，跟大家讲讲话。如果是平时的戴季陶，有如此机会兜售他的那套理论，他肯定会立刻答应；可是现在，经过刚才惊心动魄的一幕，他好像还没回过魂来，没有心情高谈阔论，连连摇手拒绝。不过，他还是对夏衍的照料表示感谢。为了让自己在日本的行程更妥帖，他请夏衍第二天仍然来帮忙。总支部派夏衍来的目的就是打探戴季陶的虚实，最好能够全程陪同，戴季陶的这一邀请正中夏衍下怀，夏衍不露声色地答应了。在与戴季陶相处的这十多天，他每天回去都汇报戴季陶的活动，东京总支部掌握了戴季陶此行的目的和动向。

戴季陶此行的本意是摸清日本政要的态度，为蒋介石充当说客，然而，东京车站一幕对戴季陶影响颇大，他把此行的重点改为宣传反对武装侵略，维护中国的国家领土和尊严上。既然以本国和平宣传大使的形象出现，戴季陶就马不停蹄地到处演说，据他自己说，公开演说 80 多次，平均每天二三次，还不算私人拜访和会谈。他在各种场合宣传和平，对日本帝国主义分子的阴谋和野心技巧性地进行驳斥，维护了中国的民族尊严。

有一次，东京贵族院的部分议员宴请戴季陶，这些议员大多对中国怀有不轨之心。有一个议员没有问中国的"鼎"，而是不怀好意地问"移民"："领土权这个词太不公平了。日本人口众多，却只能在须臾之地生活，想把人口移民出去，还遇到领土权这个问题。移民到美国吧，美国人说这是他的领土，不让日本人移民；移民到南洋的群岛吧，南洋群岛也抬出领土权反对。中国的满洲地广人稀，日本去移民，中国为什么要反对呢？"

这一番赤裸裸谋求中国东北领土的侵略言论竟然被这位议员讲得理直气壮，好像是中国人没有理会日本的一片好心，还让日本人身心受伤似的。更不可思议的是，竟让其他的议员一副"与我心有戚戚焉"、找到知音的感觉，纷纷表示赞赏，质问戴季陶为什么中国人辜负日本的"好意"。

作为一个"日本通"，戴季陶明白日本人说话的逻辑一向是"醉翁之意不在酒"，此问话看似移民问题，实则是领土问题，说明日本人正在虎视眈眈中国东北的领土。

既然日本议员是以人口密度作为论点的，戴季陶就以子之矛，攻子之盾："说到人口问题，世界上人口密度最大的国家是英国，几乎是 1000 人占有一平方公里，而中国平均一平方公里住 340 人，与日本持平。"这样，就驳斥了他们的中国地广人稀的论点，使日本议员据此得出向中国移民的结论站不住脚。

不过，为了不让日本议员难堪，他也"善意"地提醒日本议员，说世界上还是存在一些地广人稀的地区的，比如，美国、南美、加拿大等地。天知道，这些地区都是日本不敢惹的"主"。美国的实力远在日本之上，日本不敢与它抗衡；南美与日本相隔万里，中间还有太平洋，代价实在太大，即使日本下狠心去移民，也要先问问美国是否愿意——全世界都知道南美是美国的后院，不准欧洲碰一指头，更不会允许日本这个偏远小国有如此野心；加拿

司馬溫公為西京留臺為駕不過三節後
官官祠親馬不張蓋
伊川先生曰公以無道
驕市人不識
二曰其惟求人云後耳
傅暾

劉丞相絜家法儉素閨門雍睦凡衲巾
衣服自先代制度率守一法不隨時增損
故其子第難富士夫間空而家為劉氏
傅暾

趙逢龍官侍謀致仕丞相藥夢鼎出
其門譽謂師宅平陋於市鄰拓之趄回
俟王相國一旦鶩授九卿顧也
戴傅暾

范忠宣公自奉粗糲重食不擇滋味
自公退食親以為帝子弟有請教者公曰
惟儉可以助廉惟恕然可以成德
次烈先生姪屬
戴傅暾

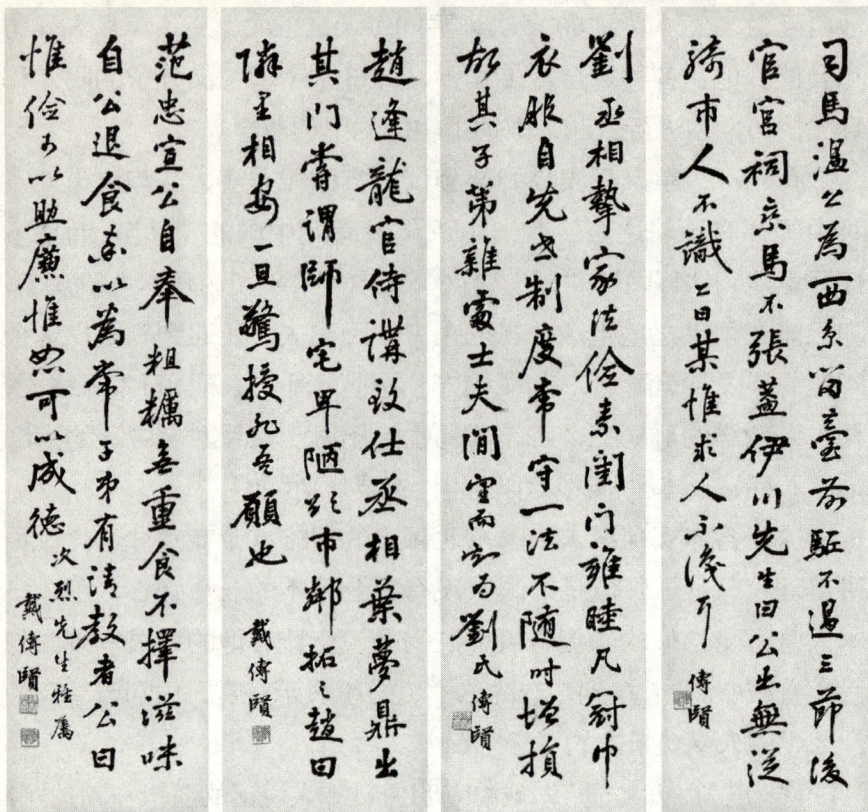

戴季陶书法作品

大则是大英帝国的附属地，英国是世界一流强国，殖民地遍及世界各大洲，日本巴结还来不及，跟英国抢地盘，等于虎口拔牙，借他几个胆子，他也不敢。日本议员们心里嘀咕，好你个戴季陶，明知道这些地方日本不能去移民，还出这样的馊主意，恨得牙根痒痒，表面上还得维持一副"好意心领"的表情。

帮日本人出完主意，戴季陶还以"事后诸葛亮"的态度批评起日本来："从中日战争到现在，根据满洲的人口调查，俄国移民7万多人，中国本部移民1000多万人，而日本只移民了18万人。中国本部并没有禁止日本移民到满洲，为什么这30多年来，日本只移民这么少的人呢？"此番言论，戴季陶的言下之意是，中国又没有禁止你们移民，你们移得少，是你们自己没把握住机会，怪得了谁？一副替日本人惋惜的模样。

日本议员一听戴季陶这几句话，怎么是替日本惋惜、怪罪日本没有把握住机会的感觉？个个听得莫名其妙。往下听，才知道戴季陶是为了明确告诉他们，现在再想移民，晚了。戴季陶说："现在，如果你们日本人想移民到满洲，行是行，要让7万多俄国人、1000多万中国人和18万日本人一块儿投票，让他们决定是否允许日本移民。哪种意见的票数多，就按照哪种意见办。"戴季陶的声调提高了不少，摆出一副大方的态度。不用投票也知道结果，日本想去满洲移民，门都没有。

戴季陶果然厉害，四段言论就使日本议员的脸色由红到蓝，由蓝到黑，别提多别扭了。刚才一副兴师问罪的态度提出这个意见的日本议员恨不得没问过这个问题，频频喝酒来掩饰自己的窘态。其他议员也不知道该如何应对戴季陶的此番"四两拨千斤"的言论，只好不断地向戴季陶敬酒。戴季陶的此番言论大长国人志气，负责监视戴季陶的夏衍也为戴季陶的这番言论叫好。

这一个回合的论战，颇有些"诸葛亮舌战群儒"的气魄和智慧，戴季陶全胜而退。在其他场合，他也表现出一个杰出外交家和政治家的能力和风度。在戴季陶快要回国时，日本的陆军部与参谋部联合宴请他。当时国民军北伐势如破竹，已经攻克南京，北洋军阀的统治岌岌可危，这是日本政界不愿见到的。

陆军大臣以此发难："敬贺戴先生，革命党已经占领了南京。以前，革命党只占有广东一地，还不足以号令天下，南京是国际舞台，一个国家的建立，靠的是实力，而不是空发议论。日本之所以有今日，靠的是在战争中取得胜利，你们革命党会怎么样呢？干杯！"说完，一饮而尽。

如此不礼貌的言论让戴季陶很气愤，他直接回敬："一个国家能够长久存在，地域广阔，自有其原因。中国立国至今已经5000多年，其中强盛时代占了一半多的时间，并不是只兴盛几十年的新兴国家容易猜测的。至于将来会怎样，各位拭目以待吧！"说完，他邀请各位共举杯，他先干为敬，一饮而尽。

日本人没想到又碰了个软钉子，默不作声，只有喝酒来掩饰

天所诈昌歡悦以喜

國無答灾仁拈以興

戴傳贒

尴尬。在座的个个面色不佳，一副霜打的茄子样。戴季陶则始终微笑以对，柔中带刚，既不失外交礼仪，又维护了中国的革命事业。

3月29日，戴季陶夫妇从神户启程回国。一个多月的日本之行让戴季陶对日本的认识又深刻了几分。从日本对中国东北的兴趣上，他认为，日本侵略中国东北，是早晚的事，而一旦占领了中国东北，下一步便是侵占中国华地。对于中国蒸蒸日上的革命，日本是持反对态度的，他们不希望中国强大起来，希望这头"东方睡狮"永远沉睡。戴季陶的论断不幸被言中了。

3月31日，戴季陶返回上海。此番日本之行加深了他对日本的认识，可是作为一个中国人，他忽然对中国国内的形势不了解了。原来，此时的中国正处于暴风雨的前夜，一场惊天大阴谋正在酝酿之中，暴风雨前的乌云正笼罩在中国上空。

第六章
党国要人

第一节　功成名就

尽责的吹鼓手

早在 1927 年 2 月 21 日，蒋介石就公开发表对共产党的不满言论，其理论基础就是戴季陶主义。戴季陶主义是比较含蓄地反对国共合作，而这时的蒋介石已经羽翼丰满，敢于公开发表反对国共合作的论调了。随后，他以"清党"的名义，开始布置反革命的大屠杀，其目的就是把共产党驱逐出去，抢班夺权。蒋介石的一番反动言论在国民党右派那里找到了支持者和追随者。

3 月 31 日，戴季陶回到上海，面对上海一片纷乱的局势，他一开始还摸不着头脑，等他明白了事情的原委，二话不说，立即加入到他的结拜兄弟蒋介石一边，为其摇旗呐喊。他认为"清党"是切除"国民党的癌肿"，是大快人心的好事。他还在中山大学进行清党，要学生抛弃共产主义，做心口如一的三民主义的信徒。戴季陶积极参与策划四一二反革命政变，高呼"举起你的左手打倒帝国主义，举起你的右手打倒共产党"，为蒋介石制定了《离俄清党谋略纲要》，主张把共产党人赶尽杀绝，绝不能养虎为患。他说，这个事只能"不讲感情"，消除敌人，只能用刀子，只能大屠杀。就这样，戴季陶从理论到实践上成了彻头彻尾的反共高手。4 月 12 日，蒋介石公开发动反革命政变，大肆屠杀共产党人和进步人士，幕后出谋划策的狗头军师就是戴季陶。戴季陶因反共和拥戴蒋介石有功，被选为中央宣传委员会委员，并出任国民党中央党务学校教务主任，主要负责学生工作。为了肃清共产党的思想影响，戴季陶在清党之时还把自己的讲演整理成《青年之路》，以教育青年走上救国救世之路为幌子，把不明真相的青年拉入国民党阵营。

身为中山大学的校长，戴季陶6月返回广州，向中大的学生兜售《青年之路》的思想。7月，一向以国民党左派的面目出现的汪精卫也在南京发动反革命屠杀，大肆逮捕共产党人和进步人士，提出了"宁可错杀千人，不可使一人漏网"的口号。一时间，反革命的白色恐怖笼罩全国。为了打击国民党右派的倒行逆施，1927年12月，张太雷等共产党人发动广州起义，戴季陶转道香港逃到上海。

虽然国民党右派在反共上一致，但其内部的分歧和争权夺利则更为复杂和尖锐。以蒋介石为首的一派国民党人在南京建立国民政府，以汪精卫为首的一派国民党人在武汉设有国民政府，此外还有北京的西山会议派。国民党内派别林立，围绕着政权的合法性问题，争吵不休。最终，南京派和武汉派达成协议，在"清党"、"统一党务"等基础上实行合作，实现了"宁汉合流"。但是由于蒋介石排斥异己，分赃不均，引起了武汉派和以李宗仁为首的桂系的联合排挤，蒋介石腹背受敌，不得已宣

革命党人惨遭屠杀
1927年，蒋介石发动四一二反革命政变，屠杀大批共产党人和革命群众。

布下野。

在蒋介石下野期间，戴季陶作为蒋介石的追随者，也在政治上失意。他转移心思，把精力放在了研究日本问题上。1928年初，戴季陶出版《日本论》，《日本论》是一本薄薄的小册子，虽然没有严密的逻辑概念体系，但却凭着对日本入木三分的了

第五战区将领合影

解和通透的见识，删繁就简，直取日本文化的神韵。为了增强说服力，该书详细论述了日本的发家史，其目的是引起国人对日本的注意和警惕。他说："从今以后要切切实实地下一个研究日本的功夫，他们的性格怎么样，他们的思想怎么样，他们的风俗习惯怎么样，他们国家和社会的基础在哪里，他们的生活根据在哪里，要晓得他的过去如何，方才晓得他的现在是从哪里来的。晓得他现在的真相，方才能够推测他将来的趋向是怎样的。拿句旧话来说，'知己知彼，百战百胜'。无论是要和他好和他不好，总而言之，非晓得他不可。"其远见卓识，至今仍熠熠生辉。国民党元老胡汉民曾高度评价《日本论》，认为它既做了日本人的律师，又做了他们的审判官，而且是极公平正直的律师审判官。可惜，在当时争权夺利的环境下，戴季陶的这番精辟言论没有受到重视，而是被束之高阁了。

蒋介石的下台非但没有缓解国民党内的矛盾，反而掀起了新一轮的争权夺利，闹得鸡飞狗跳，没法收拾，国民党右派协调各方利益，决定推出蒋介石。1928年1月，蒋介石经历几个月的下野生涯后，重新上台。他决定召开会议，拔除国民党内的异己势

蒋介石与宋美龄

力，加强自己的控制，再也不让人有机会把他轰下台。1928年2月2日，蒋介石一手操办的国民党二届四中全会召开，其核心仍然是整理党务，清党。实际上是"戴季陶主义"的应用和发展，在蒋介石的安排下，戴季陶成为此次会议决议案和宣言书的主要起草人之一。这次会议使蒋介石开始走上独裁的道路，作为蒋介石的忠实合作者，戴季陶也加官晋爵，飞黄腾达，当选为国民党宣传部部长，成为炙手可热的权势人物。

胡汉民谈《日本论》

胡汉民（1879—1936），字展堂，号不匮室主，广东番禺客家人。是中国革命的先行者，孙中山最倚重的助手，国民党元老派"三杰"之首，国民党早期主要领导人之一，也是国民党前期右派代表人物之一，民国四大书法家之一，但他又是现代中国有争议的人物。

胡汉民21岁中举人，1902年留学日本，1905年加入同盟会，任《民报》编辑。从1907年到1910年，多次参加革命武装革命。1911年，辛亥革命后任广东都督、南京临时政府秘书长。1913年，参加二次革命，1914年随孙中山在日本成立中华革命党。

1924年1月，在国民党第一次全国代表大会在广州召开，胡被孙中山任命为五人大会主席团之一，并获选中央执行委员，兼任黄埔军校政治教官。这次大会确定了孙中山联合苏俄和中共、依靠农工的政策。同年9月，孙中山离广州到韶关建立北伐大本营，任胡代行大元帅留守广州。

1925 年，孙中山逝世后，胡汉民与汪精卫、廖仲恺同为国民党内最具实力的接班人。随后，国民党左派领袖廖仲恺被暗杀，作为国民党右派领袖的胡汉民被认为嫌疑最大，曾一度被拘，后被派往苏联考察。

1927 年，宁汉分裂之际，胡汉民支持蒋介石，主持南京工作，参与反共清党，4 月，担任南京国民政府中央政治会议主席。1929 年 3 月，出任国民党中央常委会主席。

胡汉民早年留学日本，后又多次在日本居留，算得上半个"日本通"。1928 年，胡汉民应戴季陶之情，为《日本论》作序：

英国的历史家韦尔斯，于今年春间，发表一篇文字，同情于中国革命，而警告欧洲人，内里说及欧人之了解中国，决不如中国人之了解欧洲，大意欧洲人只是一些教士商人以及替教士商人说话的几个新闻通讯员，他们耳目既然狭隘，而带了着色的眼镜观察，更其靠不住，至于中国人呢？却是一年一年许多留学生到欧洲，受学校的教育，和社会接近，经过

隶书七言联（胡汉民）

长期的体察，自然不是前者之比。这一种比较的批评，认为公允，几乎令欧洲人不容易反唇相讥，中国人也觉得非常悦耳。不过我们一搜查中国留欧学生关于批评欧洲有系统的研究较为成器的著作，好像还未出世，中国人对于韦尔斯的公道评论，就怕要暗暗叫声惭愧。

不要说欧洲，就是日本，我们又如何呢？地理是接近的，文字是一半相同的，风俗习惯是相去不远的，留日学生较之留欧学生，数量要多十几倍，而对于日本，也一样的没有什么人能做有价值的批评的书。从好的方面说，小心谨慎，不轻于下笔，也是有的。从不好的方面说，就无异表示我们学界科学性和批判力的缺乏。季陶先生说，我十几年来总抱着一个希望，想要把日本这一个题目从历史的研究上，把他的哲学、文学、宗教、政治、风俗以及构成这种种东西的动力材料，用我的思索评判的能力，在中国人的面前，清清楚楚地解剖开来，再一丝不乱地装置起来。现在《日本论》一书，就是季陶十几年来做他所志愿的工作写出来的结晶。我前十年听见宫崎寅藏和萱野长知两个日本同志说，戴先生作长篇演说的时候，他的日本话，要比我们还说得好。我拿这句话来赞《日本论》，我敢说，季陶批评日本人要比日本人自己批评还要好，是否武断，且让读者下最后的批判。而我所以敢说这句话，就因为他不止能说明日本的一切现象，而且能剖解到日本所以构成一切的动力因素，譬如一个武士道，在日本是最普遍的伦理，好像英国的 gentleman，日本人自己也弄到知其当然而不知其所以然。而季陶先生说：

武士道这一种主张，要是用今天我们的思想来批评。最初的事实，不用说只是一种奴道，就是封建制度下面的食禄报恩主义。至于山鹿素行、大道寺友山那些讲武士道内容的书，乃是在武士的关系加重，地位增高，已经形成了统治阶级的时候，在武士道上面穿上了儒家道德的衣服。……我们要注意的，就是由制度论的武士道，一进而为道德论的武士道，再进而为信仰论的武士道。到了明治时代，更由旧道德旧信仰论的武士道，加上一种维新革命的精神，把欧洲思想融合其中，造成一种维新时期中的政治道德之基础。这当中种种内容的扩大和变迁，是值得我们研究的。……

明治维新，都知道是起初打着尊王攘夷的招牌，而幕府一倒，后来政治的建设成绩，却大过当初的预想。这是天皇圣明吗？是元勋元老的努力吗？是统一的效果吗？直到明治四十一年，日本文

临水人家茅盖屋

郷陽魚舍田張門

英先生元属集曹党完碑

漢武辰□

胡汉民书法作品

明协会丛书出版的《欧美人之日本观》，还是说，我们动辄把日本维新的成效归功于日本人一般的天才。事实却是相反，日本之一大飞跃，只是指导者策划得宜，地球上任何邦国，没有像日本指导员和民众两者间智力教育、思想、伎俩悬隔之大的，而能使治者与被治者之间的无何等嫉视，不缺乏同情，就是指导者策划设施一切得宜，他们遂能成就此之当世

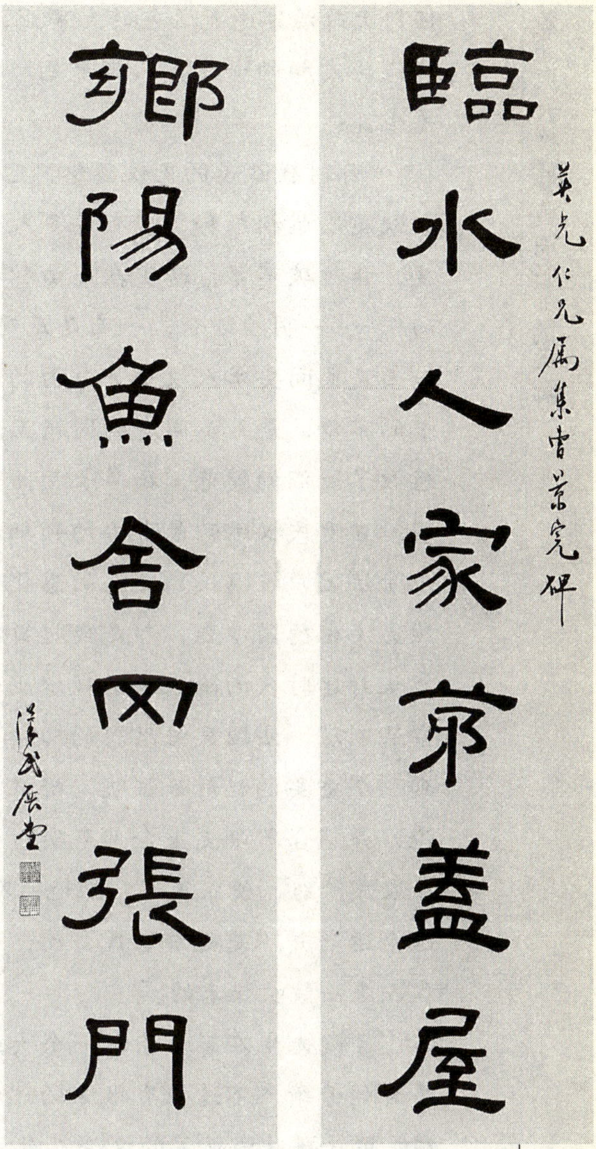

任何大政治家毫无逊色的大事业，（略见原书中篇第一节）这样浅薄皮相的话，我从前看见，就觉得肉麻得没趣。而季陶先生说：

"那时代欧美的民权思想，已经渐渐输入进来，汉学思想和欧美思想相融和，就有许多人觉得这一种非人道的封建制度，非打破不可，这实在是由种种环境发生出来的'自觉运动'。……明治维新，一面是反对幕府政治的王政统一运动，一面是民间要求人权平等自由的运动……这民权运动是思想上的革命，是人类固有的同情互助的本能的发展，而欧洲思想做了他们的模范，和萨长两藩专靠强力来占据政治地位不同。且看民权运动最有力的领袖板垣退之助，他的思想完全是受法国卢梭《民约论》的感化，近来日本的文化制度，虽然大半由德国学来，却是唤起日本人的同胞观念，使日本人能从封建时代的阶级统治观念里觉醒起来，打破阶级专横的宗法制度，法国民权思想的功绩真是不少。而我们更可以得到一个重要的材料来证明'辩证唯物论者'的阶级斗争的理论，并不合革命史上全部事实。譬如日本维新的结果，解放了农民阶级，使农民得到土地所有权和政治上法律上的地位，这个运动并不是起自农民自动，而仍旧是武士阶级当中许多仁人志士鼓吹起来的。"

季陶先生在日本维新一个大过程中，并不是抹煞一切指导者的劳绩，不过他有很深的理解，和上述《欧美人之日本观》的一段肤浅可笑的议论不同。他说：

"一个时代的创造，有很多历史的因缘，决不是靠一两个人的力量创得起来。不过领袖的人格和本领，也是创造时代的一个最大要素。创造时代的人物，不一定是在事功上，有的是以思想鼓舞群伦，有的是以智识觉醒民众，有的是靠他的优美的道德性，给民众作一个信仰依赖的目标，有的是靠他坚强的意志，一面威压着民众，同时作民众努力奋斗的统帅者。至于智仁勇兼备的圣哲，往往作了前期的牺牲，再供彼人的信仰，而不得躬与成功之盛。"

所以普通人看日本维新史，都晓得萨摩长门并起，而长藩的人物，一直延续到今日，尚成为日本的军阀，萨藩的领袖西乡隆盛，却是失败的英雄，只有追悼他维新以前的勋业。而季陶先生说：

"一代历史的创造，不是简单的东西，成功失败，不是绝对的问题。……个人事功上失败的，倒往往是时代成功的原动力，而个人事功上成功的，往往是享失败者的福。我们试把这几十年历史通看起来，西乡隆盛失败了，然而他的人格化成了日本民族最近五十年的绝对支配者，各种事业的进行，都靠着他的人格来推进。当时随着他败了的土肥两藩的势力，一化而为后来民权运动的中心，直到今天，他的余荫还是支配着日本全部的既成政党。那事功上成功的长藩，一方面不能不拜倒在西乡的人格

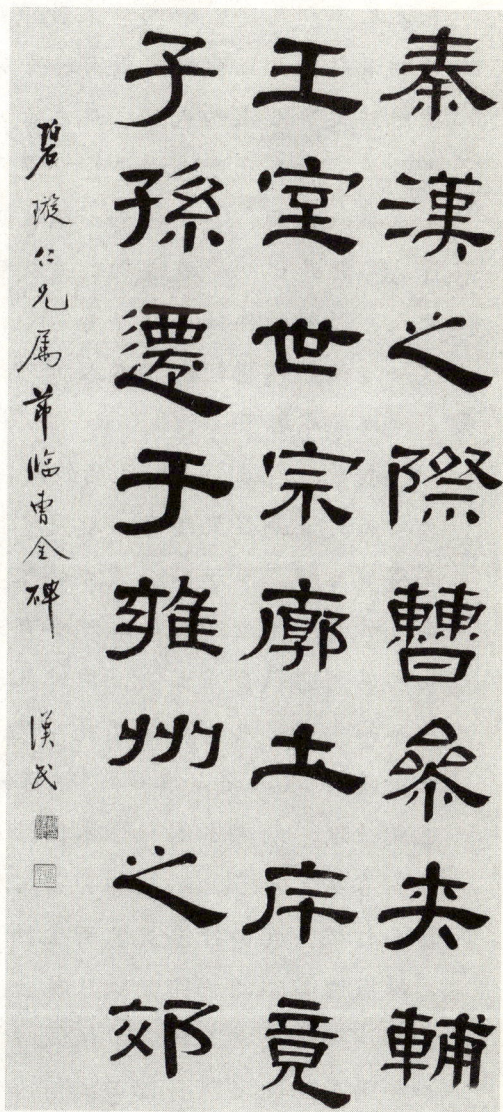

节临曹全碑（胡汉民）

下面，一方面也不能不随着公论的推移，定他的政策。即以事业说，西乡的'征韩论'，直到死后十八年依然成为事实，到死后三十年，公然达到了目的。假使明治四年西乡的'征韩论'通过了，也许是闯了一场大祸，日本的维新事业，完全付之东流，而西乡的人格也都埋没干净。"

这一段话，抵得过别人一百篇西乡的传赞。我们只看西乡当王政统一的时代，举兵造反，犯了弥天的叛逆罪名以死，而死后不到几年，他的铜像巍峨矗立于上野公园，受全国人民的崇拜，并且全日本没有一个铜像可以和他并称的。至于伊藤博文事业上的成功，从表面看来，中外人都觉得他远过于西乡，死在高丽人之手，也是殁于王事，而他的铜像，在东京被人打倒，甚至搬到大阪，也不能成立。这些事说明了什么？就是说明毕竟成功的是失败了的西乡，而不是伊藤一辈人，长藩的领袖虽然享着福荫，毕竟是有限的。季陶先生这一段话，我想任何日本人都不能反对，不过见不到，说不出这样彻底罢了。

我常以为批评一国家的政治得失易，了解一民族特性难。政治有许多明显的迹象，就是它因果联络关系，也容易探求而得其比较。至于一个民族的本真，纵的是历史，横的是社会，如季陶先生所说的，既要有充分研究古籍的力量，还要切实钻到它社会里面去，用过体察的工夫。韦尔斯说，欧洲人不知中国，其重要意义就在此点。我们看了上中下三篇整千页的《欧美人之日本观》，觉得他无甚心得，并不深刻真挚，也是此理。到得本国人说本国的民族，这些条件工具是比之外国容易完备了，然而却有第二种的障碍，这种障碍更是不容易打破，其由外力支配所生的障碍，姑且撇开，而自身的因缘成为心理的拘囚偏执，就会弄到如黑格尔那样一个大哲学家，抬起德意志民族，认做神的表现，世界的选民，其实如季陶先生此书所引吉田松荫《坐狱日录》一段话，也和黑智儿的出发点相同，不过一个穿了古代神教的衣，一个穿了近代哲学的衣而已。《大学》说得好，"人莫知其子之恶，而莫知其苗之硕。"上句是由于爱，下句是由于贪，真是不把种种"之其所……而辟焉"的障碍打销，决寻不出鞭辟入里公平至当的批判。批评自己的民族，犹之批评自己本身。近来有见识的人也晓得说说，如果真是一个革命者，就能对自己作公开的批评，这话是不错的。自己的检查，比别人的检查更为便当。责备自己，应该比别人的责备更为深刻。然而事实上往往不然。遇着老于世故人情的人，反而善于用责备自己的口头话来作辩护自己的手段。浅之如张作霖骂张学良，说这小子太不懂事。甚至如莫斯科 CP 本部，骂中国 CPCY 幼稚，都是假责备来为自己辩护的。日本人批评日本，说到自己短处，晓得回护不来的，也每每犯这种毛病。然而因为他有他的立场，我们应该原谅他的。白香山的诗说："不识庐山真面目，只缘身在此山中。"（此处作者有误，该诗题目应为《题西林壁》，为苏轼所作。——编注）批评自己的民族，仿佛有这个道理。而"我田引水"，又是相因而至的事情。季陶先生说：

一个关闭的岛国，

行书七言联（胡汉民）

國藩先生屬

访戴且移剡溪棹

问奇曾过子云亭

漢民

165

他的思想变动，当然离不了外来的感化。在他自己本身，绝不容易创造世界特殊的文明而接受世界的文明。却是岛国的特长，我们观察日本的历史，应该不要遗漏这一点。

他们以赤条条一无所有的民族，由海上流到日本岛，居然能够滋生发展，平定土番造成一个强大的部落，支配许多土著和外来的民族，而且同化了。他们更从高丽、中国、印度输入各种物质的精神的文明，而且能够通通消化起来，适应于自己的生活。选出一种特性，完成他的国家组织，更把这个力量来做基础，迎着欧力东侵的时代趋向，接受由西方传来的科学文明造成现代的势力，民族的数量现在居然可以和德法相比，在东方各民族中，取得一个先进的地位，这些都是证明他的优点。我们看见日本人许多小气的地方，觉得总脱不了岛国的狭隘性。看见他们许多贪得无厌崇拜欧美而鄙弃中国的种种言行，又觉得他们总没有公道的精神。可是我们在客观的地位，细细研究他，实在日本这一个民族，他的自信心，和向上心，都算是十分可敬。总理说：一个民族的存在和发展，要以自信力作基础。这的确是非常要紧。所以日本人那一种的"日本迷"，也是未可厚非。

大抵批评一种历史民族，不在乎说他的好坏，而只要还他一个究竟是什么，和为什么这样？季陶先生这本书，完全从此种态度出发，所以做了日本人的律师，同时又做了他的审判官，而且是极公平正直不受贿托，不为势力所左右压迫的律师审判官。说日本是信神的民族，不含一些鄙视的心事。说日本是好美的民族，也并没有过分的恭维。一个自杀情死的事实，说明他是信仰真实性的表现。这一种科学的批评的精神，是我们应该都提倡的。

季陶先生这次回到上海，一见面就说："我近来又做了一部日本论，可惜今天没有带稿子来给你看。"我说："此之前几年登在《建设杂志》的那篇《日本论》怎么样？"他说："你先说你对于我的旧作，有什么意见。"我说："那一篇文字好是好的，不过我觉得主观过重，好像有心说人家坏话，人家有些好处，也说成坏处了。"他说："对得很，简直被你一言道破，我这回改作的一部《日本论》，却完全是平心静气的研究，决没有从前偏执成见的毛病，我明天带来，你看过觉得不错，就请你作一篇序。"到第二天，他果然把稿子带来，一眼望去已经是十多万字，他笑着说："我做《建设》和《星期评论》文章的时候，我总是将稿子带来寻你，站在你的椅子后面，把捉着你的手，按到纸上，而我却一句一句的朗诵起来，遇有商榷的疑问，才始停止，商榷过了，又是继续地朗诵，我认为是我生平一件快事。现在这部《日本论》太长，可惜用不着这个顽意。"我和他都不觉大笑起来，及他去后我费一日一夜的工夫，将他这本书细细读过，真有点爱不释手的光景。看过从前那篇《日本观》，尤其觉得这书有味，不只他的研究和构成方法，和旧作不同，就是文章也有异样的色彩。季陶的文章，大概有三个时期不同。第一个时期是从做《天铎报》，以至《国民杂志》，雄畅是他的本色，唯有时修词的工夫，有些来不及。到《星期评论》、《建设杂志》是第二个时期，既改文体为话体，大畅所欲言，而修理整然，渣滓绝少，比以前有很大的进步了。现在这部《日本论》，就更加陶练，深入显出，不露一些辛苦的痕迹，理解的精确，而文章的能事，足与相副。其中如《今天的田中大将》一个题目下，指摘世界的思潮。《信仰的真实性》里面，发抒他的人生观，都是博大雄深的文字。而《秋山真之》一篇，仿佛极善写生的短篇小说。《好美的国民》一篇，却含有许多诗意。在做《国民杂志》那时候季陶先生常对我说，自恨做文章的工具不足，现在应该没有这种遗憾了。其余还有许多绪论名言，往往可以摘取出来，或作国民一般的殷鉴，或作青年行动的指针。而季陶先生却是偶然证合，有感斯发，既不是"我田引水"，"削足适履"，也不是"借他人的酒杯浇自己的垒块"，季陶先生的高声朗诵，确是"奇文共欣赏"的方法。我在一日一夜之中，欣赏所得，就随手写些出来当作一篇序文，贡献于阅者，并留着许多说不尽的好处，让读者自己去欣赏。固然介绍这部日本论，应该还有重要的意义，不止是从这本学得科学批评的方法，和鉴识季陶先生最近的作风。但是中国人何以有研究日本问题的必要，季陶先生开宗明义，已经说得清楚尽致，不用我来赘述，这并不是我的忽略，我想青年一经提醒，决没有做智识上的义和团的。

党务与政务

在 8 月举行的国民党二届五中全会上，国民党中央通过了实行立法、行政、司法、考试、监察五院并举的决议案，五院是在孙中山"五权宪法"的基础上设立的。五院平行，互不统属，直接对国民政府负责。在五院之上，设国民政府主席一职，蒋介石凭借着军事实力，当仁不让，出任国民政府主席兼海陆空三军司令，集党、政、军大权于一身。戴季陶则当选为国民政府委员、考试院院长。他没想到，在这个职位上，他一干就是20 年。

1928 年底，正当戴季陶准备考试院的事务时，国民党又要召开第三次全国代表大会。戴季陶在忙于考试院事务和个人的重大私事之外，还被临时安排重要提案和文件的起草工作。蒋介石

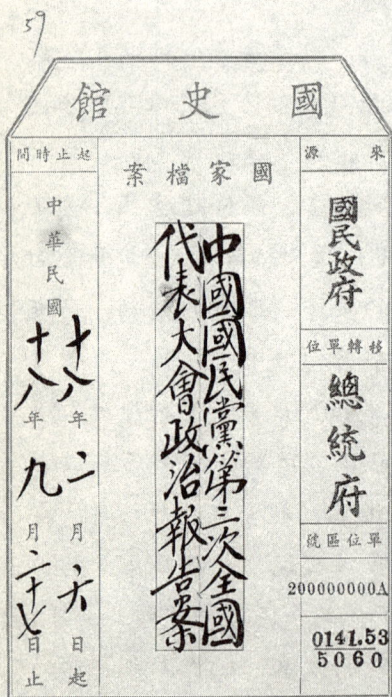

168 国民党第三次全国代表大会政治报告案

大权独揽，开始大肆任命自己喜欢或信任的人。在国民党三大的代表人选问题上，蒋介石指示国民党中央常务委员会指派，实际上是公然安插自己人，这一做法引起了国民党其他派别的不满。蒋介石赤裸裸的独裁做法也引起了戴季陶的不满，他本以为在蒋介石的统治下，中国的民主和法制会有进步，谁知依然是换汤不换药，独裁的色彩丝毫没有减弱，反而更加的公开化。戴季陶出于维护蒋介石的目的，只是在心里表达不满，并没有公开表示异议，而国民党的其他派别就毫不客气地说蒋介石独裁，反对蒋介石包办三大，一手遮天。戴季陶在领会蒋介石的意图和摸清国民党其他派别的心思后，采取了较为温和的策略，目的是给三大蒙上一点民主的色彩。

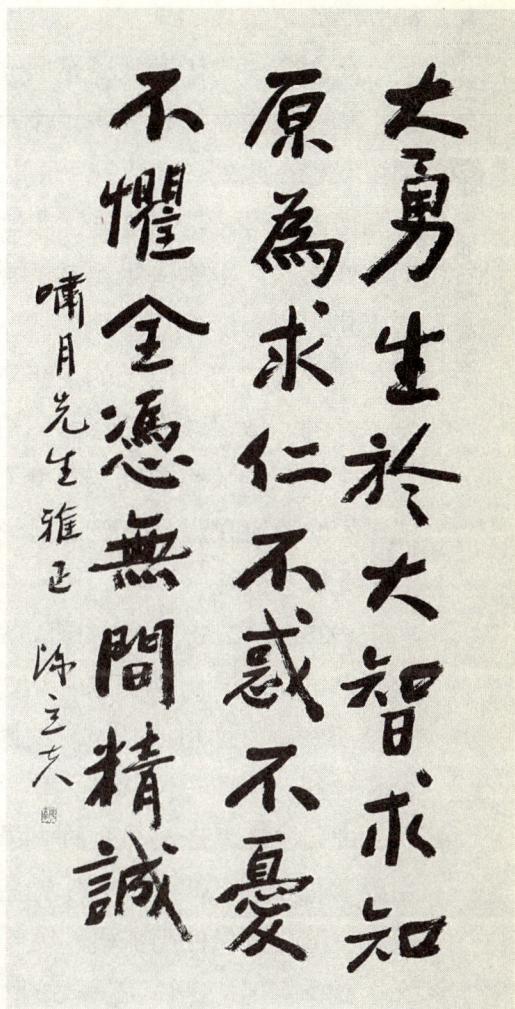

陈立夫书法作品

1929年3月15日，国民党三大召开。参加会议的代表共406人，其中蒋介石指派的有211人，圈定者122人，而选出来的只有区区73人。戴季陶担任大会秘书长，并提出了两项议案，核心是实行孙中山所提倡的训政时期的五权宪法，实现权力的制约与平衡。作为孙中山的忠诚追随者，戴季陶虽然反对孙中山的新三大政策，但并没有完全背弃孙中山的革命纲领，仍然把三民主义的基本原则奉为圭臬，希望在中国建立真正自由、民主的共和国。但是在蒋介石独裁统治笼罩的环境下，他的这一追求和理念显得鹤立鸡群。

此次会议的代表大多是蒋介石指派的，充当蒋介石政策的吹鼓手和民主的点缀，许多议案毫无悬疑地拍板定案，戴季陶的两项议案也在此列。3月27日，国民党三大闭幕。在这次会上，戴季陶当选为国民党中央执行委员会委员，随后又被选为常务委员，训练部部长。戴季陶集重要的党、政领导职务于一身，达到他政治生涯的顶峰。

戴季陶知道，自己的平步青云，是与结拜兄弟蒋介石的提携分不开的。他对蒋介石感激万分，作为回报，甘作他的心腹与挚友，把自己的政治前途与蒋介石的兴衰荣辱紧紧联系在一起，结成牢固的政治联盟，关键时刻"同富贵，共进退"。

执掌考试院

1928年10月20日，国民政府颁布《考试院组织法》，明确规定了考试院的职责和权限。1929年1月6日，考试院及其所属机构全部到位，孙科任考试院副院长，下设一会一部，即考选委员会和铨叙部。戴季陶除任考试院院长外，还兼任考选委员会委员长，邵元冲任考选委员会副委员长，委员有陈立夫、刘芦隐等人，主要管理平时的考试行政；铨叙部负责考试及格人员的分发任用以及全国公务员任用资格、级俸、考绩等的审查和登记。

戴季陶出任考试院院长之时，刚过不惑之年，正是精力旺盛、做一番事业的黄金时代。国民党在形势上统一了全国，气势正旺，百废待兴，他很希望在任上能够做出一番成绩。考选制度就是他的一项重要政绩。考选制度是借鉴日本、欧美等国的经验，再结合我国古代的考试制度综合而成的。在1928年1月公布的《考试法》中，把考试分为三类：普通考试、高等考试和特种考试。各项委任公务员必须经过普通考试，各项推荐任职的公务员必须参加高等考试，其目的是保证公务员的基本业务素质和技能，提高从政能力。为了防止遗珠之憾，体现"不拘一格用人才"的思想，专门开设了特殊考试。应该说，戴季陶的这种安排体现了考试面前人人平等和破格提拔的结合，是很不错的设想。然而，他的美好设想并没有贯彻下去，反倒成了摆设。原因在于"各机关与各机关之人员，乐于各自寻求自己之方便，对于国家法令，便于己者，则奉行；不便于己者，则弃置之。"① 特殊考试本是特殊情况下使用，结果因规定模糊、手续简便，倒成了许多政要安插亲信、亲属的一个捷径，导致能者无法得到任用、庸者从各方涌来的局面。戴季陶虽然有心以公正公平之姿选拔人才，无奈在矬子横行的后备军队伍里，他也只有从众多庸才中选择较为不庸者。

戴季陶引以为傲的考试制度处处受到制肘，铨叙方面更是薄弱。由于戴季陶的重视不够，制度不完善，再加上官员的铨叙受到人事机构的分流，铨叙制度基本上没有发挥作用。除了重视考试院的各项制度，戴季陶还很重视考试院的建设与设备的购置。戴季陶在游览南京时，发现南京城北鸡笼山附近的关岳庙风景秀丽，宁静安逸，让他不禁想起了老家湖州的清幽雅趣。他提出在关岳庙作为考试院办公处的想法，征求各院部和建筑师的意见，大家都夸戴季陶眼光好，找到了这么一个世外桃源般的办公去处。1929 年 5 月，考试院开始在改建后的关岳庙办公。

在他的亲自参与下，昔日的关岳庙经过一番改建和装饰，一改寺庙的素朴，增添了几分鲜活的魅力，犹如一个不施脂粉的农家女经过巧手打扮后，成为一位"清水出芙蓉"的女子，清秀不失典雅，自然中别具巧思。与中国的古建筑一样，正门门口是一对石狮子立在两侧，正门的匾额上是戴季陶手书的"考试院"三个字，力透纸背，颇见其书法功底。大门上端端正正地写着孙中山人尽其才的遗教："教养有道，则天无枉生之材；鼓励以方，则野无抑郁之士；任使得法，则朝无傺进之徒。"这是戴季陶施政的座右铭，也是全体考试院同仁所遵奉的准则。作为深受传统文化熏陶的知识分子，戴季陶力求保存古建筑的原貌，因而原有的雕梁画栋、亭台楼阁基本都被保存下来。与这种风格一致，他对门口的卫兵也进行了"文化包装"，戴季陶不喜欢荷枪实弹的站岗卫

---

① 陈天锡主编：《戴季陶先生文存》第 1 卷，（台湾）中国国民党中央委员会 1959 年版，第 212 页。

考试院门前石狮子

兵，认为与考试院的风格不合，要求他们不携带枪支，不束武装带，不穿军装，而是腰佩宝剑，身穿黑色制服，颇有些古代文化卫士的特点，体现出古今结合的特色。

进入大门，中间大道把考试院的两个机构也一分为二，东厢房是考选委员会，西厢房是铨叙部，各就其位，各司其职，也便于联系。原来的正殿因气派宏伟，被改为礼堂和接待室。接待室里挂有两副对联，一副曰："入此门来，莫作升官发财思想；出此门去，要有修己安人工夫。"一副曰："务材训农，通商惠工；敬教劝学，授方任能。"礼堂的楹联为："要恢复固有道德智能，才能把中国民族从根救起；要造成真正平等自由，必须把世界文化迎头赶上。"这副对联的思想是戴季陶一贯倡导的，在考试院任职的二十年里，他一直以此为己任。随着办公人员的增多，考试院后来又购买民宅，进行了扩建，修建了考场、图书馆、院办公厅、考选委员会办公厅、卷库、储藏室等，使这座办公场所的各项设施逐步完善。

图书馆中楼名为"明德楼"，"明德"语出《大学》"大学之道，在于明德"，表明对孔子思想的尊敬。正中还有孔子及中国四圣人的画像，两旁专放经学书籍，还在墙壁上雕刻孔子诸弟子的画像及其事迹。每年孔子诞辰之日，戴季陶都会率领同僚在此祭祀孔子，说明戴季陶对孔子及儒家文化的推崇。

戴季陶一向喜爱山水花草，因而院内在原树木、花草的基础

172

上，又种植了许多名贵花木，让办公人员吸取草木精化，减少尘世的污浊。戴季陶对自己的办公地点颇为满意，为了办公方便，他索性把自己的衣食住行都搬到了这里。他把考试院旁边的一所旧房子改建成了自己的住处，大批的佛教经典也搬运过来，专辟一室供奉如来佛、观世音的瓷像，还有香炉蒲团，四壁挂有他亲笔写的《金刚经》条幅。房外种植花草，窗内墨香扑鼻，窗外草木盎然，置身其中，让戴季陶好不惬意。

南京的另一名胜鸡鸣寺离此地不远，步行即可到达。鸡鸣寺坐落在绿荫葱葱的鸡笼山上，黄瓦绿树，相映成趣。寺中的景阳楼东向正对着玄武湖，凭栏远眺，钟山如屏，玄武似镜，大好风光尽收眼底，凉风习习，悠悠然如超脱尘世，倚大个石头城，此番美景无处可比。附近更有一绝——胭脂

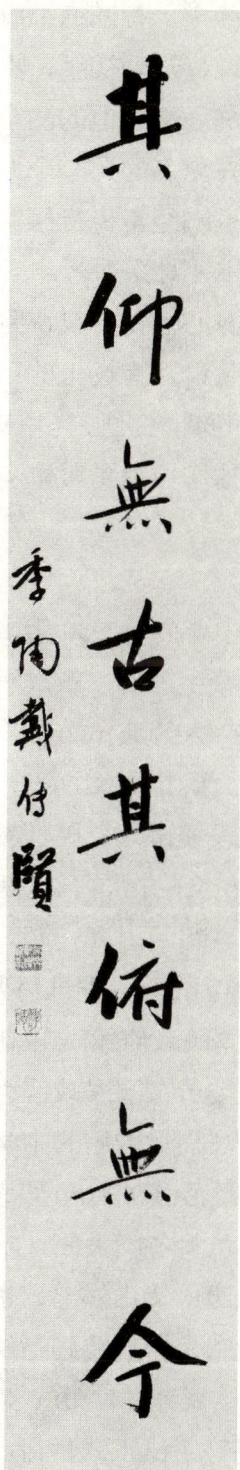

戴季陶书法作品

井，又名景阳井，井栏上有道道细纹，雨后天晴，石纹就成胭脂色，鲜艳欲滴。据说，隋朝初年，隋军攻入南陈，到处找不到陈后主，后来才发现陈后主和他的两个宠妃躲在井底，为此地平添了历史趣闻。这口井出名的另一个原因是井水清甜，是泡茶的佳品。闲来无事，戴季陶经常步行至此，一路饱览青山碧草，随后与寺内高僧谈经论佛，对饮香茗，不觉天色降临。趁着夕阳西下，戴季陶饱览而归，身心愉悦。夏夜到此观赏夜景，清风送来荷花的沁香，更是让人陶醉。官场上的不痛快也都渐渐退去，只剩下脑中的高雅，眼前的清幽。几年下来，他的精神衰弱症也不治而愈，没有再犯过。这应该说是戴季陶身为考试院院长最大的个人收获和意外之喜。

主持文官考试

国民党三届四中全会于 1930 年 11 月作出决议：限期实行各级考试。考试院奉命着手筹备，戴季陶亲任主考官兼典试委员会委员长，陈大齐等十二人为典试委员。典试委员会的职责是排定考试日程，拟定试题，确定评阅标准，组织评卷，审定成绩，公布及格者名单等。另设襄试处，聘任教育界名流 41 人为襄试委员，其职责是在典试委员会的指导下，襄理有关考试事宜，包括拟题、阅卷、评分等。监察院派出高一涵等八名监察委员为第一届高等考试监试委员，对考试全过程进行监察。经过紧锣密鼓的筹划，1931 年 7 月 6 日，国民政府第一届高等文官考试在南京举行。戴季陶率领全体典试委员在国民政府大礼堂宣誓就职后，立即进入考试场所——一所被临时借用的中学校舍。考试过程带有浓厚的传统色彩，仿照科举考试时的入闱扃门制。当戴季陶等人入门后，鸣炮昭示，监试委员将各门关闭，加贴封条，从此在屋内的考试官吏一律吃住在里边，禁止外出，也严禁与外界通信联络，严格防止任何环节的泄密，一直要到考试结束、名单公布后，才由监试委员撕下封条，恢复考试官吏的"自由"。

7 月 15 日，高等考试正式举行。上午六点，应考者鱼贯进入考场，这次报名应考者共 3000 余人，年龄最小的不足 20 岁，最大的已 56 岁，他们携带毛笔、砚台，年长者还带了铜尺和鼻烟壶等。在座位上坐定，监考官逐一核对姓名、相片，确认无误后发给试卷，试卷采用双重密封法。8 月 6 日，阅卷结束，原定从中选拔 100 名参加口试，不料应考者成绩普遍较差，在 3000 人中各科总平均 60 分以上者仅有 40 人，远远达不到预期数字。戴季陶请示国民政府同意，总平均得分在 55 分以上的考生，由戴季陶复查，从中挑选较为

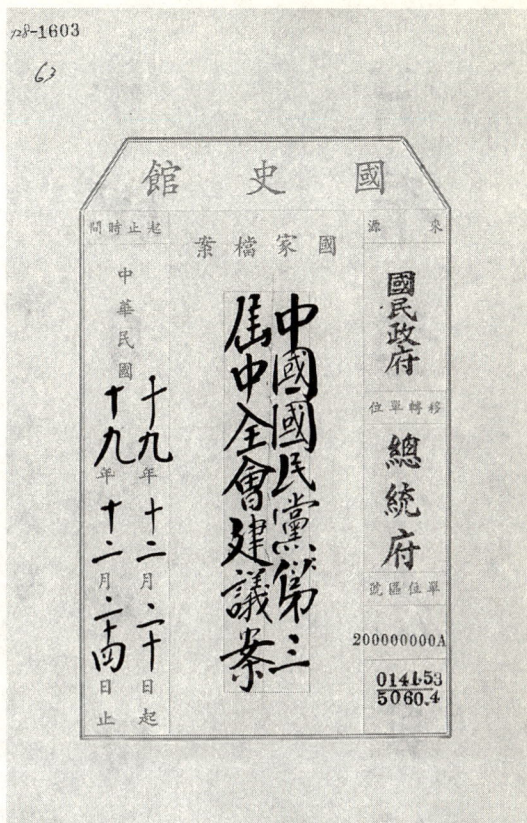

国民党第三届中全会建议案

优秀者，加至 60 分予以录取。这样总算选出了参加口试的 100 个人。

当戴季陶对总平均分数在 55 分以上的考生视学识情况给以加分使之及格时，结果拉下了一个名叫刘锡章的考生。他的总平均成绩为 56 分，理应列入加分名单，但考试院官吏却错把他的分数看做 51 分，被排除在外，失去可能有的面试资格。发现这一错误后，戴季陶感到责任重大，主动向国民政府委员会请求处分。他在报告中说，承办人员忙中有错，情有可原，处分不妨从宽，而他本人急于放榜，督促过迫，领导无方，应受严厉处分。最后，国民政府委员会决定：主考官戴季陶罚俸三个月，秘书长陈大齐罚俸一个月，事故直接责任者仅记过一次。而那个叫刘锡章的考生，则获得了口试机会并最终被录取。戴季陶的部下陈大齐多年

心平意正光見善祥

戴傳賢

耳聰目明必保嘉美

静之先生之屬

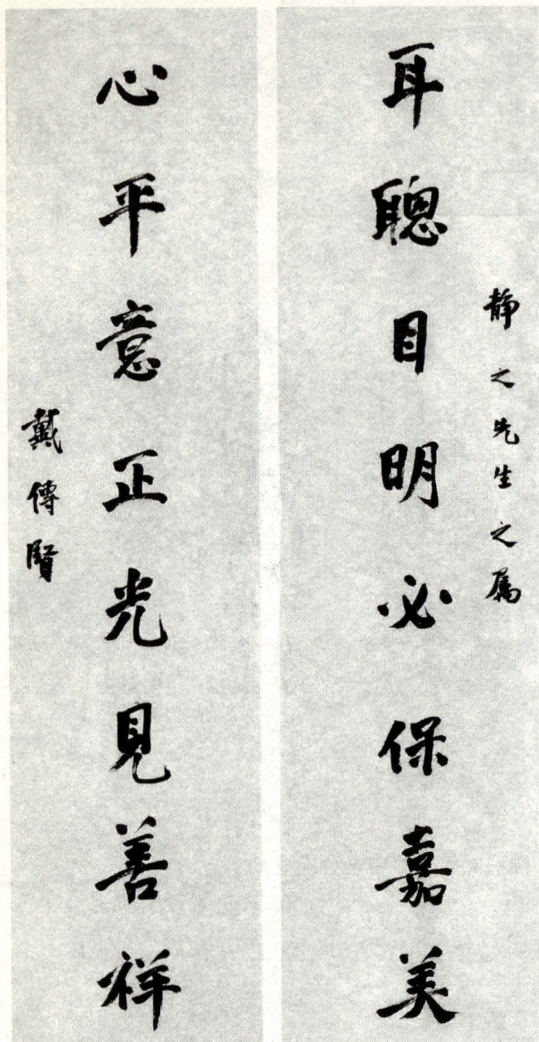

戴季陶书法作品

后回忆这件事情时感动地说：旧日官场积习，长官有过，诿诸僚属，只有僚属代长官受过，从没有长官代僚属受过，今戴先生反其道而行之，尽改旧日的恶习。戴先生如此勇于自劾，勇于自负，使僚属们大为感动。

8月9日是正式放榜的日子，考试院门前又一次呈现科举时代的场景。被录取者的姓名用毛笔大楷写在一幅大大的金笺上，取"金榜题名"的古意。榜尾写斗大的"榜"字，用朱笔画一个大圆圈。张榜时，鸣炮奏乐，金榜下面肃立着两名佩剑的武士，然后金榜张贴在关岳庙宇前高大威严的照壁上，气派壮观。

放榜后，戴季陶满面春风地领着这批现代"进士"拜谒中山陵，同时通知考试院官吏将被录取人名单通知各原籍政府。事后得知，各县接获喜报后，少不得又要鸣锣喝道地到录取者的府上报喜。在这一番"荣宗耀祖"的庆典活动中，新旧两种文化被糅合在一起。1935年11月1日，南京、北平、西安、广州四地同时举行第三届高等考试，戴季陶此时出差在外，结果出现了第一典试委员会写错试题的情况，很多考生因不懂题意而没有作答甚至是误答，酿成重大考试事故。戴季陶得知后，呈报政府，要求与相关人员一起受处分。后来国民政府决定典试委员长罚俸一个月，对戴季陶免于处分。但是戴季陶仍感到自己失职失察，愧疚不已。

荣耀背后的无奈

戴季陶在考试院本想大展宏图，结果却处处碰壁。有明文规定的，成了聋子的耳朵——摆设，没有明确规定的，成了他人钻空子的好机会，这让戴季陶深感无奈，以至于多次提出辞职不干。一方面是自己灰心，一方面是给蒋介石施加压力，希望蒋介石能稍加约束其他官员的行为。蒋介石则多次慰留，不同意他辞职，直到1948年他身体状况不佳、与蒋介石的关系出现嫌隙，说什么也不想干的时候，才终于退出了这个名利场。戴季陶在自我评价时认为，他的成就是1927年在中山大学设置了东方民族学院，1931年化解了边境的危局，除了这几件事，再也没有"于国于世稍有补益者"，考试院的政绩压根没提到。至于他一手创立的考铨

中山大学校训

南京五台山

制度，他给出的评价则是"距离理想甚远。现有规模，卑不足道"。

戴季陶执掌考试院 20 年，从最初的大展鸿图到最后的"不足道"，以至于表现出"使国父在政治上之创获，由本人而失坠，何以对国父在天之灵"的自责，说明他对自己这 20 年的成绩是不满的，不但愧对孙中山，更有深深的自责与遗憾。这些遗憾固然与戴季陶有关，但更多的是与当时的国内环境有关。在一个独裁专制、腐败横行、缺乏最基本的民主和监督的政府里，想要实现关于考核、任用的公平与公正，只能是水中月、镜中花，是蒙蔽人民的漂亮点缀与装饰，而不是切切实实的应用与执行。

出任考试院院长不久，戴季陶就因两件事情而心情抑郁。一是私事。1929 年 2 月 25 日，刚刚年届四十的戴季陶得知母亲病逝，他号啕大哭，要求亲赴成都，祭奠高堂在天之灵，为母亲守孝，尽为人子最后的孝道。国民党中央知道他孝道当先，国事繁

忙，实在非他不可，没
有准许他亲赴成都，作
为变通，给他 10 天假
期，让他在南京为母亲
治丧。

自古忠孝不能两
全，戴季陶明白党国的
难处，只好在南京的寺
庙设灵堂以表哀思，每
天和钮有恒前去诵经，
超度母亲亡灵早登西方
极乐世界。他还把母亲
手书的《孝经》翻刻拓

南京五台山清凉公园雪景

印，在南京五台山开出一片园地，取名"孝园"，广种花木，建屋
两间，施舍米粮、医药，为母亲行善积德。每日烧香念经外，戴
季陶还参加各种会议。3 月 15 日，国民党三大的开幕式上，当张
静江等人问起戴母的丧事时，戴季陶又感伤起来，眼泪夺眶而出，
用一块手帕捂在脸上，半天都没有拿下来，很快手帕就全湿了。
母亲的去世让戴季陶很长时间都心情低落。

第二件让他心情郁闷的便是下一节中的公事。

第二节　鞍前马后

劝说孙夫人

1929 年，国民党三大后，蒋介石彻底背叛了孙中山的"三大
政策"，独揽党政军大权，大肆剪除异己，安插自己的势力，引起
全国人民的不满。为了堵住全国人民的攸攸之口，蒋介石把自己
打扮成孙中山的忠实信徒，6 月 1 日，把孙中山的灵柩安葬在南
京紫金山的中山陵，特邀宋庆龄和 18 国驻华使节参加安葬仪式。

宋庆龄与孙中山合影

宋庆龄参加安葬仪式后，便返回上海。8月1日上海反帝大同盟成立后，宋庆龄专门发表电稿，蒋介石却下令不准发表。蒋介石认为宋庆龄是孙先生的遗孀、自己夫人的姐姐，身份特殊，影响重大，他不能像对一般政治反对派那样对其采取肉体消灭的做法，只能采取软的一手，最好是让她到南京居住，便于控制，防止她再度公开批评时政。最后，他派遣与宋庆龄有交情、能言善辩的戴季陶做说客，劝说宋庆龄到南京居住，至少不要议论时政。宋庆龄把双方的谈话记录下来，以《宋庆龄与戴季陶的谈话》为题目，用英文发表在燕京大学《明日之中国》第一卷第十二期上，后来又刊登在天津的《大公报》上，题为《宋庆龄与戴传贤谈话笔记》。正是这段记录，让我们再一次领略了宋庆龄的风采和蒋介石、戴季陶的险恶居心。

1929年8月10日，戴季陶携夫人拜访宋庆龄。寒暄之后，戴季陶说他身体状况很差，几次想离国远去，去年他已经打定主意要到欧洲去，但是蒋介石和其他许多朋友都劝他要为国家的建设出谋划策，不让他出国。然后又说自己不图名、不图利，只求为党国效力。聪明的宋庆龄看出这是戴季陶的自我吹捧，回答说，你没出国，真是可惜。微笑着把戴季陶的粉饰之言堵了回去，戴季陶涨红了脸，默不作声。

钮有恒感觉到气氛有些尴尬，连忙出来转移话题："夫人为何不到南京去呢？孙先生的陵园很美丽，您的住宅、设备也都安排妥当。我们都盼着您去南京，顺便为政府做些贡献。"

宋庆龄回答："葬仪已经过了，我为什么要到南京去呢？我对于政客的生活不适合，况且我在上海都没有言论的自由，难道到南京可以希望得到吗？"

也许是宋庆龄的直率让戴季陶觉得没必要再拐弯抹角了。他的手在口袋里摸索了一会儿，然后取出一张折叠起来的纸。正当他准备递给宋庆龄时，宋庆龄已经看清楚，那是她拍给反帝国主义大同盟的电稿，被南京政府拦截下来不许发表。

戴季陶问："这真是从您这里发出去的吗？我真不大相信，像您这种地位，采取这种态度，实在是有点不可思议。这诚然是一桩很严重的事啊！"说着，一副为宋庆龄惋惜、担忧的表情。然后"语重心长"地说："纵使政府有了错误，你也没有权利公然地说话。你应该遵守党的纪律。而且这件事尤其不好的地方，是拍电给外国人啊！这无异丢政府和民族——你自己的民族——的脸啊！"

宋庆龄看透了戴季陶的这套语言恫吓把戏，毫不在乎地说："遵守党纪，虽然，谢谢你们把我的名字列上你们的中央执行委员会，其实我并不属于你们的贵党。你竟有这种勇气告诉我，说我是没有权利说话。你们可是把我当做招牌去欺骗公众吗？你们的蓄意正是一种侮辱。相信

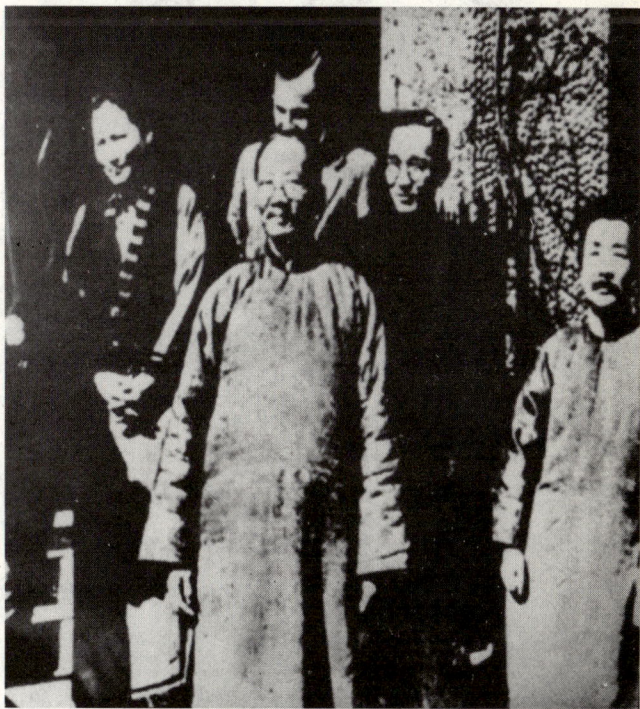

宋庆龄与蔡元培等合影

1933年，中国民权保障同盟领导成员蔡元培（中）、宋庆龄（左一）、鲁迅（右一）和郭沫若（右二）欢迎来华访问的英国文学家萧伯纳（左二）。

精诚無間同憂樂
篤愛有緣共死生

慶齡賢妻鑒
孫文

孙中山写给宋庆龄的话

吧，没有哪个以为南京政府是代表中国人民的。我是代表被压迫的中国民众说话……我的电报正是中国人的光荣的表示。你们投降日本和外国帝国主义，侮辱革命的苏俄，才证明你们都是一伙走狗，而有玷于国家与人民。你们的爪牙杨虎，在法国巡捕房控告我装置秘密无线电，这不是丢脸吗？你们对于中国革命的历史，留下了多少的玷辱，民众将有一日要和你们算账！"

戴季陶见宋庆龄不领情，只好搬出孙中山："孙先生不是一个寻常人，他较一切人超拔，天赋予他一种非常的智慧和才能，他的理想较现代要早几世纪。你必定明白的，三民主义不能凭空在几年之内便能够成功的，它需要三百年或是四百年，谁又能断定呢？"

宋庆龄并没有被他的花言巧语所迷惑："很明显的，你现在所引据的都是你们改篡过了的三民主义。孙先生自己曾声言过，假如党员能确守主义，革命是能够在二三十年之内便可以成功的。实在当他起草建国大纲的时候，他就有这个意思，革命一定能够在他活着的时候成功的……我要警告你，不要把孙先生当作偶像吧，他的思想与行动始终只是一个革命家。我很担心，觉得你的心理已经堕落了。"对于戴季陶从一个"正义与改革的青年"沦为"病态的"党徒，宋庆龄表现出惋惜。

随后，双方围绕着革命者的宗旨、国民政府是进步还是屠杀人民等问题进行了激烈的辩论。宋庆龄用铁一般的事实在这场唇枪舌战中占据了上风。戴季陶这个向来以口才和文才驰名的文人最终败下阵来。

身负蒋介石的重托，他不想无功而返，争论之后，他打起了感情牌，尽最后的努力："你不能够到南京来一游吗？那里有你的亲族，在那样的环境里面，你也会比较的快活一些。我们通是人类，而且还是富于感情的人类呢。"

宋庆龄直言相告："假如快乐是我的目的，我就不会回到这种痛苦的环境里面。目击我们的希望与牺牲白白葬送，我宁可同情于民众，比对于个人还重视些。"

见宋庆龄软硬不吃，不跟他回南京，戴季陶只好再次强调此番来的目的："宋庆龄，我希望你不要再发表宣言。"这是他的希望，更是蒋介石的命令。他们不希望德高望重的宋庆龄把他们的丑恶嘴脸公之于众。

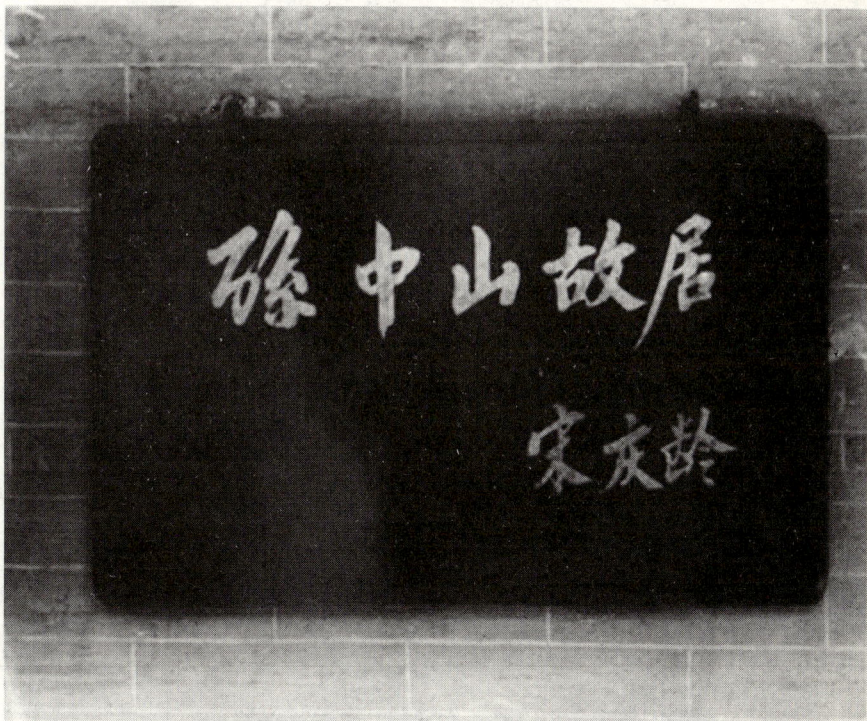

宋庆龄题名

宋庆龄姐妹合影

从左至右分别为：孔祥熙、宋霭龄、宋美龄、宋庆龄、宋子良。

宋庆龄丝毫不惧怕他的再次威胁，表现出视死如归的凛然："戴君使我不说话的唯一办法，只有枪毙我，或者监禁我；假如不然，这简直就是你们承认了你们所受的指摘并不冤枉。但是你们无论做什么事情，都要和我一样的光明，不要使用鬼祟的毒计，派侦探来包围我。"

戴季陶劝人不成，反被数落了一番。他自知理亏，无法反驳，只好起身告辞："我到南京回来以后，再来看你吧。"意思是向蒋介石汇报后，再来做说客。

宋庆龄直接拒绝："再来谈话也是没用的了，我们彼此之间的鸿沟相差得太远了！"

戴季陶软硬兼施，也没有完成使命，自己反被数落了一番，郁郁寡欢地向蒋介石复命。蒋介石对自己这位姻亲、故交也不敢过于放肆，只好暂时作罢。

没过多久，蒋介石在政治上遇到了另一位强有力的政敌。与上次一样，戴季陶又参与其中，再次体会到出力不讨好的窝囊，饱尝政治的变幻无常。

蒋介石与胡汉民之争

1930 年 11 月 20 日，国民党召开三届四中全会。会议期间，蒋介石与胡汉民围绕是否订立"约法"问题产生了矛盾。胡汉民是国民党元老，1905 年在日本加入同盟会，较早追随孙中山，深得孙中山器重，在国民党内享有很高的威望。再加上他才华出众，品格高尚，1928 年开始任立法院院长，可谓实至名归。他秉承孙中山的五权分立思想，主张"党治"，即以党治国；蒋介石为了拉拢国内各势力，主张通过"法治"使自己名正言顺地实行独裁统治。说白了，胡汉民想在中国建立议会制的资产阶级共和国，而蒋介石则青睐总统制共和国。戴季陶是蒋介石的结拜兄弟，但与胡汉民的私交也不错。二次革命流亡日本期间，二人都参与《民国》杂志的编辑工作，政治倾向接近，兴趣爱好类似，经常把酒言欢。1928 年戴季陶的《日本论》搁笔后，请胡汉民作序。胡汉民欣然应允，细细品读，写出了洋洋洒洒五千言的序，对此书评价其高，认为"戴季陶批评日本人比日本人自己批评得还要好"。虽有奉承之嫌，但评论一针见血，说明胡汉民对戴季陶的著作是研读一番的，对戴季陶也是颇为赏识的。

为了给自己的理论披上合法外衣，蒋介石与胡汉民展开了一场理论大战。胡汉民才华出众，追随孙中山多年，深谙孙中山的思想和著作，在演讲中妙语连珠，引用孙中山的思想如数家珍，信手拈来，赢得听众大赞。而蒋介石作为以军事起家的政治家，理论修养极度缺乏，也不如胡汉民如此能言善辩，其演讲稿都出自陈布雷之手。随着蒋介石与胡汉民矛盾的加剧，戴季陶何去何从的问题也露出端倪。一方是手握兵权的结拜兄弟，一方是意气相投的故交好友，怎么选？几经考量，戴季陶决定站在蒋介石一方，为他出谋划策，充当幕后智囊。从此，戴季陶与胡汉民从好友转为斗争对手。

国民政府决定于 1931 年 5 月 5 日召开国民会议和履行代表选举法，选举总统。1931 年 1 月 20 日，蒋介石成立国民会议选举总事务所，任命戴季陶为事务所主任。此时戴季陶远在中山大

白石清宗從所好
和风时雨与人同

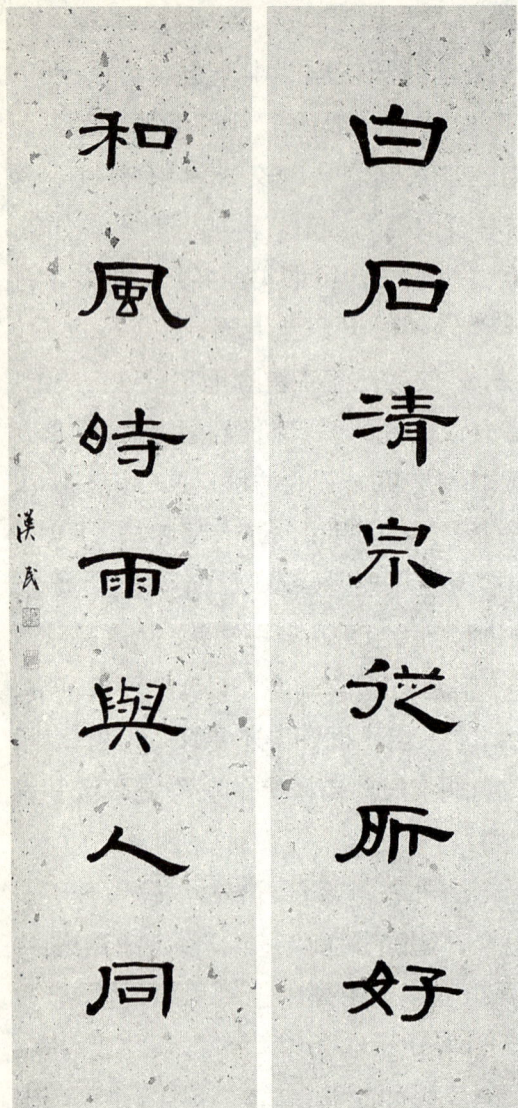

隶书七言联（胡汉民）

学还没有回来，许多事务只能假手他人。为了摸清地方的情况，早作打算，蒋介石委派亲信陈果夫、陈立夫去监督地方代表的选举，实则是调查地方代表的情况。2月份，陈氏兄弟带回第一线消息，蒋介石得知后大失所望。除了浙江、江苏、安徽和南京、上海等蒋系的传统地盘外，其他省市基本都无法控制。也就是说，偌大个中国，除了这五省市明显支持蒋介石外，其他省市很有可能会倒向蒋介石的主要对手胡汉民。按照这个结果推算，如果在国民会议上进行总统选举，蒋介石只能得到32%左右的支持率，其他68%将落入胡汉民之手。这除了与蒋介石本人性格乖张，专横跋扈，上台后一系列独裁专断措施引起国民党其他派别的反对有关外，还与胡汉民的个人资历、威望有关。胡汉民在国民党内是以"腿能跑"出名的，尤其擅长拉关系，再加上性格温和，才华横溢，在国民党内部和社会各界均享有较高的威望。

蒋介石预感到这一后果后，急得团团转，恨得牙痒痒，又不好公开发作，只有把对胡汉民的不满倾泻到日记中。在 1931 年 2 月 10 日的日记中，蒋介石大骂"胡某感情用事，颠倒是非，欺罔民众，图谋不轨，危害党国，投机取巧，毁灭廉耻，诚小人之尤也"。明眼人一看就知道"胡某"乃"胡汉民"，连续用八个四字短语诋毁胡汉民，足见蒋介石对胡汉民忌恨之深。用这八个短语形容胡汉民有诽谤之嫌，用来形容蒋介石自己倒更为真实，恰如其分。蒋介石更怪自己"性暴气躁"，想不出办法来对付这个"罪大恶极"的胡汉民。

蒋介石没想出办法，让智囊团们出主意。智囊团们经过一番讨论，认为文人吃软不吃硬，如果派人去向胡汉民实行"怀柔"之策，也许能够让胡汉民主动下台，这样一来问题就解决了。蒋介石派与胡汉民关系不错的吴稚晖去完成这一任务，以甜言蜜语劝胡汉民"休养"。胡汉民见这位比自己大 14 岁的老大哥，居然厚着脸皮替蒋介石当说客，气不打一处来。他根本不吃花言巧语这一套，也顾不得与吴稚晖多年的交情，不留情面地说他是无耻之徒，

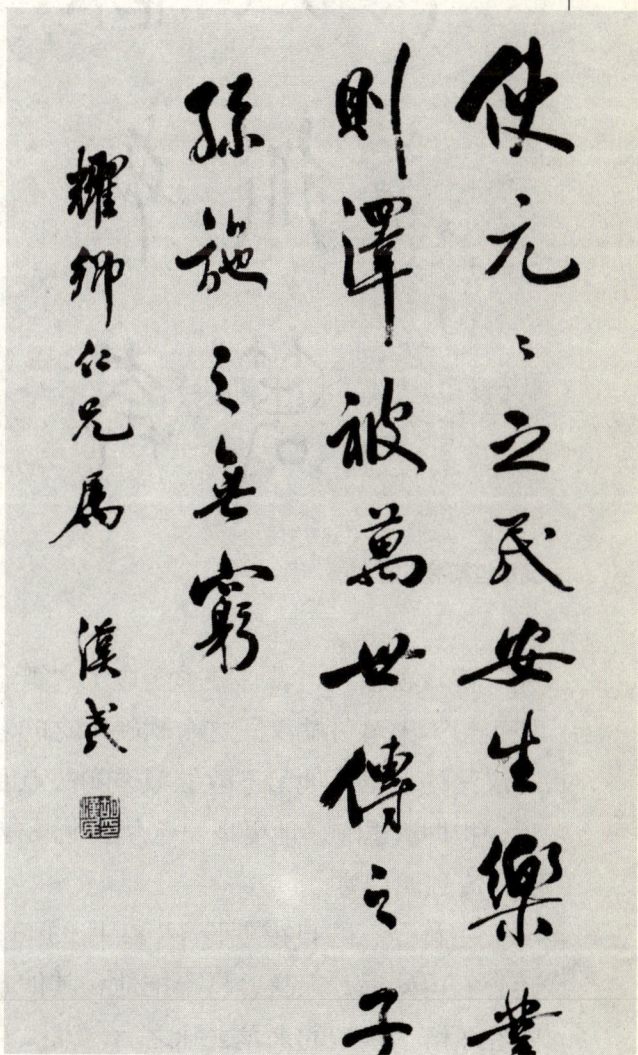

胡汉民书法作品

187

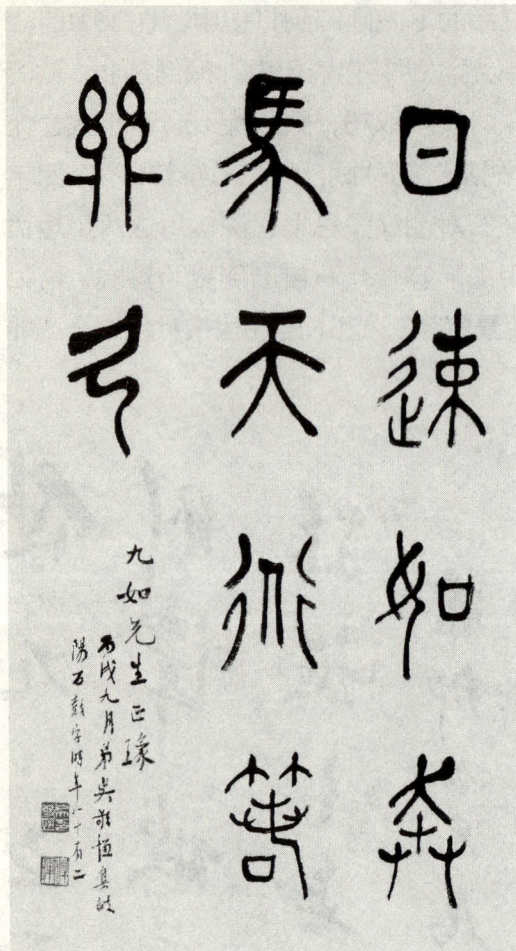

吴敬恒篆书墨迹

把他骂得灰头土脸,似乎这样还不解气,他又把蒋介石大骂了一顿。蒋介石听到吴稚晖的汇报后,放弃了"劝说"这条路。接下来几天,蒋介石都在想办法,其他亲信看到这件事事关重大,再也不敢轻易出主意,唯恐一个不慎,挨蒋介石一顿臭骂不说,更有可能被胡汉民痛责一番,两头不讨好,反而赔上自己的政治前途。

当时,蒋介石制定重要策略几乎都与戴季陶商量,戴季陶成为蒋介石面前说话最有分量的一个人,可是戴季陶在广州,远水救不了近火。蒋介石感到,没有戴季陶这个"智多星"在身边,他想破脑袋也想不出对付胡汉民这个软硬不吃的老家伙的好办法。广州是胡汉民的老巢,他又不敢催戴季陶快点回来,如果胡汉民派得知后,扣押戴季陶,他更是一点办法也没有。

策划鸿门宴

在蒋介石的日夜期盼下,2月23日,戴季陶终于回到南京。蒋介石得知后,大喜,马上把他和其他亲信约到家里密谈。戴季陶在了解了事情的来龙去脉之后,说:"可以先礼后兵,再次劝他辞职;如果他仍执拗,那就把他关起来!"

文弱书生戴季陶竟然提出如此强硬之策，这是蒋介石想过但还没有胆量去做的。他谨慎地问："胡汉民是立法院长，国家主席有权力关押他吗？"蒋介石知道事关重大，弄不好自己的政治前途也提前结束。

"唐生智、李济深、冯玉祥等人都已经垮台，虽然胡汉民在两广有势力，可是远水救不了近火，再说他的实力也不足以与政府抗衡。"

蒋介石心里打定了这个主意，表面上倒忸怩起来："出师无名，不好，总要有个名堂。"

戴季陶倒是爽快许多："这很容易，交给果夫、立夫去办吧。"戴季陶也算是知人善任，陈果夫、陈立夫最擅长的就是罗织罪名，打击异己，这件事交给他们兄弟去办，万无一失，甚至可以说天衣无缝。

蒋介石在日记里解释了他这时为何敢于与胡汉民摊牌，2月25日蒋介石在日记中写道："今日之胡汉民，即昔日之鲍尔廷（鲍罗廷）。余前后遇此二大奸，一生倒霉不尽。"这时候蒋介石已经从"胡某"到指名道姓的"胡汉民"，一点遮掩的意思都没有，可见胡汉民果然把城府很深的蒋介石给惹恼了，蒋介石对胡汉民已经是咬牙切齿的痛恨，到了忍耐的极限。所以当戴季陶建议他铤而走险，囚禁胡汉民时，蒋介石索性破釜沉舟，他那暴躁的脾气让他实在不想继续受胡汉民的气，否则还没被胡汉民气死，倒先被自己的"气性大、无处发泄"给憋死了。

宋代赵匡胤自编自导了一场"杯酒释兵权"的好戏，在戴季陶的建议下，蒋介石也决定来个当代的"杯酒释政权"，让胡汉民乖

李济深

乖下台。

2月26日一大早，蒋介石派人把请柬送到胡汉民府上。胡汉民接到蒋介石的请柬，很诧异，内容是邀他28日到陆海空司令部赴晚宴。他的亲信让他小心，说蒋介石狡诈，心胸狭窄，此宴很可能是鸿门宴。可是胡汉民书生意气，仗着自己是国民党元老、立法院院长，蒋介石不过是后生晚辈，一介武夫，谅他不敢把自己怎样，答应如约赴宴。他还开玩笑说："'鸿门宴'上汉高祖不是毫发无损地回来了吗？"可是他可能忘了，蒋介石不是有勇无谋的"楚霸王"。

28日晚上，胡汉民驱车来到总司令部。胡汉民走下车，缓步进入大门。蒋介石的卫队早已埋伏在门外两侧，趁胡汉民进去，立即包围胡汉民带来的警卫，以饮酒为名，解除了他们的武装。这时候胡汉民已经进入了蒋介石的天罗地网，可惜他却仍未察觉。

进入正厅，胡汉民看到戴季陶端坐在里面，左右一扫，吴稚晖、王宠惠、何应钦等人都坐在宴会厅内。胡汉民这才发现，蒋介石的心腹爱将都到齐了，看来此宴绝非寻常，他决定先查看情形再作打算。众人见元老到来，纷纷打招呼，然后继续交谈。胡汉民把礼帽和拐杖交给接待人员后，进入旁边的房间。胡汉民发现这间房间的气氛也很诡异，正当他想出来问问情况时，首都警察厅长吴思豫神情严肃地递给他一份文件，打开一看，竟是自己的"罪状表"。不消说，这是陈氏兄弟的"杰作"。当他看完抬起头时，蒋介石已经站在了他面前。两人开始面对面地唇枪舌剑。

外间的众人等着开饭，见里屋的两位主角没有出来，只传出噼里啪啦的争吵声，都不敢进去打搅。正当大家等得有些着急时，里屋忽然没有了动静，然后里屋的门开了，蒋介石走了出来。随后两个卫兵守在里屋的门口，胡汉民在里面，没有出来。

蒋介石看到众人错愕的表情，开始了他的自编自演："展堂（胡汉民的字）近来精神失常，已有病态，我要他休息一下。"众人都明白"休息"是何意，恍然大悟，蒋介石果然按照戴季陶的主意扣押了党内元老胡汉民。

随后，蒋介石论述了胡汉民的"罪状"，为自己开脱。国民党的高官们相互对看，谁都没有说话，在此关键时刻，他们深谙"沉默是金"的古训。整个宴会厅一片静穆。

蒋介石见众人没有表示异议，自顾自地说："诸同志既一致同意，明日即照此办吧！"随后，众人散去。这场宴会饭菜还没上桌就结束了。

陈立夫是蒋介石的亲信，眼见蒋介石果然把胡汉民给扣留，唯恐闹出大事，乘众人走后，劝蒋介石"就此罢手，千万不要走极端"，意思是只要他让权就行了，别把事情闹到不可收拾的地步，委婉地建议蒋介石见好就收，尽快放人。

蒋介石知道此事很快就会人尽皆知，索性一不做二不休，就是不放人。就这样，在戴季陶的计策下，蒋介石成了蒋胡之争的胜利者。第二天，胡汉民亲笔写下"辞职"报告，被移送汤山软禁。3月2日，蒋介石按照原计划在国民政府纪念周做报告，又把胡汉民批评了一顿，宣布如期召开国民会议。戴季陶、于右任等人为约法起草委员会委员。

桂海钟奇气为称 文武右分符经
百战开府建双旌宿空擗令重端居
是慰情逢辰欣作健星见老人明

鹤龄上将 八秩大庆

何应钦敬祝

何应钦行书五言诗

囚胡惹麻烦

蒋介石以为风声已过，3月8日，在戴季陶等人的亲自迎接下，胡汉民从汤山回到南京。蒋介石仍对其加强控制，其门前贴有"遵医生嘱须静养，凡来访之宾客概不接见"的启事。除戴季陶、邵元冲和吴稚晖之外，其他人要想见胡汉民，得有蒋介石的亲笔手

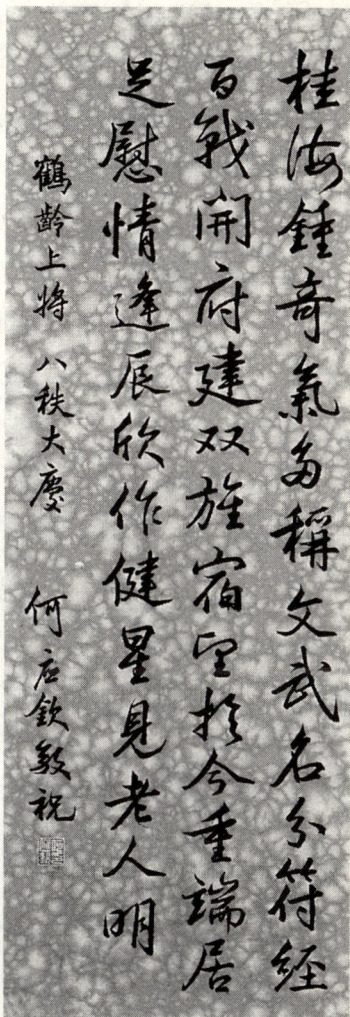

谕，这就等于断绝了胡汉民与外界的联系。胡宅内外，到处都是或明或暗的蒋介石眼线，胡汉民的一举一动皆在蒋介石的控制之中。国民政府在胡汉民"休养"的公报里说胡汉民"病源由来甚久"，"非短时间所能痊愈"，暗示蒋介石将长期囚禁胡汉民。在随后的国民会议上，蒋介石如愿登上了国民政府主席的宝座，他以为自己取得了胜利。让他跌破眼镜的是，事情远远没有这么简单。

蒋介石软禁党国元老胡汉民，这一消息犹如炸弹一般，在社会各界引起激烈反应，国民党内部更是炸开了锅，掀起了反蒋浪潮。一向与蒋介石不和的汪精卫趁机发难，于3月14日发表宣言，指责蒋介石"一面摆酒请客，一面拔枪捉人，以国民政府主席，而出于强盗绑架之行径"，直指蒋介石的两面派手法。部分国民党中央执行、监察委员们纷纷效仿当年的国会议员，南下广州，酝酿另一个"国民政府"与蒋介石对抗。他们在南方各省进行串联，要求蒋介石下野，释放胡汉民。北京的国民党右翼势力即西山会议派们也与广东方面遥相呼应，要求蒋介石下台，声援胡汉民。九·一八事变之后，南京国民政府要求广东的国民党人停战议和，共赴国难。结果，广东方面的回电竟是以释放胡汉民、蒋介石下台为条件。这样一来，蒋介石在政治和舆论上陷入骑虎难下的境地，这是他始料不及的。最终，胡汉民成为"党国卫士"，蒋

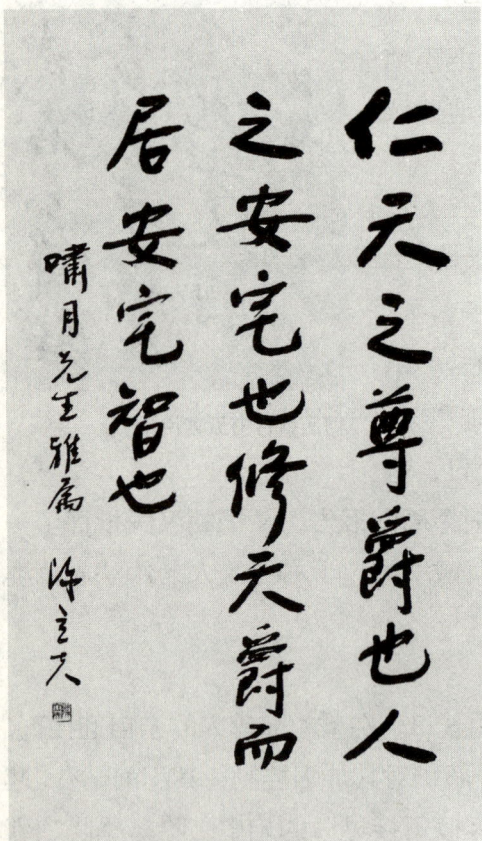

仁天之尊爵也人之安宅也修天爵而居安宅智也

啸月先生雅属　陈立夫

陈立夫行书书法

介石成了"独夫民贼"。释放胡汉民，意味着蒋介石将让出刚刚到手的权力，这是蒋介石不甘心的；可是，不放人，又意味着公开与南北的国民党势力对抗，胜负难料啊。到底是放还是不放，蒋介石一时骑虎难下。

解铃还需系铃人。既然这主意是戴季陶出的，戴季陶总有应对之法吧？蒋介石立刻派陈立夫向戴季陶讨教。当蒋介石如愿当上国民政府主席时，戴季陶曾劝蒋介石尽快放了

汪精卫题词

胡汉民，免得闹得不愉快。可是，自负的蒋介石以为自己大权在握，没有把这个劝谏当做一回事。如今，南方各省要求蒋介石下台，蒋介石走投无路，戴季陶反倒不知道该说什么了。如果主张放人，那等于是让蒋介石承认囚禁胡汉民是错误的，主张让蒋介石下台；可是如果主张不放人，蒋介石就会千夫所指。蒋介石权衡利弊，拿不准主意，而戴季陶这次也不敢为蒋介石拿主意。

蒋介石得知戴季陶也没有说出子丑寅卯来，气得直跺脚，后悔当初听了戴季陶的话。经过几次协商，1931 年 10 月 14 日，蒋介石释放了囚禁 9 个多月的胡汉民。胡汉民被释放后，当即乘特快列车前往上海，见人就骂蒋介石是流氓，说蒋是"讹"、"吓"、"拆"的能手，叫大家不可再上当，然后直奔广州，亲自指挥反蒋大业。胡汉民毫发无损，南京和广东方面商定将于 11 月 7 日召开四届一中全会，共商民族大事。蒋介石本以为事情就这么了结了，可谁知天不遂人愿。胡汉民回到广东后，广东的国民党又出现了

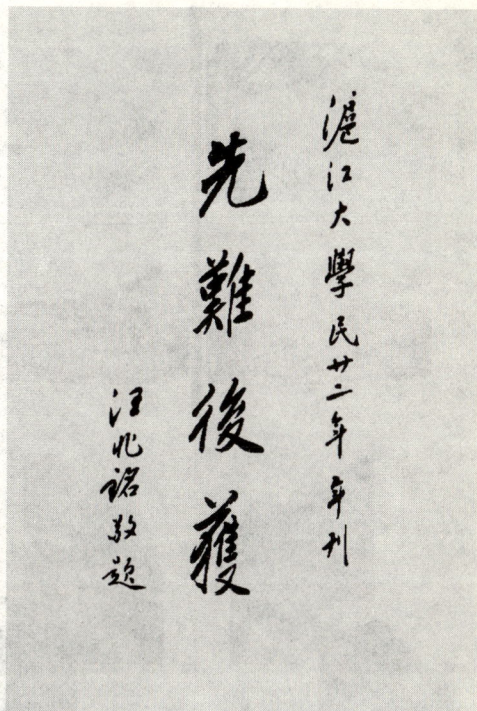

《西北揽胜》和《中国大观》

图为邵元冲主编的《西北揽胜》和《中国大观》。

内讧。汪精卫等人败走上海，胡汉民在广东成为"国民政府"主席。他对蒋介石的囚禁之怨未消，故而向南京提出了最后通牒，如果蒋介石在 12 月 20 日之前还不下野，那么，本来商定好的四届一中全会就不开了。南京这时候正需要广东方面的合作，不得已，蒋介石在做了精心布置后，决定以退为进，再次下台。

对于蒋介石的下台，戴季陶于公于私都感到难受，是自己的主意导致蒋介石处于今日的被动局面。出于兄弟义气，戴季陶也宣布辞职，与蒋介石共进退，并得到监察院院长于右任、立法院代院长邵元冲的呼应。12 月 15 日，国民党中央执行委员会批准蒋介石的辞职，却没有批准三位院长的辞职。戴季陶于 21 日再次请求辞职，这时候，他的党性服从于他的私交。在仍然没有被批准后，戴季陶决定自我辞职，虽在其位但不谋其政，进行无声的抗议。

蒋介石下台，胡汉民出了一口恶气，也拔去了阻碍宁粤合作的绊脚石，广东方面表示将以国家和民族利益为重。12 月 22 日，国民党四届一中全会如期在南京召开。性格温和的林森当选为国民政府主席，平衡了国民党各派别的利益，孙科出任行政院长，张继为立法院院长，伍朝枢为司法院院长，于右任为监察院院长，戴季陶仍然是考试院院长。可见，戴季陶在国民党内还是享有较高的人气和威望的，胡汉民也没有因为戴季陶出的那个馊主意（指建议蒋介石囚禁他）而谋图报复，毕竟他虽然与戴季陶政见不同，但还是颇为欣赏他的才干的。这五院院长中，只有戴季陶是蒋介石的铁杆亲信，既然蒋介石下台，戴季陶也无意为新一届政府效力，得知自己仍留原位后，24 日他声明再次辞职，考试院的大小事务均交由秘书长代行，自己不再过问。

自囚胡事件后，戴季陶与胡汉民日见疏远，私交一度冷到冰点。不过从个人角度看，戴季陶对胡汉民的学识和人品还是颇为敬重的。1936 年 5 月 12 日，胡汉民因脑溢血在广州病逝。戴季陶得知后，赠送了一副挽联："立大节

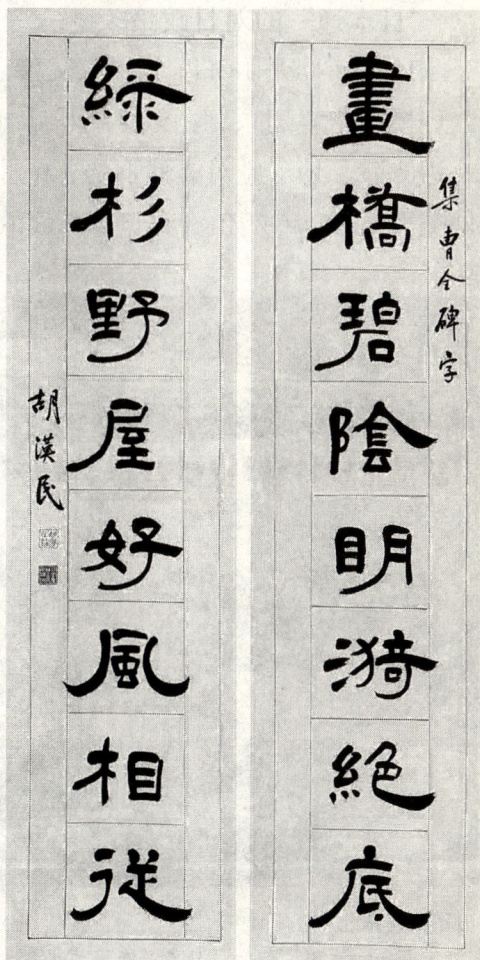

胡汉民书法对联

而不可摇，定群疑而不可惑，操危虑深，共仰良工心独苦；尊德行则为明师，道问学则为益友，生离死别，怆怀今我泪偏多。"

　　蒋介石与戴季陶的关系则更为紧密，一件事情可以有力地说明这一点。1935年2月，中共领导人瞿秋白在福建被捕。蒋介石征求各方意见，戴季陶主张杀，尽管蔡元培等人进行了积极地营救，蒋介石最后还是听从了戴季陶的意见。

第三节　教育达人

"日本通"的对日政策

　　1931年9月18日，日本精心策划了"九·一八事变"，开始大规模侵略中国东北。戴季陶早年预测日本觊觎中国满洲，如今一语成谶。为了应对突然形势，9月30日，国民政府成立了特种外交委员会，专门负责对日本方面的外交事务。"日本通"戴季陶

日军占领东北

　　"九·一八事变"后，日本关东军为进攻北大营中所阵亡的步兵伍长新国六三制作灵位。

为委员长。他感到自己重任在肩，因而全力以赴，每天工作近 20 个小时。每天早上八点开会讨论，大家畅所欲言，戴季陶进行总结，然后商讨具体办法。有时候一次会议长达 4 个小时。下午接着与各国使节交换意见，实在忙的时候，晚上还要开会。最终，在戴季陶的领导下，特种外交委员会制定了处理东北问题的方针，在通盘考虑了日本的野心、国联的态度、美国的态度、对国联措施的态度后，认为要加强军事上的自卫，鼓励民间的坚决反抗，实际上是主张和平不能解决、不惜一战的抗战路线。但是由于蒋介石实行"不抵抗政策"，该报告虽然有理有据，仍然没有得到贯彻实施。蒋介石采纳的是向国联控诉日本的侵略行为，要求国联伸张正义，谋求国际舆论支持的对策。

戴季陶从对日本人的了解中，感觉到仅仅依靠国际社会的舆论根本不能遏制日本的侵略野心，应该从国内政策着手。为此，他专程去拜访另一个"日本通"胡汉民，讨教策略。胡汉民得知九·一八事变的消息后，国家民族大义暂时超过了个人恩怨，他提出了四条建议，主要是与日本进行交涉，维护国家主权等措施。作为从事革命多年的国民党元老，戴季陶与胡汉民一样，在国家、民族大义面前，还是有爱国的热血与情操的。戴季陶有如醍醐灌顶，他向蒋介石讲述了当前的形势，并且也讲了胡汉民的看法，劝蒋介石以国事为重，释放胡汉民，捐弃前嫌，共赴国难。这时候的戴季陶扮演了当年萧何的角色。为了蒋介石的私利，他建议蒋介石不择手段囚禁国民党元老、国家高级领导人；但为了民族大义，他又主张蒋介石释放胡汉民，以大局为重。如此出尔反尔，皆因局势变化使然，皆因此一时彼一时。为了民族尊严，戴季陶是能屈能伸的。可惜，蒋介石不是刘邦，他当时的主要目标是剿共与一切政治反对派，胡汉民是他的死对头，他决不会放虎归山，结果，蒋介石搬起石头砸了自己的脚。

眼见党国栋梁无法为国效力，戴季陶深感可惜。虽然蒋介石不肯放人，但如果胡汉民愿意与蒋介石合作，岂不也是国家之福？为此，他邀上胡汉民的另一好友吴稚晖一起去做和事佬，劝说胡

日军占领军司令部

　汉民不要再与蒋介石作对，以国事为重，重新出山为国效力。胡汉民虽有拳拳报国之心，但却不愿意向蒋介石屈服，明确表态，拒绝出山，习惯了囚徒生活。

　　戴季陶知道日本是一个国土不大、野心不小的国家，占领东北后必将挥师进关，夺取中国关内的大好河山。他认为，在今日的中日之战中，中国必将取得胜利，中国不再是满清统治下的"东亚病夫"，不会重蹈满清政府甲午之战战败的奇耻大辱。但是对于如何取得战争的胜利，戴季陶并没有详细论述。

　　1931 年 12 月，戴季陶见自己的报告没有受到蒋介石的重视，颇为生气，遂辞去特种外交委员会委员长职务。蒋介石不准，21 日戴季陶再次辞职，不管蒋介石准不准，他抛下身兼的各项职务，回吴兴老家修身养性去了。这时候的戴季陶，颇有点小孩子的任性心理，稍有不顺心之事，就撂挑子走人。

　　1932 年 1 月 28 日，日本进攻上海，打响了一·二八淞沪会战的枪声。蒋介石凭借"舍我其谁"的气势再次上台。为了全力抗击日本，国民政府迁到洛阳办公。戴季陶得知蒋介石再次掌权后，也来到洛阳办公。

关注边疆教化

在洛阳忙于公务之余，戴季陶还致力于边疆问题的研究与宣传。与当时的许多国民党高官不同，戴季陶非常重视边境问题，认为帝国主义往往在边疆制造事端，达到分裂中国的目的。他在提及自己毕生的贡献时，曾说到在中山大学设立了东方民族学院，专门为少数民族培养人才。任职考试院期间，凡有边境的人事安排，他都极为重视，主张选派德才兼备的文武全才，尤其强调要重用那些不急功近利、有心为边疆作贡献的贤德之人。

因重视边疆事务，戴季陶出席新亚细亚学会的开幕式。该学会是以研究中国边疆地区以及加强民族文化交流的一个学术性组织，参加者多为学术界人士，发起人则是戴季陶。其目的是为了推动国内的边疆政治文化研究和交流，并为来内地求学的学生提供各种便利。该学会出版会刊，及时发布最新的研究成果，每月一期，到 1937 年抗战全面爆发，共出版了 60 多期，大大推动了

中山大学新华学院

国人对边疆的重视。戴季陶似乎觉得只进行理论研究还不够，他在这一年4月14日向国民党中央常务委员会再次提出辞去考试院院长，这次他不是出于私人恩怨，而是怕耽误公事，因为他想去西北考察。他的辞职再次没有被批准，不过同意他去西北考察。

1932年4月18日，戴季陶踏上了西北考察之旅。短短一个多月的考察，让他感触颇深。1932年春，西北出现干旱，黄土地上草木踪影全无，只剩下漫天黄土，在西北风的肆虐下漫天飞舞。活不下去的老百姓不得不背井离乡，四处逃难。田野里的土地犹如干渴多日的黄色大嘴，布满一道道纵深的伤口。感性的戴季陶见此情景，眼泪夺眶而出。如何扶助西北同胞？如何改善中华文明发源地黄土高原的荒凉状况？戴季陶经过多方询问和思考，得知黄土高原沙漠化严重的根源在于缺少树木。从治本出发，他主张在黄土高原上植树造林，形成防护网来抵御西北的狂风；在此基础上发展农业，加强水利灌溉，改善西北的民生。十年树木，百年树人，培养农林人才也成为改善西北现状的当务之急。在西北

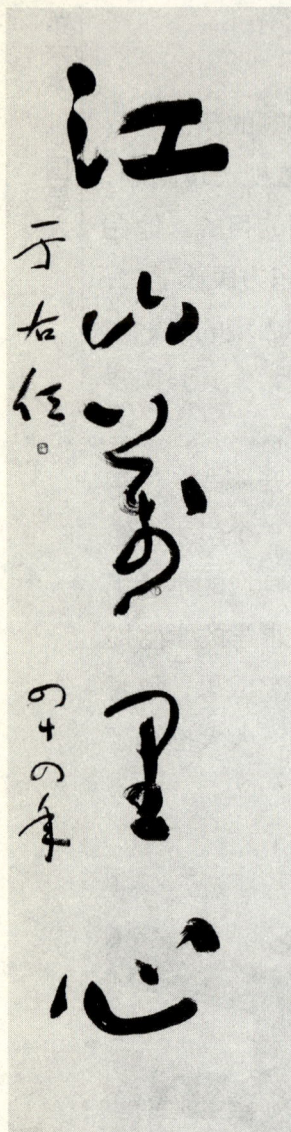

于右任行书书法

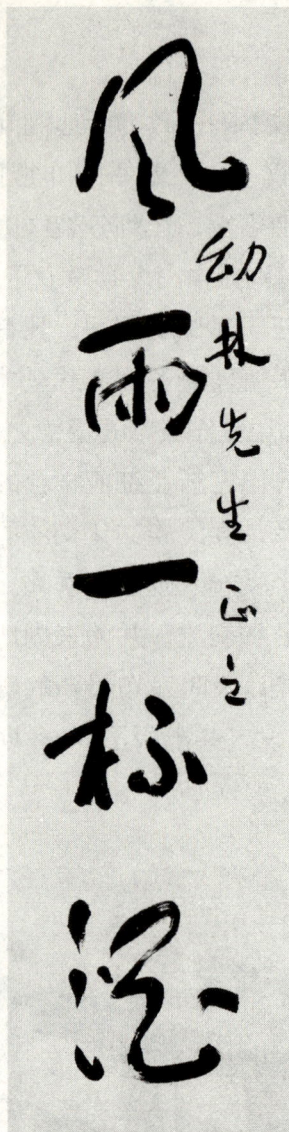

考察之后，戴季陶形成了初步的西北改造设想，他联合居正、顾孟余等人提出了建设西北专门教育的初期计划。在随后的国民党中央会议上得到批准，戴季陶、于右任等人出任筹备委员，负责具体实施。

由于国难当头，戴季陶在老家与洛阳之间奔忙，分身乏术，改善西北的计划也一拖再拖。1932 年 4 月，国民政府成立了行政法规整理委员会，戴季陶出任委员长，该委员会的任务是把国家的法规法纪进行重新整理。考虑到国运艰难，戴季陶主动提出该委员会不向政府要经费，一切费用由考试院开支。当戴季陶着手准备工作时，国民政府主席林森也赴西北考察，戴季陶随林森再次去西北，对西北的考察和论证变得更为细致和成熟。1932 年 12 月 14 日，经过一年多的论证，在西北专门教育筹备委员会第一次会议上，决定成立西北农村专科学校筹备委员会。计划在咸阳一带划出土地作为学校用地和农场用地，然后划出林场，使农、林连为一体。虽是美好的计划，怎奈非常时期，人力物力不足，只好暂时搁置。

直到 1934 年 3 月，戴季陶再次考察西北，才加快了学校的建设步伐。4 月 19 日，戴季陶参加了西北农林专科学校的奠基典礼，并发表祝词。至今，西北农林科技大学档案馆楼道的墙壁上，还悬挂着戴季陶 1934 年为三号教学楼奠基典礼的祝词。奠基祝词系用古代的骈体写成，词句对偶，词藻华丽，声韵和谐，有一种韵律之美，多年来被师生们吟咏传诵。祝词曰：

> 民为国本，食为民天。炎黄立国，首裕民食。
> 姜原后稷，弘兹天职。衣食既足，礼义斯兴。
> 树德务滋，树基务坚。木贵松柏，宝重金刚。
> 坚贞之性，百物之良。立教兴学，志在成人。
> 建国之业，教学为先。民德归厚，百业兴焉。
> 万众一心，教有次第。学有师承，事有始终，德有本根。
> 克勤克俭，创业之源。脚踏实地，步步向前。

风来疏竹风过而竹不留声
雁渡寒潭雁去而潭不留影

丁巳秋九月

季陶戴传贤

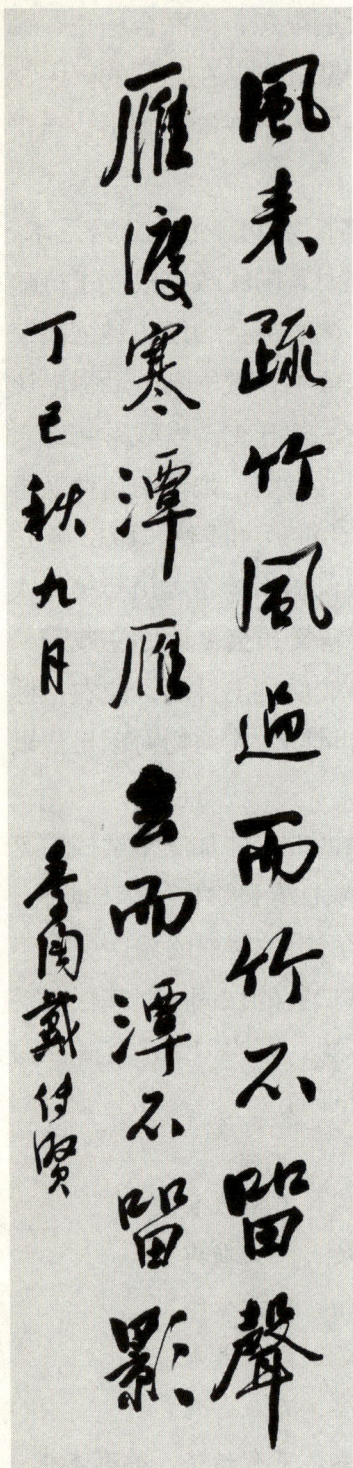

戴季陶行书（1917）

光荣历史，从此开篇。

莫基礼成万众欢，祝我学校万万年。

这是戴季陶西北建设计划的首次付诸实施，虽然从最初的论证到最后的建成，经过了4年多的时间，但是总算实现了他的一个设想。他希望通过培养农林人才来带动西北的农业和林业的复兴，从而改变西北的面貌。这所学校是在他的精心关照下孕育出来的产儿，他对这所学校也格外重视，经常关心学校的发展，为西北的教育事业作出了实实在在的贡献。

西北地区除了经济较为落后外，民族问题也是一个格外棘手又容易被帝国主义幕后操纵的问题。在这个问题上，戴季陶倒是颇有民族平等的胸怀，提倡民族平等，反对大汉族主义，尊重少数民族的宗教信仰和文化，有时候还为少数民族争取权益。面对不时出现的边疆纠纷，戴季陶主张"少举动多化导"，主张用温和的方式处理，反对动不动就刀枪相见。他也曾用自己的行动使一场冲突化为无形。

戴季陶参加西北农林专科学校奠基之后，顺便到西宁参拜塔尔寺。塔尔寺是喇嘛教的著名寺院，也是此地的宗教活动中心，在当地民众中享有崇高的威望。一向推崇佛法的戴季陶准备到此寺上香。他不知道，此地正在酝酿一场混战。原来，驻扎在青海的中央军与青海的地方军出现摩擦，造成死伤，双方都积蓄力量，准备决一死战。戴季陶的到来使西宁的行政官员们紧张起来，唯恐他横遭不测。可是戴季陶一如往常去参拜了塔尔寺。结果，剑拔弩张的两派军队非但没有打起来，反而冰释前嫌，握手言和了。戴季陶后来才知道，青海的地方驻军发现戴季陶对当地的寺庙如此尊崇和礼遇后，才知道自己对中央的高官和中央军有些误会，便主动与中央军修好，双方和睦共处。

戴季陶尊崇地方宗教的事迹并非只有这一件。1931 年初，西藏的达赖喇嘛在英帝国的支持下公然闹起了独立。国民政府为了牵制达赖喇嘛的势力，决定支持班禅与之抗衡。1934 年，蒋介石任命九世班禅额尔德尼为国民政府"西陲宣化使"，并成立了宣化使公署。按前朝旧例，册封九世班禅为"护国宣化广德圆觉大师"。按照惯例，班禅应到京接受任命。5 月，班禅大师率领随从从拉萨进京，这是国民党统治以来的第一次，如何接待的问题让南京的相关部门犯了难。以前国民政府遇到边疆问题就咨询戴季陶，这次也不例外，询问戴季陶接待礼仪问题。戴季陶说要"重情重礼"，高规格接待，突出"礼轻情义重"。在他的精心安排下，班禅在南京度过了一段尊崇有加、备受礼遇的日子，感受到政府对少数民族的尊重与重视。

文化上的保守派

戴季陶虽然重视教育，但是对文化改进等方面的态度却并非总是积极的，有时候还会拉历史的倒车。蒋介石曾准备推行简化汉字，但是由于戴季陶的极力反对而作罢。事情的经过是这样的。

早在 1920 年，语言文字学家钱玄同在《新青年》杂志上发表文章，提倡简化汉字。1922 年，钱玄同与黎锦熙等知名学者又向国语统一筹备会第四次大会提出《减省现行汉字的笔画案》，系统阐述了简化汉字的理由和办法。但是由于当时军阀混战，没有具体实施。

蒋介石当政后，学者们再提简化汉字的建议。蒋介石询问教育部部长王世杰的看法。王世杰认为汉字笔画太多，书写起来不方便，应该进行简化，但是不能操之过急，应该逐步推行。蒋介石认为此法很好，让王世杰着手推行。

在与语言学家们商讨后，1935年8月，王世杰以教育部的名义，颁布了第一批《简体字表》，大约300多个笔画较多的汉字在简化之列，通知各印书馆以后执行。戴季陶知道此事后，非常气愤。他跑到蒋介石的办公室大吵大闹，说简化汉字十分荒谬，破坏了中国的传统文化，会成为中华文化的罪人。言之凿凿，声色俱厉。

蒋介石没想到这件事会引起戴季陶如此强烈的反应，耐心地向他解释此举的用意和好处。可是深受传统文化影响的戴季陶根本听不进去，他倚老卖老，公开扬言，如果教育部不收回《简体字表》，国民政府及国民党中央召开的任何会议，他将一概不参加。果然，在此后的3个月里，戴季陶拒不参加国民党的任何会议，也很少过问公事，又一次耍起了性子，闹脾气。

蒋介石虽然觉得戴季陶做得过分，但碍于他是国民党元老，又是自己的嫡系，不得不暂时让步，下令暂不施行简化汉字，准备以后慢慢推行。戴季陶似乎看出了蒋介石的缓兵之计，1936年2月，他先下手为强，督促蒋介石以"国民政府"的名义下了一道"不必推行"简化字的命令，防止蒋介石将来背着他推行。结果，在国民

党统治大陆时期，简化汉字虽热闹登场，但最终黯然离场。

可见，戴季陶所推行的教化是有限度、有选择的。

栽培童子军

除了重视西北的教育和边疆的政策，戴季陶还有一项值得说明的贡献——栽培童子军。童子军的历史并不久远，发展却很迅速。1907 年夏，英国人罗伯特·史蒂芬生·史密斯·贝登堡组织了 20 多名儿童在英国的白浪岛进行露营，标志着世界上第一个童子军团的成立，其目的是让儿童避免道

王世杰为复旦大学题词

德堕落、体质衰弱，锻炼他们的心性。1910 年，美国也出现童子军，随后向世界各地扩展。1920 年，随着童子军的规模扩大，贝登堡男爵成立了世界童子军总会，负责管理、协调各国的童子军事务。早在 1912 年，武昌就成立了童子军，随后其他各省市也先后成立。1926 年戴季陶任中山大学校长时，发现中山大学的附属中学和小学已经有童子军、幼童军组织，他当时对这个组织并没有表现出兴趣。

1929 年，戴季陶出任中央训练部长，主要是训练民众和国民党党员，除了训练成人，还有一个儿童训练计划，归"中国国民党童子军司令部"负责。在戴季陶的建议下，这个机构改名为"中国童子军司令部"，从中央训练部分离出来，成为一个独立的儿童训练机构，直接隶属于中央执行委员会，大大提高了童子军的地位，曾任黄埔军校总教官的何应钦出任司令。也正是从这个时期，戴季陶开始重视童子军教育。

1932 年 4 月 14 日，在戴季陶的多方奔走下，中国童子军司

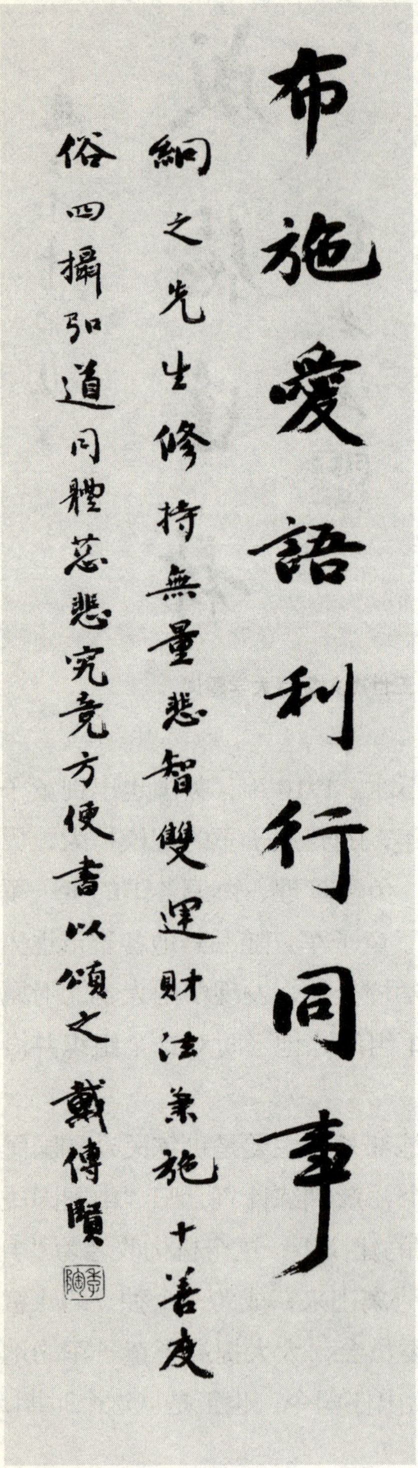

布施爱语利行同事

纲之先生修持无量悲智双运财法兼施十善皆

俗四摄弘道同体慈悲究竟方便书以颂之 戴传贤

令部改名为中国童子军总会，喜欢兵权的蒋介石任会长，戴季陶和何应钦为中国童子军总会会长和副会长。该会主管童子局的训练事宜，并在初中设立童子军课程。蒋介石当时忙于在前线"剿共"，何应钦身兼数职，分身乏术，所以，童子军的许多具体工作都是在戴季陶的操持下完成的。为了便于童子军的统一管理，他按照以往的工作经验，成立了一个中国童子军总会筹备处，开始制订有关章程。戴季陶不遑多让，亲自任主任，他借鉴欧美各国童子军的设置和规章，聘请国内教育及儿童训练方面的专家根据本国的情况进行修改，提出修改意见。经过多方论证，1933年制定出了"中国童子军誓词"等有关章程，确定了"中国童子军规律"，得到国民党中央执委会通过。中国童子军宗旨是"以发展儿童做事能力，养成良好习惯，使其人格高尚，常识丰富，体魄健全，成为智仁勇兼备之青年，以建设三民主义之国家，而臻世界于大同"。参加中国童子军的儿童在入军前都要对着孙中山遗像进行宣誓，誓词如下："某某誓遵奉总理遗教，确守中国童子军之规律，终身奉行下列三事：第一，励行忠孝仁爱信义和平之教训，为中华民国忠诚之国民。第二，随时随地扶助他人，服务公众。第三，力求自己智识、道德、体格之健全。"

1934 年 11 月 1 日，总会正式成立，戴季陶仍任主任，继续把满腔热情倾注到这项事业上。1948 年他以健康不佳为由辞去了考试院院长之职，却仍担任童子军总会职务，直到去世。在他主持制定的童子军入会誓词中，强调"忠孝、仁爱、信义、和平"、"随时随地，扶助他人，服务公众"、"智识道德体格健全"，既继承了传统的儒家育人精神，又体现出"德智体"兼备的育人准则。

除了编写童子军的正规教材，他还创作了许多童子军歌曲，如《伟大精神》、《日行一善歌》等，因句式简短，琅琅上口，广受儿童的欢迎。童子军还在南京设有总会会址和运动场，作为日常训练的基地。戴季陶还主张与欧美的童子军加强交流，积极参加各国举办的童子军大露营活动，并成为国际童子军总会的成员。在戴季陶的精心参与下，中国的童子军人数达到几十万人，范围遍及全国各地，甚至边疆地区也有童子军的分会。

可以说，戴季陶的一生与教育缘分匪浅，体现在"于作育人才，有热烈之情怀，有弘远志抱负。"[1] 这与戴季陶把教育作为救国、强国之本的观念有关，是中国古训"十年树木，百年树人"精神的体现。梁启超在《少年中国说》里曾说："少年富，则国富；少年强，则国强。"可以说，戴季陶心中也有一个"少年中国"，这个中国也是富裕的、强大的，现实则是，蕞尔小国日本都怀有侵略中国这个文明古国、泱泱大国之心，中国却处处忍让受气，表现得"老态龙钟"，缺乏生气，这更使他感觉到童子军教育的重要性与急迫性。故而，他耗尽后半生的心血致力于童子军事业，期待通过自己的努力促进中国青少年的发展与成长，成为国家之栋梁，实现中国的富裕与强大。从这个角度看，戴季陶的童子军

---

① 　陈天锡主编：《戴季陶先生的生平》，（台湾）商务印书馆 1968 年版，第 354 页。

行书节录正气歌（梁启超）

教育既有强国之意，更有御侮之情，体现出戴季陶在国难当头时的拳拳爱国之心。爱国御侮，是不分方式、不分党派的。

携手"攘外"

随着日本侵华的加剧和蒋介石先"安内"后"攘外"政策的推行，戴季陶对政治的忧虑也越来越多。与胡汉民一样，他一直希望践行孙中山的五权宪法，忝列中华民国宪法起草委员会顾问之列，积极参与讨论，提出自己的观点。可是，宪法是死的，是个摆设，而权力是实实在在的，蒋介石的个人专权独断让他感到，即使是蒋介石也宣称遵循的五权宪法都只是一个掩人耳目的摆设，根本起不到应有的作用，更遑论动听而不实际的民主与自由了。一次次的积极努力，又一次次的灰心失望，戴季陶感到精神抑郁，1935 年 5 月，在他的童子军事业进行得颇为顺利、考试院事务也步入正轨之际，他又提出辞去考试院的职务，因为他厌倦了做别人橱窗里的一个摆设，只有观赏的价值，没有实际效用。戴季陶知道蒋介石不会批准，于是他说只挂空名，不问事务，薪俸也捐给考试院的图书馆。甩一甩衣袖，戴季陶暂时告别了考试院院长这个看似风光无限、实则权力有限的职位。

1935 年下半年，日本的侵略野心在华北得逞，国民政府虚与委蛇的对日政策饱受社会各界抨击。国民党内部的主战派和主和派争吵不休，花样翻新的争权夺利也日渐更新升级。为了缓解国民党内的派系斗争，商讨下一步的对日政策，国民党筹划召开第五次代表大会。作为国民党元老和著名笔杆子，虽然戴季陶对现状不满，但他还是积极投入到筹备会议上。

1935 年 11 月 12 日，国民党第五次全国代表大会在南京召开。蒋介石一反常态，表现出前所未有的"领袖风度"和"精诚团结"，不但亲自邀请了一向不听指挥的阎锡山和冯玉祥，还派戴季陶亲自去两广请来了与南京政府对抗的陈济棠、李宗仁。国民党各派系固然对蒋介石的独裁统治不满，不过，大敌当前，"兄弟阋于墙，而外御其侮"的道理还是明白的。

戴季陶凭借出色的外交才能请来了陈济棠、李宗仁，还花费心血起草了大会宣言。请人来不容易，让这些人达成一致更不容易。如何让国民党各派暂时抛弃个人恩怨、以民族国家为重是个棘手的问题，也是戴季陶思考的重点，他提出了"建设国家挽救国难"的政策。从国家大局、民族大义出发，不但能够得到国民党各派系的赞同，也反映出人民的迫切愿望。应该说，戴季陶的策略是高明的，"挽救国难"的重

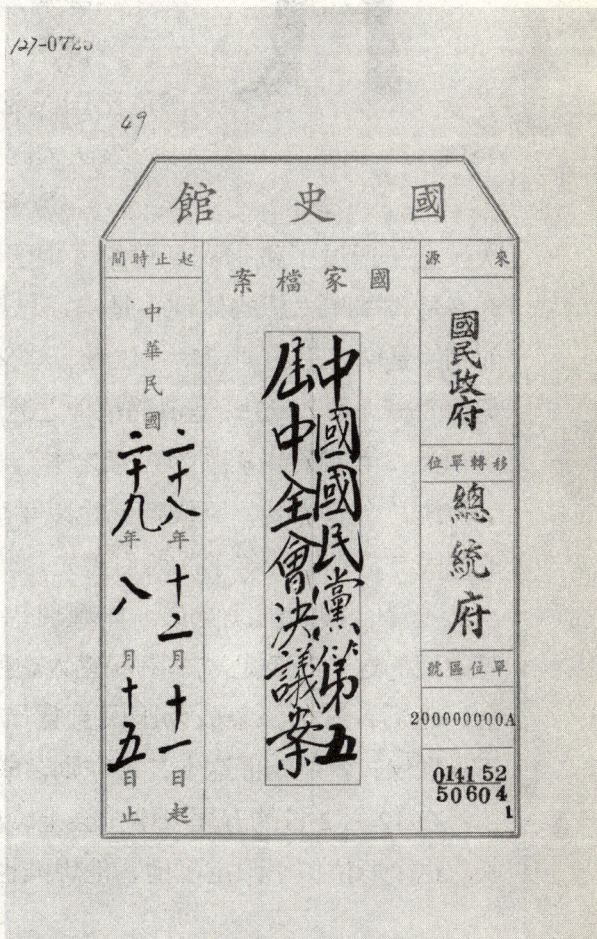

国民党第五届中全会决议案

陈济棠

点是对日政策，戴季陶提出了"以最大之忍耐与决心，保障我国家生存与民族复兴之生路，在和平未至完全绝望之时，决不放弃和平"，① 也就是把"和平解决"作为首要途径。如果和平解决不了怎么办？戴季陶铿锵有力地提出："如国家已至非牺牲不可之时，自必决然牺牲，抱定最后牺牲之决心，对和平为最大之努力。"可以说是做好两手准备，不轻启战端，但是也绝不逃避战争，这既说出了戴季陶的心里话，更传达出国民党各派的心声，因而这个草案进入国民党的最后宣言。

为了加强党纪，团结对外，这次大会还通过了戴季陶起草的《中国国民党党员守则》十二条，许多是戴季陶思想的体现，是儒家思想与现代思想的融合。排在前列的是儒家思想"忠孝、仁爱、信义、和平"，第一条便是"忠勇为爱国之本"，这既是黄埔精神之继承，更与国难当头的现实密切相关。第二条"孝顺为齐家之本"，戴季陶从小读《孝经》，家学传统，个人感受，历代帝王也以孝治天下，作为领导中国人民的国民党，也倡导"孝"为百善先，一个不孝的人是不合格的人，当然不是合格的国民党员。体现现代精神的则是"助人、学问"等方面。这十二条是戴季陶深感人之所具备的，缺一不可。经大会讨论后，这十二条成为国民党党员的座右铭。每次党员开会，第一项仪式就是朗诵这十二条守则，成为国民党的一项惯例。

在 12 月 2 日的五届一中全会上，戴季陶仍然当选为考试院院长。这个职位似乎跟定了他，他想推也推不掉。

---

① 《中国国民党第五次全国代表大会宣言》，1935 年 11 月 23 日。

第七章
忙外忙内

第一节　欧洲之行

率团参加奥运会

1936 年戴季陶把工作的重心放在了外事上。5 月 19 日，戴季陶率领中国体育代表团远赴德国参加第 11 届奥林匹克运动会，顺便考察欧洲各国，增长见闻，一偿夙愿。

早在 1905 年准备出国读书时，戴季陶就把欧洲作为留学的首选。可是无奈囊中羞涩，戴季陶只好退而求其次，选择了距离较近、费用较低的日本。1914 年当他和陈其美在东北策划革命活动被通缉时，他准备赴德留学，甚至买好了车票。当他请示孙中山时，孙中山以革命需要他留在国内、以后再出国为由，没有放行。1924 年孙中山赴北京同冯玉祥会谈时，打算完成大事后带领戴季陶等人考察欧洲各国，无奈孙中山日渐病重，并不久之后离开人世，戴季陶从此陷入了国共的论争中，无暇赴欧洲。1928 年当他帮助蒋介石获得最高统治权，准备赴欧洲时，蒋介石委任他做考试院院长，参与新政府的各项建设，戴季陶只能又留下来。三十年来一直想去欧洲，都没有成行，似乎注定戴季陶与欧洲没缘份。但当戴季陶几乎放弃了这个想法时，大好时机又赤裸裸地摆在他面前了。

国民政府成立后，逐渐开始重视体育项目，曾率团参加远东运动会，在国内先后举办全国运动会，发现体育人才，增强国民黄草峡西船不归，赤甲山下约人稀。
秦中驿使无消息，蜀道兵戈有是非。
万里秋风吹锦水，谁家别泪湿罗衣。
莫愁剑阁终堪据，闻道松州已被围。

哲夫先生

传贤

戴季陶书法作品

体魄。1922 年在远东运动会上，中华体育协进会成为奥委会的成员组织，中国人王正廷成为国际奥委会终身委员，这是中华民国与奥运会第一次结缘。1928 年，第 9 届奥运会在荷兰的阿姆斯特丹举行，中国体协派出了中华体育协进会干事宋如海前去参观。当时国民政府刚完成北伐大业，百废待举，财政困难，无暇顾及体育事业。成立不久的体协也拿不出更多的资金派员出征，只好派一个人去观摩。

1932 年，第 10 届奥运会在美国洛杉矶举行。在此之前，中华全国体育协进会曾打算派运动员参加，向主管体育的国民政府教育部提出申请。但是当时，国民政府正集中全力"剿匪"，依然不想为奥运会出钱。所以教育部以时间仓促、准备不足为理由，正式宣布中国不派遣运动员参加奥运会。与上次一样，体协派出一个代表出席奥运会，仍是"观摩"。

国民政府自统治全国以来，先后错过了两次奥运会。奥运会体现的是"贵在参与"的体育精神，而不是一味地"观摩"。

观摩再多，也不如实战一次能够增加经验。泱泱文明古国，只观摩，当陪衬，实在有失国体，在各界的压力下，国民政府决定参加 1936 年的奥运会，并积极进行事前的准备工作。

1935 年，国民政府的大小头脑们经过一番论证，估计此次出征大约需要 17 万法币的开支，后来又追加了 5 万。但国民政府的财政部只肯拿出 17 万，其他 5 万是中央各单位、各省、协进会强迫捐款凑出来的。到 1936 年 4 月，一支 100 人（20 人为行政人员和教练，80 人为运动员，其中足球运动员 22 人）的代表团终于成形。

当时，资金仍然处于不足状态，而国民政府又不愿意再拿一分钱，为了节省开支，奥运代表团只好决定让能拿得出手的足球队先出发，途经各地参加一些表演赛，挣些路费，一边挣钱一边去欧洲。这支可怜的足球队 5 月 2 日从上海出发，开始了"沿途卖艺"生涯，更重要的是他们还担负着国家使命。好在队员们不辱使命，在 27 场比赛中，4 次平手，其他皆胜，着实挣了不少路费。

正当代表团准备出发时，蒋介石把体育也跟政治联系起来。1936 年前后，世界局势的热点已在欧洲形成，纳粹德国已经在策划世界大战，全世界都面临着新的灾祸。他很想派一个可靠的人去摸一摸德国统治者希特勒的底，以调整国民政府的外交方

《时代》杂志封面

五言草书对联（林森）

针，同时又不得罪英、美等大国。

得知戴季陶前往欧洲考察的心愿未了后，蒋介石决定派他作为政府代表出席奥运会开幕式。国家高级政府人员出席奥运会，本来没有先例，经过与德国外交部的协商后，戴季陶终于被正式委任为代表团团长。

戴季陶虽然对欧洲心向往之，但毕竟没有亲自去过，心里没有底，便求教于曾留欧多年的国民政府主席林森。在交谈中，林森结合自己多年的旅欧见闻，建议戴季陶少注意欧洲各国的工业，这是以往旅欧者的通病，多看看他们的文化，与中国进行对比，这样会大有裨益。

戴季陶为了切实考察欧洲情况，聘请了多年在德国任教的"德国通"丁文渊作为秘书，一来翻译德语，二来讲解欧洲风情。

丁文渊本来以为身居考试院院长的戴季陶满口官腔、眼睛长在头顶上，等见了面才发现戴季陶没有丝毫的官架子，反倒有几分书生气。二人相谈甚欢，丁文渊决定随同赴德。有了丁文渊这个"德国通"的帮助，戴季陶对此行充满了期待。

蒋介石不想为奥运会花钱，但会利用奥运会为自己充面子。在代表团出征前，蒋介石、宋美龄夫妇亲自为中华体育代表团送行，并发表训话，希望运动员能为国争光。运动员还被要求前往中山陵拜别国父孙中山，面子的戏份做足做够。5 月 10 日，在国人的欢呼声中戴季陶率团乘船出发了。在孟买与等候在此的足球队会合后，一同前往欧洲。

弱国无体育？

谁知中国代表团没有经验，时间安排得太早，6 月中旬就到达了法国的马赛，离开幕还有很长的时间。于是戴季陶就利用这段时间在德国的周边国家法国、比利时、荷兰、瑞典、波兰等国到处转，实地了解欧洲的政治状况、风土人情。丁文渊全程陪同，尽职尽责地介绍欧洲各国的概况，戴季陶一路马不停蹄，感觉颇有收获，尤其是他那敏锐的鼻子，在欧洲大陆上嗅到了浓浓的火药味。

7 月底，代表团来到柏林，办理奥运会的参赛事宜。1936 年 8 月 1 日，第 11 届奥运会在柏林开幕，德国国家元首希特勒发表讲话。当各国的队员经过主席台时，都向希特勒行德国的举手礼，满足了希特勒的虚荣心；而中国队员经过开幕式主席台时，仅脱帽在胸前，行注目礼，把欧洲与中国的外交礼仪融为一体，在开幕上非常引人注目。

在接下来的比赛中，中国队员虽然奋力拼搏，却没有扭转兵败如山倒的局面，可以说是败得让人心痛。中国足球队在赛前赢了不少场，但是他们一直没有得到较好的休息和饮食，更倒霉的是，在小组赛中就遇到了欧洲劲旅英国队，一番激战，惨烈败北，小组赛没有出线。

中国篮球队则遭遇到邻国日本队。在最近的两次交手中，皆以中国队取胜，许多中国人希望中国队员再接再厉，在国际赛场

阿道夫·希特勒

上打败东洋鬼子，长长中国人的志气。在德国的华侨和留学生组成拉拉队，为中国健儿加油。中国代表团的大小头脑们也来观战，希望在赛场上为国扬威。戴季陶也亲临赛场，暂时放下他的一板一眼，为队员们加油助威。比赛一开始，双方的争夺没有经过序幕就进入高潮，似乎日本队员也把这次比赛看作是国家荣誉之战。在中国人的期盼声中，中国队再次尝到了失败的辛酸。

这场带有国家荣誉之战的比赛让节节败退的中国体育代表团雪上加霜，深感耻辱，许多人失声痛哭。对这场比赛倾注爱国之情的戴季陶也顾不得礼仪，大哭起来。这是他为中国体育而哭的第一次。

与篮球队惨遭滑铁卢一样，中国代表队参加的其他7个项目都没有进入决赛，比赛还没有进入高潮，中国队就提前结束了比赛，沦为看客和旁观者。这让戴季陶感到很没面子。更让中国人汗颜的是，日本控制下的朝鲜运动员在马拉松项目中取得金牌，戴季陶感到国家颜面尽失。

这次运动会上唯一让戴季陶稍有成就感的是中国的国术（即

中国武术

武术）代表队。9 名运动员是作为表演嘉宾出场的，不但展现了最佳的精神风貌，更淋漓尽致地展现了中国传统文化的博大精深，一招一式，一刀一剑，都让外国人看得目瞪口呆，连连叫好，大呼过瘾。几分钟的表演外国人似乎没有看够，运动会闭幕后，伦敦、巴黎等城市纷纷邀请国术队进行表演，无奈中国队早已买好了回国的船票，唉，眼睁睁错过一次展示中国传统文化的大好机会。《中华民国国歌》也于本次奥运会被遴选为世界最佳国歌。不知道当选的目的是因为此歌句式简洁明快，还是因为其中所体现的一党一国精神符合希特勒的胃口？无论如何，曾经参与国歌歌词创作的戴季陶都感到与有荣焉。

访欧见闻

在德国的这 20 多天，戴季陶的主要目的并不是充当体育爱好者，而是充当了体育背后的政治特使。受蒋介石的委托，他拜会了希特勒，两个人谈了二十多分钟。虽然希特勒当时在欧洲张牙舞爪，一副盛气凌人的样子，但却给戴季陶留下了亲切、礼貌的印象，虽然戴季陶对希特勒的反犹政策很不满。作为著名的新闻业者，戴季陶还与德国的宣传天才戈培尔进行了一次深谈。在戈培尔的侃侃而谈、指鹿为马面前，戴季陶这个新闻界的前辈，充分领教了德国宣传的最高境界——颠倒黑白，不以为耻。戴季陶还拜访了德国的军界头面人物，感觉他们没有戈培尔那样夸夸其谈，而是盛情款待，表现出恰到好处的热情。

除了探听德国军政要人的虚实，戴季陶还抽空到德国各地参观，当然也免不了作演讲。也许是受到孙中山的影响，戴季陶作演讲也是事先不准备演讲稿，根据具体情况临时发挥，逻辑清晰，妙语连珠。丁文渊翻译起来备感便捷，德国人也不断拍手叫好。

这时候的戴季陶已经进入不惑之年，很知道修身养性，没有了年轻时的寻花问柳之举。有人劝他到声色场所逢场作戏，开开眼界时，他婉言拒绝。因为他知道自己现在的身份、地位已经不再是当年的那个毛头小子了，他不想以自己的不当行为引起他国对中国官员的恶评。

　　奥运会闭幕后，戴季陶于 8 月 27 日离开德国，又到欧洲大陆各国考察了一番，9 月 14 日从法国乘船回国，10 月 9 日返回南京。奥运会开了半个多月，戴季陶从出发到返程经历了 5 个多月。这次考察，戴季陶一方面钦慕欧洲文化，另一方面心怀隐忧，感到欧洲战争阴云笼罩。对于许多留学生认为西方无礼教、只有法治的观点，他认为是只知其一不知其二。当他看到欧洲各国都摩拳擦掌，准备大开杀戒，欧洲百年来所创下的文明即将遭到破坏时，不禁悲从中来，为欧洲文明的浩劫而痛哭，对世界未来的发展深感不安。当希特勒磨刀霍霍、准备称雄世界，当欧洲各国纷纷委曲求全、以讨好德国、避免战争为能事、而不知大祸将至之时，戴季陶作为一个初次游历欧洲的人，能够准确嗅出欧洲纷繁复杂的局势，预感到即将到来的战争，是颇有远见卓识的。

　　一回到南京，戴季陶立刻向蒋介石汇报欧洲的所见所感。蒋介石听到戴季陶的汇报后，更加确信自己的担忧。欧洲战争阴云

希特勒与戈培尔（右）

张学良与杨虎城等合影

　　"西安事变"前，张学良、杨虎城与地方实力派高桂滋等在西安南郊合影。

笼罩，中国也面临日本大肆举兵向中国内地侵略的威胁，他丞须想出应对之策。可是他万万没有想到，在对外战争还没有全面打响之前，国民党内部就先出现了一次政治大地震——西安事变。

第二节　营救蒋介石

兄弟阋墙

　　自九一八事变以来，外敌入侵的威胁加剧，蒋介石却依然执行他的"攘外必先安内"的政策。共产党和红军非但没有被打垮，反而通过两万五千里的长征实现了战略转移，在陕北开辟了新的革命根据地。为了彻底消灭共产党，蒋介石在西安设立"剿匪"总司令部，自任总司令，并把进入关内的东北军调往西安，任命

"西安事变"旧址

原东北军将领张学良为副司令，与杨虎城率领的西北军联合剿共。而他的嫡系黄埔出身的将领和中央军则在各地抢占地盘，保存实力。1935 年 12 月，共产党提出建立抗日民族统一战线的政策，号召全民族停止内战，一致对外。在与红军的多次交手中，东北军和西北军损兵折将，损失惨重。张学良、杨虎城对于不能上前线抗日、在国内互相残杀的做法感到羞耻，对共产党提出的抗日主张表示赞赏，私下与共产党人接触，商讨停战事宜，枪口一致对外。西北局势的变化让蒋介石愤怒不已，多次明令张学良、杨虎城全力剿共。

1936 年 10 月 22 日，蒋介石由南京飞抵西安，再次命令张杨剿共。张学良出于兄弟情谊，晓以大义，劝蒋介石从民族利益出发，停止内战，一致抗日。可是张学良的一片苦心却遭到了蒋介石的严辞拒绝，没有丝毫讨价还价的余地。两人大吵一顿后，蒋介石气鼓鼓地离开。这是二人分歧的转折点。

12 月 4 日，蒋介石再次飞抵西安，调他的嫡系部队中央军

"协助"东北军和西北军剿共，实际是监视东北军和西北军的动向。并威胁说，如果张学良、杨虎城不尽心尽力剿共，将把东北军、西北军调往东南沿海，分化瓦解。蒋介石的威胁让张学良、杨虎城决定铤而走险。12月9日晚，张学良劝说蒋介石释放参加一·二九运动的学生，两人的分歧越来越深。张学良在与杨虎城商量后，决定发动"兵谏"，用武力迫使蒋介石停止内战。

12月12日晨5点，张学良、杨虎城派东北军到临潼的华清池捉拿蒋介石。蒋介石听到风声后，从卧室窗户跳出，摔伤后背，躲在一块大石头后面，但最终还是被活捉。随蒋介石到西安的陈诚、邵力子、蒋鼎文、陈调元、卫立煌、朱绍良等国民党军政要员也全都被控制住。这就是当时震惊中外的"西安事变"。

坚决的主战派

蒋介石被张学良、杨虎城扣押的消息传到南京后，处于绝对机密之列，只有少数政要得到了消息。当时戴季陶正在汤山，得知蒋介石被扣押的消息后，二话不说，立刻赶往南京市里。下午三点，国民党政要在何应钦的公馆召开会议。为防止走漏消息，会议室外警卫们表情严肃，荷枪实弹，戒备森严，一只蚊子也飞不出去。

会场里的气氛更是诡异。参加会议的政要们分成了两派，以冯玉祥为首的一派主张和平解决西安事变，只要能够保住蒋介石的人身安全，可以对张学良、杨虎城从轻发落，被称为主和派；以戴季陶、何应钦为首的一派则坚决主张讨伐叛逆，用武力迫使张、杨放人；有些人则持骑墙态度。由于对西安的具体情况没有详细消息，也摸不清张、杨的意图和动机，双方都认为对方的政策不可行，争吵不休。可是双方又都不敢打保票说自己的政策万无一失，能让蒋介石毫发无伤。大家都知道这个赌注太大，不仅关系到个人的仕途前程，还关系到蒋介石的生命安全，更可能导致国民党内的大变动。有许多学者认为何应钦主张讨伐张学良，居心叵测，救出蒋介石固然好，自己立大功；如果救不出，作为国民党黄埔系的二号人物，他可以名正言顺地取代蒋介石，掌握

蒋介石夫妇与张学良夫妇合影

军队的最高领导权。但是，从何应钦的所作所为和后来蒋介石对何应钦的态度来看，何应钦当时的目的应该是以救蒋介石为首务。不然，深为蒋介石亲信、智囊团的戴季陶岂有看不出他用意何在的道理？更不可能跟着何应钦主战了。而蒋介石素来小肚鸡肠，睚眦必报，如果知道何应钦有意借刀杀他，肯定早把何应钦送往西天了，根本不会再倚重、信赖他。所以，主战派和主和派的主要分歧还是救蒋方法之争。

双方各执一词，会议耗了几个小时也没有作出一个决定。深夜十二点，南京政府在中央党部召开临时紧急会议，正式公布蒋介石在西安"蒙难"的消息，继续商讨西安事变的解决方案。这次会议几乎是下午会议的翻版，没说几句话双方又吵成了一锅粥。会场声音高低起伏，夹杂着桌子响、椅子动的声音。这次会议从深夜十二点开到了夜里三点，不如说是吵到了夜里三点，依然没有分出个胜负来。

戴季陶听到蒋介石被扣押的消息就开始精神脆弱，连续的开会和震耳欲聋的争吵，让他几乎失去了耐性。他认为从道义来看，如果用向绑匪赎票的方式救出蒋介石，会让蒋介石在道义上蒙羞，让他将来以何面目统帅三军？只有用武力迫使张学良放人，才能保全蒋介石的性命和威名。为了证明他的观点，他还引经据典，当年明朝的英宗被鞑靼人掠去，因明朝另立新主，降低了英宗作为交换筹码的价值，反而让鞑靼人觉得没有必要再继续扣留他，最终英宗安然无恙地回到明朝。现在蒋介石在张、杨的手上，只有掌握了张、杨的命运，张、杨才会保全蒋介石的性命。这实际上是"围魏救赵"。

　　戴季陶的这番长篇大论可以说给没有结果的争吵打了一剂强心针，使双方冷静下来。他趁热打铁地说："如果今天不能做出讨逆的大计，明天当这个消息人所共知后，人心不稳，政府离垮台也不远了。如果闹到无法收拾，我们将愧对总理的在天之灵，更没有颜面面对蒋先生了。"说到动情处，他声音哽咽。

　　戴季陶接着说，如果蒋介石出了意外，他愿意一命抵一命。说到动情处，他几乎又要大哭起来，情绪非常激动。据说，他几乎要下跪请求主和派接受他的主张。蒋介石与戴季陶亲如手足，既然戴季陶愿意用自己的性命为蒋介石担保，肯定是有较大的把握的。这样，主战派的观点占据了上风。会议决定严办张学良，军队在何应钦的指挥下将赴西安讨逆。

孔祥熙与蒋介石等合影
　　前排左一为孔祥熙，第二排左二为蒋介石，左四为陈布雷。

当时代理行政院院长孔祥熙和蒋介石的夫人宋美龄等人正在上海，得知蒋介石被扣押的情况后，蒋介石的这些亲眷们立刻赶回南京。何应钦立刻把紧急会议的决议告知了宋美龄、孔祥熙等人。宋美龄认为这个决议过于强硬，希望以不流血的方式和平、迅速地解决，最主要的是保住蒋介石的性命。得知何应钦已经派兵进入陕西，空军也在西安上空侦察后，宋美龄等人认为这样做非常危险，要求再次召开会议商讨解决办法。

下午三点，中央党部举行了国民党中央常委和中央政治局会议的联席会议，居正主持。宋美龄不是中央委员，没有资格参加会议，孔祥熙和宋子文都是中央委员，成为宋美龄意见的转达者和倡导者。宋美龄成了会议的"没有参加的参加者"。

与上次会议一样，主战与主和的争论再次成为焦点。孔祥熙作为代理行政院院长、蒋介石的姻亲以及宋美龄意图的传达者，要求会议早下定论，希望能够和平解决。对于主战派的主张，他有些哀求地说："不要这样急，急狠了，委员长就没命了。"

戴季陶大怒："庸之（孔祥熙的字）谈话不用力。"不用力的意思是说话不注意分寸。

孔祥熙怒气冲冲地问："哪一句不合适？"

戴季陶轻蔑地说："你说的是外行话。"他接着说，"这件事非采取主动不可，非用兵不可，否则很难挽救委员长的生命。因为我们没有掌握张、杨的生命。"

说完，戴季陶向孔祥熙恭敬地做了三个揖，转身，拂袖而去。在座的委员们一脸的错愕和不解。

戴季陶出人意料的提前离席表明他仍然坚持主战的观点。最后的决议也仍是旧调重弹，决定用武力解决事变。

戴季陶与他的秘书丁文渊曾谈到他如此做法的用意。他说只有使叛军晓得中央的厉害，才能迫使他们就犯，才能保证委员长的安全。在别人向他请教如何使蒋介石脱险时，他也坚持说讨贼。他还搬出了一些迂腐的理论，认为既然蒋介石早已以身许国，做好了为国捐躯的准备，又怎么会害怕被劫持？又怎会用名声受侮辱而换取苟且偷生？在戴季陶一介文人眼里，荣誉比生命更宝贵，国家安危比个人生命更重要；可是在蒋介石亲属的心目中，蒋介石的生命高于一切，蒋介石不但是他们的亲人，更是他们的保护伞。

戴季陶的这番言论惹来了蒋介石亲属的不满，宋子文找到戴季陶门上，兴师问罪，责怪他不该提那些措辞激烈、有可能危及蒋介石生命的"馊主意"。戴季陶对这位"国舅"的责难表现出一种根本不买账的态度。他说："我同介石的关系，决不下于你们亲戚。老实说，我的这一套也是为了救他，我不反对你们去同张学良作私人周旋，拯救委员长，同时，你们也不能反对我的意见，因为这是政治问题，不能不如此！"① 说得宋子文哑口无言，悻悻而回。

"不要光走一条路"

蒋介石的亲属们仍然感觉武力解决的危险太大，主和的宋美龄到处奔走，有时候涕泪俱下地要求不要使用武力，要从长计议。12月14日，在宋庆龄的坚决要求下，孔祥熙召集国民党要人在他的公馆商讨和平营救蒋介石的问题，陈果

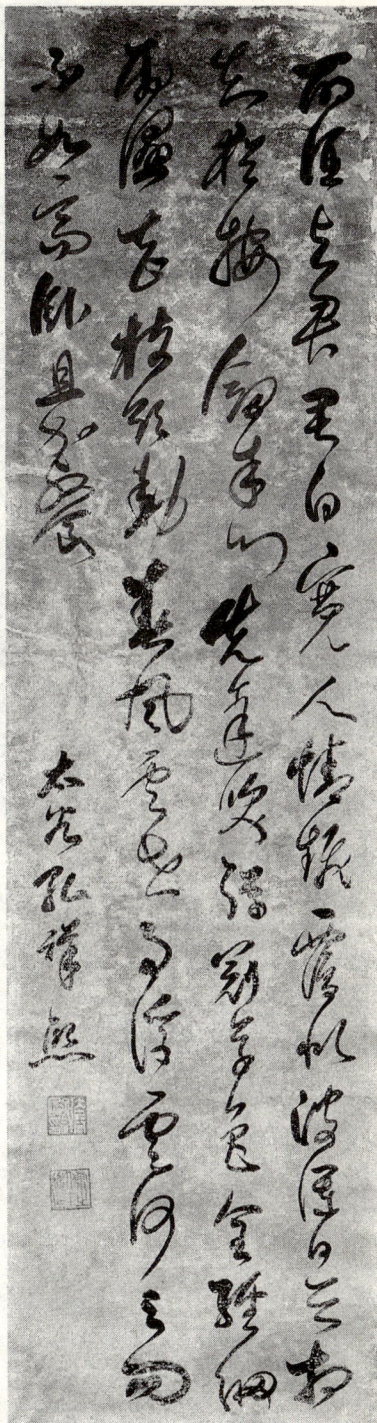

孔祥熙书法立轴

---

① 高兴亚著：《西安事变亲历记》，中国文史出版社 1986 年 12 月版，第 279 页。

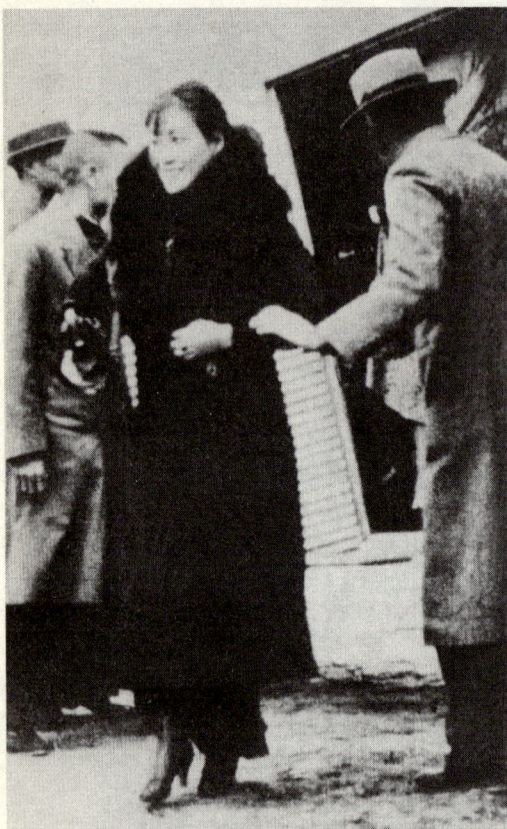

宋美龄前往西安

图为西安事变中，宋美龄乘专机前往西安。

夫、陈立夫、何应钦、戴季陶等人均在场。也许是碍于宋美龄在场，也许是主和派在人数上占优势，这次会议竟然主和的声音压过了主战的声音。

戴季陶一开始仍然是坚持出兵营救，会议开到一半时，他起身走进了休息室。过了很久，他才走出来。这时候会议已经接近尾声了，他缓缓跪下，向着在座的诸位磕了一个响头。在众人诧异的眼光中，戴季陶说："我是信佛的。活佛在拉萨，去拉萨拜佛有三条路：一是由西康经昌都，二是由青海经玉树，还有一条是由印度越大吉岭，这三条路都可通拉萨。诚心拜佛的人三条路都走，这条不通走另一条，总有一条是走得通的，不要光走一条路。"①

说完，戴季陶又磕了一个响头，站起身后，没有回到座位上，再次提前离席，离开了会场。

戴季陶的古怪举动和让人摸不着头脑的言论让在座的所有人开始分析他的用意。经过一番分析，众人才明白：讨伐与和谈都是营救蒋介石的办法，哪条路能够救他，就用哪条路，不要在一棵树上吊死。只要能够救出蒋介石，戴季陶都会乐意去做的。

戴季陶是蒋介石的结义兄弟，一直是主战派，如今也赞成主和，这使得主和派和主战派不再为方式争论，转而讨论如何救出

---

① 高兴亚著：《西安事变亲历记》，中国文史出版社 1986 年 12 月版，第 317 页。

蒋介石，毕竟双方的目的都是为了救人。最终，会议达成了"剿抚兼施"的方针。

戴季陶同杨虎城曾有些交情，他本想派个可靠的人去探寻张学良、杨虎城的用意。可是还没等他制定出方案，12月22日宋美龄和宋子文就飞往西安，直接与张学良、杨虎城接触了。

张学良、杨虎城本就没有杀害蒋介石的意图，只是希望他能够停止内战，一致抗日。蒋介石答应张、杨的条件，问题也就解决了。12月25日圣诞节这天，蒋介石恢复了人身自由，重新以国民党最高领袖的面目出现，第二天返回了南京。戴季陶得知义兄平安返回后，半个月来的寝食不安、牵肠挂肚终于结束了。

手足不如"衣服"

见蒋介石一切如常，毫发无伤，戴季陶心中的石头完全落了地。蒋介石对戴季陶在他"蒙难"期间的主张表示赞赏，并感谢他的关切。可是戴季陶没想到，他与蒋介石之间一向情同手足的兄弟之情竟然在这次事变中也发生了"事变"，他们的关系蒙上了一层阴影。

西安事变的和平解决和蒋介石的平安回归让坚持主和的宋美龄有了得意之感，对于前几天主战派的咄咄逼人开始秋后算账。宋美龄组织陈布雷等人撰写《西安事变回忆录》，对主战派很是嘲弄了一番。其中说到"中央诸要人，于真相未全明了之前，遽于数小时内决定张学良之处罚，余残觉其

宋子文视察蓝伽驻印军整训时留念

措置太骤"。① 这里虽没有点明是谁，但是戴季陶知道自己恰好位于"中央诸要人"之列。戴季陶本以为这是宋美龄个人的观点，没想到蒋介石也对他心存芥蒂，古人说："兄弟如手足，妻子如衣服。"可是，蒋介石在《西安半月记》中说："虽无赴难之友生，而君（指宋美龄）数千里外冒险来此，夫妻共生死，岂不比师生同患难更可宝贵乎？"公开认为情同手足的兄弟比不上如"衣服"的妻子，这让戴季陶大感寒心。戴季陶与蒋介石认识三十多年，二人同生死共患难，他一直以为蒋介石与他是比亲兄弟还亲的，自己在西安事变中也是吃不好、睡不着地担心他，想方设法营救他，其关切之情绝不比他的妻子少。可如今，戴季陶的一番苦心竟然得到了"兄弟不如妻子"的回报与误解，这时他也才明白《西安事变回忆录》并不只是宋美龄个人的意思，更是蒋介石的意思，是蒋介石对主战派的一种公开羞辱。戴季陶心里如同堵了一块大石头，沉甸甸的。更糟的是，昔日的主和派们也在各种场合为自己的聪明才智唱赞歌，奚落主战派的没眼光。

戴季陶觉得颜面尽失，有如一个衣不蔽体的人站在公众面前，

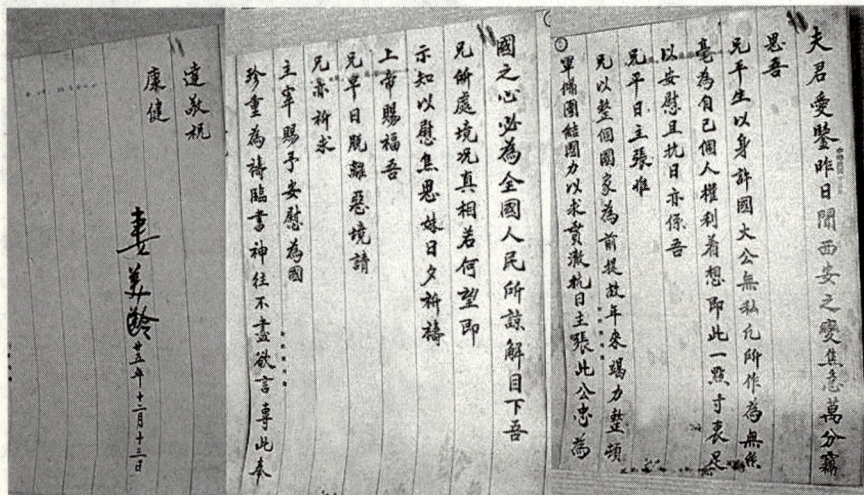

宋美龄致蒋介石的信

图为西安事变时，宋美龄写给蒋介石的信。

---

① 宋美龄著：《西安事变回忆录》，南京中正书局，1937年6月版。

只能任人指指点点，却找不到任何可以遮羞之处。他不敢也不能对蒋介石撒气，更没有理由找宋美龄理论，只能窝着火，怪自己出力不讨好。有时候他气急败坏，家里的人和物件就成了出气筒，看谁都不顺眼，还把一只名贵花瓶打得粉碎。几天下来，心里窝的火成了块心病，整天郁郁寡欢，神经衰弱的老毛病也来凑热闹，让他身心俱感疲惫。他和蒋介石的关系虽然仍是兄弟相称，但是戴季

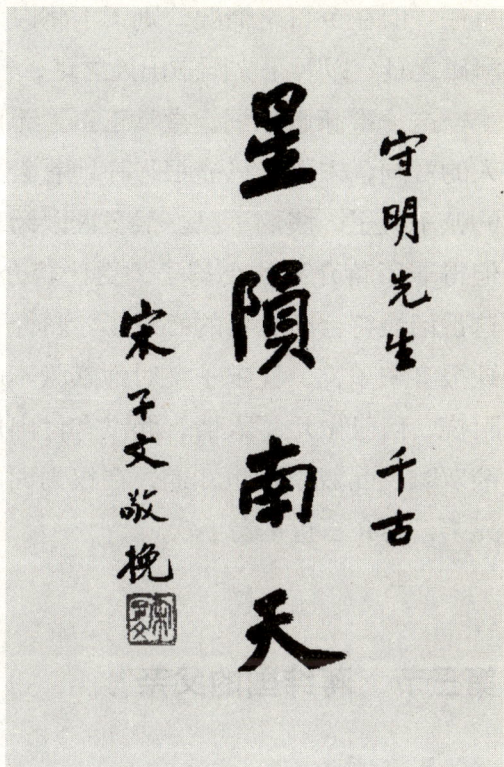

宇明先生 千古

星陨南天

宋子文敬挽

宋子文手迹

陶知道，他们的关系中有了缝隙和沙子，再也回不到以前了。从中立的立场来看，主和派营救了蒋介石，主战派在战略上处于劣势，但是主战派也给蒋挽回了部分面子，证明国民政府是拥护他、有实力营救他的。可惜蒋介石在逃脱死亡的瞬间想到的只有生命，面子是次要的。

　　虽然蒋介石和戴季陶的关系出现了嫌隙，但关键时刻，蒋介石还是离不开戴季陶的。戴季陶最明白蒋介石的政治心思，经常与他合演"政治双簧"。

政治"双簧"戏

　　1937年2月中旬，在国民党五届中央执委会第三次全体会议上，蒋介石决定辞去行政院长之职，各方以为宋子文营救蒋介石有功，行政院长非其莫属。果然蒋介石推宋子文继任，无人异议，独有戴季陶站起来说："子文同志侃侃大才，党国栋梁，将来必委

重任。但在今日之情况，则天下将以为委员长以国家名器为私人酬庸之具，以为子文同志出处之玷，非所以爱子文之道。"

这一番慷慨陈词，堂堂正正，无可辩驳，得到国民党大多数人的赞同，宋子文只能眼睁睁地看着到手的行政院长职这只煮熟的鸭子飞了，懊恼不已。很多人以为戴季陶这样一番迂腐之论不但得罪了蒋介石的小舅子，更让蒋介石下不来台。可是实际上，这番话最符合蒋介石的心意了。蒋介石名义上用行政院长这个肥缺报答宋子文，让宋子文对他感激不已，暗地里又让戴季陶出面阻挠，自己做足了人情，而没有付出任何实际的报酬，可以说一箭双雕。而戴季陶也知道，在权力面前，别说是姻兄，即使是亲兄弟，蒋介石也不会手软。

第三节　蒋纬国的父亲?

众所周知，戴季陶有一个儿子戴安国，乃钮有恒所生；一个女儿家祥，赵文淑所生。戴季陶非常重视子女的教育，他曾说："为子孙积财，最是蠢人，为子孙积学，算是好了。然而单是学问，绝无用处，只有为子孙积德，是千年万古的大事业大经济。"[1]因而，他除了注重儿子的学识培养，更注重品德的教育，尤其是传统道德的教育，概括起来就是"学问要新，道德要旧"。戴季陶曾经说，在戴安国年幼时，他"管教皆严，打骂在后，教督在前，十一二岁，便能自治，绝无丝毫富贵习气"。[2]认识戴安国的人，都认为他举止文雅，彬彬有礼，为人处事有乃父遗风。

蒋介石有两个儿子，长子蒋经国，次子蒋纬国。世人皆知蒋经国的生母是蒋介石的原配毛福梅，可是蒋纬国的生母是谁却说

---

① 陈天锡主编:《戴季陶先生文存》第4卷，(台湾)中国国民党中央委员会1959年版，第1526页。

② 陈天锡主编:《戴季陶先生文存续编》，(台湾)中国国民党中央委员会党史史料编纂委员会1967年版，第374页，

法不一，他的生父是谁也是个谜团。不仅当时的人和后人好奇，就连蒋纬国本人对于谁是他的生身父母也没有明确的答案。

蒋纬国的来历

关于蒋纬国来历的说法有好几种，基本上都认为蒋纬国是蒋介石的养子，是戴季陶的亲生儿子。那么，戴季陶为什么要把自己的亲骨肉送给已经有儿子的蒋介石呢？事情还要从戴季陶早年的风流债说起。

现在最流行的一种说法是：二次革命后，戴季陶追随孙中

身穿德军军装的蒋纬国

山流亡日本期间，认识了一位日本女子，这女子的姓名说法不一，有的版本说她叫美智子，有的说叫金子，还有的说叫爱子。而真正的答案，只有这位日本女子本人和戴季陶最清楚，可惜戴季陶对此讳莫如深。蒋介石、金诵盘这两位结拜兄弟虽然略知一二，但也都守口如瓶，没有提及她的具体姓名。二人一见钟情，坠入爱河，不久，戴季陶返回国内。这位日本女子在十月怀胎之后，于 1916 年 10 月 6 日生下了一个男婴。有的说这位日本女子在生产后不久病故，临终前把孩子托给好友，让他无论如何要把孩子带到中国，交给他的生父，这颇有些电视剧的情节。蒋介石在日记里提到，1921 年 3 月 11 日，他从戴季陶寄来的书信中得知，蒋纬国的生母因难产而身亡。据蒋纬国回忆，他的记忆里没有见过生母。这说明，蒋纬国的生母确实是在蒋纬国出生不久离开人世，不然一个 5 岁的孩子是能够隐约记住母亲的容貌的。

不管怎样，大约 1920 到 1921 年间，戴季陶和蒋介石正在上海经营交易所时，这个孩子来到了戴季陶面前。孩子的到来让戴

季陶既喜又怕，喜的是想不到自己还有一个如此可爱的儿子；怕的是难以得到原配钮有恒的谅解。当时钮有恒已经育有一子戴家秀，她贤惠，能干，感情专一，是自己的贤内助，而且醋性大，如何向她启齿呢？

戴季陶苦无良策，找蒋介石商量，与戴季陶一样风流的蒋介石非常理解戴季陶此时的心情。戴季陶说，昔日的恩爱已经是过眼云烟，如今自己有妻有子，生活美满，怎能让这个孩子破坏如今的生活呢？思考再三，戴季陶决定做一回陈世美，狠心不认这个孩子。

谁知带孩子来的人也很固执，既然亲生父亲都不要自己的孩子，那他一个外人更没有必要管这孩子的死活了，于是，二话不说，扔下孩子，走了。蒋介石从小丧父，对没有父亲的孩子油然生起了一股怜悯之心，更何况这是结拜兄弟的亲骨肉呢。兄弟有难，大哥帮忙。蒋介石决定收养这个孩子，保证将他视为己出，永远不会说出孩子的身世，戴季陶也答应不再要回这个孩子。君子一言，驷马难追。蒋介石按照蒋家辈分给孩子取名为蒋建镐（1925年改名为蒋纬国，为了表述方便，统称为蒋纬国）。当时他有个小妾名叫姚冶诚，非常喜爱孩子，但却不能生育，于是蒋介石做了个顺水人情，把小纬国交给姚氏抚养。姚氏见到这个漂亮可爱的孩子，喜不自胜，待他比亲骨肉还亲。这孩子也颇为聪明懂事，叫姚冶诚"养母"，让姚冶诚体会了做母亲的感觉和幸福。

后来，姚冶诚到浙江与蒋介石的母亲王夫人、原配

蒋介石与儿子蒋经国、蒋纬国在江西合影

蒋介石书法

毛福梅一起生活。王夫人对这个小孙子也是备加疼爱，纬国得到了从来没有过的祖母之爱。当时毛福梅的独苗蒋建丰（即蒋经国）已经十多岁了，性格随和，对这个刚冒出来的弟弟也很友好。毛福梅知道这孩子的身世后，把这个孩子也当做自己的亲生孩子抚养。从小缺少父母疼爱的纬国竟然得到了一父二母、奶奶、哥哥的疼爱，弥补了他的亲情缺失。

8岁以后，纬国开始在上海读书，这时陪伴蒋介石的是他的第二任妻子陈洁如。陈洁如也没有生育，也把小纬国视为己出，蒋纬国称呼她为"庶母"。蒋介石出任黄埔军校校长后，9岁的小纬国和陈洁如来到了广州。1925年蒋介石就任国民革命军总司令，誓师北伐，年仅10岁的纬国也跟随前往。戴季陶同各界官绅云集车站，为这对父子的出征送行。10岁的纬国穿着肥大的军装，皮带也颇为宽松，苏联军事顾问加伦将军送给他的左轮手枪佩在腰间，他神情严肃，故作老成，看上去也威风凛凛。戴季陶见此情景，双眼颤动着黄豆般大小的泪珠，用手抹去，又涌上来，既有自豪，又有担忧。当时美国《时代》杂志报道说："尤可敬的，是蒋介石带了儿子出征，他的公子蒋纬国，现年十岁，随侍他身边，和父亲出入硝烟弹雨之中。"

1927年蒋介石为了与宋美龄结婚，与陈洁如离婚，迫使陈洁如前往美国。10多岁的蒋纬国又没有了母亲，蒋介石忙于军务，也无暇照顾他。不得已，蒋介石把蒋纬国托付给好友吴忠信照顾，

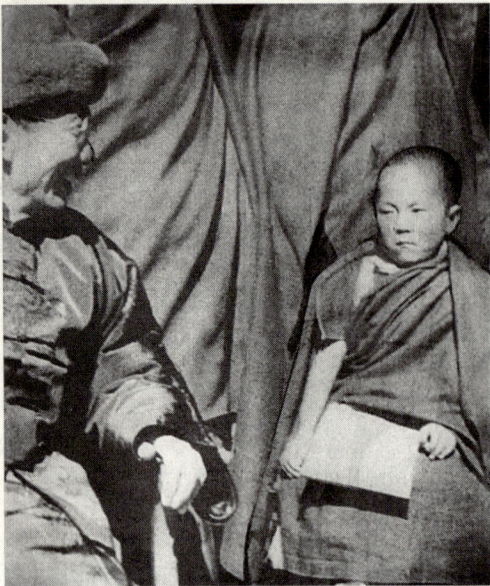

国民政府专使吴忠信看视十四世达赖喇嘛转世灵童

自己只能通过承担生活费用来略尽为父之责。吴忠信人如其名，既忠厚老实又诚实可信，早年参加同盟会，也是孙中山的忠实追随者。他的为人深得蒋介石敬重，他的妻子宽容有涵养，这是蒋介石放心把儿子交给他们抚养的最重要原因。

此外，吴忠信也是戴季陶的好友，比戴季陶大6岁，戴季陶尊称他为吴大哥。二人的友谊始于1912年，两人性格互补，爱好一致，都信奉佛法，关系非常融洽，并不像戴季陶与蒋介石的关系那样经常出些小插曲。当戴季陶与钮有恒争吵时，钮有恒总是打电话给"吴大哥"搬救兵。只要"吴大哥"出马，不消几句话，争吵就化为烟云。蒋介石也知道吴、戴二人关系匪浅，把蒋纬国交给吴忠信照顾，实际上也给了戴季陶经常探视儿子的机会。对于蒋介石、蒋纬国和戴季陶之间的关系，吴忠信是心知肚明的。

蒋纬国称吴忠信夫妇为"干爹"、"干娘"，在吴家继续受到很好的照顾，一直生活到他赴德国留学才离开吴家，他的"养母"姚冶诚住在附近，也一直陪伴着他。在蒋纬国的眼里，姚冶诚就是他的母亲，后来他为姚冶诚养老送终，尽到了养子的孝道。中学毕业后，他进入东吴大学理学院学习物理。与当时的热血青年一样，蒋纬国成为一个性格开朗、读书勤奋、立志报国的可造之材。他从来没有对自己的身世有过怀疑，直到1940年。

承诺，重于泰山

1940年底，蒋纬国从美国回到陪都重庆，来到了蒋介石身边。

一天，他在蒋介石的办公室看到了一本名为《亚洲内幕》的书，里边说蒋介石的二公子蒋纬国是戴传贤先生之子，是为了某个原因过继给蒋介石的。俗话说，无风不起浪。蒋纬国对于这则"内幕"颇感兴趣，他很想知道到底谁才是他的亲生父亲。可是他不敢问蒋介石，正像他自己说的"不敢问姓蒋的，可以问姓戴的"。戴季陶是父亲的结拜兄弟，是自己的"义父"，对自己疼爱有加，应该可以从他那里找到线索。

当蒋纬国把自己的疑问向戴季陶和盘托出后，戴季陶没有正面回答，而是拿着蒋介石送给他的一张十二寸的带框相片以及一面镜子，坐在蒋纬国对面，把镜子放在中间，自己的头搁在一边，蒋介石的相片搁在另一边。他要蒋纬国照镜子，然后问蒋纬国："你是像这边的，还是像那边的？"蒋纬国左看看，右看看，思考再三，回答说："还是像父亲（指蒋介石）多了些。"戴季陶笑着说："那不就结了吗！"可问题是，蒋纬国说自己长得像蒋介石，而见过他的人都认为他长得像戴季陶，这个回答并没有正面解决蒋纬国是否是戴季陶儿子的疑问。如果蒋纬国确实是蒋介石的儿子，戴季陶完全可以直说，不需要如此拐弯抹角。

与戴季陶的模糊一样，蒋介石也对蒋纬国的身世只字不提，为此还造成他与宋美龄的感情危机。1940 年 10 月，蒋纬国发电报说，他即将从美国回国，这个消息在蒋介石与宋美龄之间引起了轩然大波。

蒋纬国视察装甲部队（1948）

235

蒋介石和宋美龄结婚后夫妻相敬如宾，互相信任，宋美龄早就听闻这个孩子，却从未见过面，她想知道这个孩子的来历，可是蒋介石却不肯吐露半句。宋美龄据此认为蒋介石"私德有亏"，即认为蒋介石曾做过什么见不得人的事，一气之下去了香港，蒋介石再三请求她回来，她都不理睬，似乎是你不说真相我就不回来。蒋介石虽然万分想念妻子，但又自认没有做错，于是回信说"夫妻各尽其道"，意思是你爱回来不回来，都随你的便。10月31日是蒋介石的生日，宋美龄竟然没有回来给他做寿，12月25日圣诞节，宋美龄仍然没有回来。蒋介石在日记中说，"三年来圣诞前夜，以今日最烦闷。家事不能团圆，实乃人生唯一痛苦"。他知道"不能团圆"的原因，但却不愿失信于戴季陶而获得"不义"的痛苦。据说，直到晚年，他都没有告诉宋美龄蒋纬国的身世秘密，也从来没有对蒋纬国吐露半个字。直到1941年3月27日，结婚已经14年的宋美龄才正式承认蒋纬国这个儿子，此时，蒋纬国已经25岁了。

两份父爱

　　戴季陶对蒋纬国的身世也讳莫如深，不过从戴季陶与蒋介石

蒋纬国与大哥蒋经国在一起

的信函往来中，确实能发现不同寻常的关系。

　　1933 年，蒋纬国扁桃腺发炎，发高烧后住院治疗，蒋介石亲自写信给戴季陶，告诉他病情。戴季陶在回信中对蒋介石的"屡次救援"表示感谢，为自己不能帮蒋介石的忙而深感惭愧。自己的儿子得病，为什么要详细告诉结拜兄弟呢？而且蒋介石并没有向所有的结拜兄弟都通报一番，而是只告诉戴季陶一人，这不得不让人怀疑。在蒋介石与戴季陶的通信中经常会提到蒋纬国的情况，但却很少提及蒋经国。手心手背都是肉，为什么蒋介石厚此薄彼呢？而从蒋介石与蒋经国的关系看，蒋介石对蒋经国也是多有疼爱，并没有不管不问。答案只能是蒋纬国与戴季陶有特殊关系，而蒋经国与戴季陶毫无瓜葛。这一点可以从戴季陶对蒋纬国的态度上看得出来。

　　戴季陶的儿子戴安国与蒋纬国都在德国留学，戴季陶要求二人都要好好学习，将来为国家效力，要二人视为兄弟。戴安国没有妒嫉父亲对蒋纬国的过分关爱，而是视蒋纬国为手足。蒋纬国也说："我与安国，情同手足。"戴季陶还经常与蒋纬国直接书信往来，教他做人做事的道理，教他如何学习，选择怎样的职业，事无巨细，都谆谆教导，关爱有加。戴季陶容易冲动，感情用事，唯独在对待蒋纬国的事情上，心平气和，谆谆教导，没有丝毫的不耐烦。为了弥补对蒋纬国的亏欠，名正言顺地弥补他，戴季陶通过好友金诵盘向蒋介石委婉请求，想收蒋纬国为义子。蒋介石不好拒绝，只好答应。戴季陶成为蒋纬国的义父后，二人的来往和交流便更为密切、频繁了。1943 年，钮有恒去世后，戴安国不在身边，蒋纬国陪戴季陶生活了一段时间，让他"稍减寂寞"，这实际是他最为珍惜的一段时间。

　　既然戴季陶如此看重这个孩子，那为什么不再向蒋介石要回这个孩子呢？

　　此事看似简单，但在当时注重"承诺"的社会却相当难，须知"一诺千金"，"覆水难收"。当初戴季陶既然答应让蒋介石收养这个孩子，又怎好开口要回？再开口要回，自己岂不成了出尔反尔的小人？更何况，蒋介石把这个孩子视如己出，与蒋纬国也建立了深厚的父子之情。

蒋介石的亲生儿子蒋经国早年与生母毛福梅生活，蒋介石当时在日本留学，在国内东奔西走，父子聚少离多。当蒋介石终于在国内安定下来时，蒋经国又于1925年到苏联留学去了，而且在苏联期间，蒋经国公开反对蒋介石，父子关系一度降至冰点。蒋纬国从5岁起就与蒋介石生活，是蒋介石看着长大的。蒋纬国性格活泼，聪明好动。蒋介石性格暴躁，整天板着脸孔，唯独对蒋纬国总是和颜悦色，和蔼可亲，因为他从内心真正喜欢上这个孩子了。他对两个儿子是这样评价的："经儿可教，纬儿可爱。"可爱的孩子总是容易得到父母的喜爱，在上海时，人们常看到蒋介石把纬国抱在怀里，有时让他骑在自己的肩上，十分亲昵。开朗活泼的蒋纬国也对蒋介石产生了深厚的感情。1921年9月的一天夜里，蒋纬国来蒋介石家仅半年有余，当时蒋介石要南下广州，

"独傲风和雨"图（蒋经国）

蒋纬国抱住蒋介石的腿大哭大叫，说要与父亲一块儿走，被强行拉住，蒋介石走出大门还听到蒋纬国的哭声。可见父子的依依不舍之情。

小纬国只要说想父亲，蒋介石必会接他到自己身边住一阵。蒋介石任黄埔校长后，有了固定居所，立刻把蒋纬国和陈洁如接来。傍晚，蒋介石、陈洁如经常带着蒋纬国在军校内散步，小纬国对军校的

蒋纬国与蒋介石合影

一切都感到好奇和欣喜，不停地向父亲问这问那，蒋介石露出难得的慈爱之情，耐心讲解，好一幅父慈子孝的幸福图画。每当蒋介石在公务上遇到麻烦、心情沉闷的时候，总是在与蒋纬国的嬉戏玩耍中得到解脱。与孩子的玩耍，也让他享受到久违的天伦之乐。蒋纬国也对蒋介石由依恋到敬爱，父子和睦，关系融洽，没有出现蒋介石与蒋经国的那种裂痕。

从感情上说，蒋纬国把蒋介石和戴季陶都看作自己的父亲。他曾表示："我无须考虑认祖不认祖的问题，这两位爸爸都是了不起的人物。我是戴先生的义子，安国哥已经不在了，我有责任照顾戴家。而总理的思想能够传下来，全靠戴先生；总理的事业能够传下来，全靠蒋先生。他们两人，一个是理论派，一个是行动派，这两位上人都是让我觉得骄傲的。我不需要去认谁是父亲或认谁不是父亲，做谁的儿子，我都愿意。"不过，从内心里，蒋纬国还是很想解开自己的身世之谜。1989 年他真诚地向社会征求

真相，以求大白于天下，了却自己的心愿。可是，当许多人提供了许多资料后，蒋纬国仍然没有把结论公之于众。直到 1996 年，八十高龄的蒋纬国终于讲述了自己的身世之谜，承认自己是戴季陶的儿子。

戴季陶和蒋介石都一诺千金，守住了这个秘密，这也使他们的关系变得非同一般。虽然二人在后来产生了一些芥蒂，但是戴季陶始终感念蒋介石当日的仁义之举，对他忠贞不二；而蒋介石也很感激戴季陶送给他这个亲如骨肉的宝贝儿子，不但让戴季陶仕途平步青云，还私下给予不少的馈赠。戴安国结婚，蒋介石抽不开身，送了上海的一座宅邸作为新房，宋美龄携蒋纬国出席婚礼，给了戴季陶莫大的面子。1949 年，当国民党在大陆的统治土崩瓦解时，蒋介石督促戴季陶快点到台湾。戴季陶不肯，蒋介石命令蒋纬国去劝他。蒋介石说，如果戴季陶不走，蒋纬国也不能走。戴季陶可以不在乎自己的生命，但却十分珍视蒋纬国的生命，这正是蒋介石派蒋纬国劝说的杀手锏。终于戴季陶看在蒋纬国的面子上，南下广州。

第八章
东奔西走

第一节　心系家国天下

迁重庆安身

1937 年 7 月 7 日，"卢沟桥事变"的炮声使中国大地进入了全面抗战的时期。有备而来的日寇在广阔的中华大地上发起猛烈进攻，并在上海、杭州等地接连得手，南京也处于危机四伏的状

卢沟桥事变发生

态。国民政府一方面在前线组织抵抗，一方面向大后方迁移，做好长期应战的准备。

1937 年 11 月 20 日，国民政府宣布暂时迁都重庆，重庆成了"陪都"。早在 11 月 19 日，考试院就开始撤离南京，但戴季陶的妻子钮有恒和女儿家祥却被困上海。上海战事吃紧，家属生死不明，戴季陶只好孤身一人离开南京。与其他高官的大车小车满满当当不同，戴季陶除了随身衣物铺盖，什么也没有携带。他平日收藏的古玩字画、花草鱼虫，统统留在了南京。在全国一片悲观的情况下，他坚决批判国民党内的亡国论，指出现在是暂时离开，最多十年八年，一定会重返南京的。他在给儿子的信中也说："彼欲并吞中国破坏中国之企图，其失败将尤有甚于拿破仑之末路者……中国之前途决不悲观。"当全国人民浴血奋战，甚至牺牲生命时，自己怎么可能顾及私物。这固然说明戴季陶身为文人的清高之风，可是这也是一大损失。他在汤山的书屋里存有 1912 到

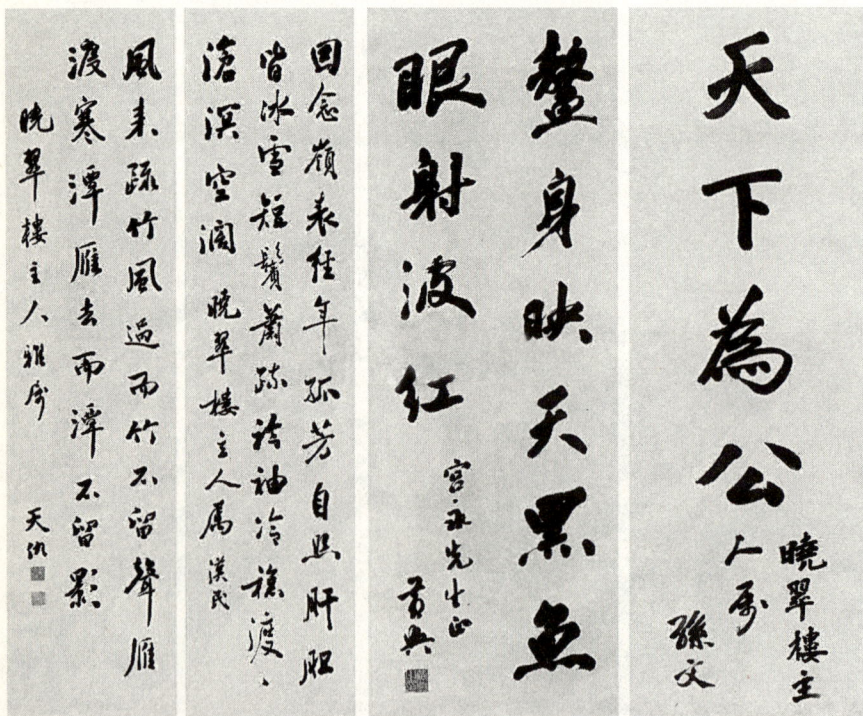

戴季陶、胡汉民、黄兴、孙中山书法作品

1914年间孙中山的亲笔信函，以及与国民党其他要人的书信往来，再加上收藏的珍本旧书、他的文稿，统统被敌人或盗走，或焚毁，损失惨重。据陈天锡记载，"家具则为昔年军校同事同学所赠，均十分坚固堂皇者，亦片瓦无存"。[①] 这些损失也让戴季陶痛心不已。

12月10日，经过20多日的旅途颠簸，戴季陶到达重庆。初到重庆，戴季陶身心疲乏，再加上天气潮湿，雾气大，本来就虚弱的身体再也扛不住了，病倒了。戴季陶开始了一段诸病缠身的生活，有时候甚至手不能写字达半年之久。一般物品已经缺乏，药品更是奇缺，药价贵得吓人。好在有不少好友送药送钱，使他能够支撑过去。他在给戴安国的信中说将来收复失地，百姓安居乐业，他就隐退，与妻子一同读经念佛。这时候的戴季陶已经没有了少年时的雄心壮志，虚弱的身体和病痛让他产生了悲观、消极的心理。

甘孜祭班禅

1938年4月，随着春天的来到，戴季陶的身体恢复了许多。国民政府收到消息，说班禅大师在回西藏途中于1937年12月圆寂。戴季陶与班禅大师私交甚笃，经常书信往来，又加上他一向关心边疆事务，在西藏享有较高声誉，所以，国民政府决定派他代表政府前往甘孜拜祭。戴季陶先在成都建立了行辕，做好出发的准备。

5月29日，戴季陶一行正式出发，秘书、医务人员、警卫队、宪兵队等随行。赴甘孜之路，崎岖难行，交通困难，气候恶劣，饮食不适，一路上不断有人生病，有4人在往返途中病故。戴季陶也在途中被马踢到左脚踝，流血过多，两个多星期无法上路。他怕耽误时间，日夜兼程，风餐露宿，坚持带伤上路，有时候脚痛发作，他也隐忍不发。连日兼程，他刚刚康复的身体怎么受得了？身体越发虚弱。从康定向西，道路更为艰险，稍有不慎就会有生命危险。除了轻便行李用马驮外，其他物品由牦牛驮送，牦

---

① 陈天锡主编：《戴季陶先生文存续编》，（台湾）中国国民党中央委员会党史资料编纂委员会1967年版，第404页。

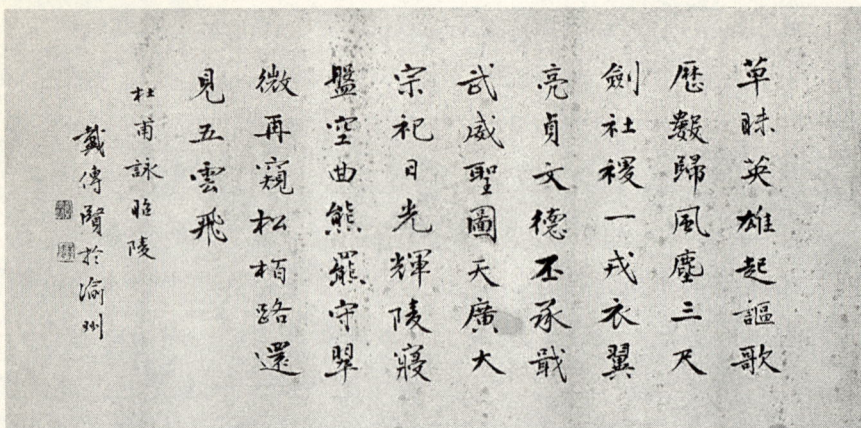

戴季陶书杜甫诗

牛步伐缓慢，戴季陶心急如焚也无可奈何，恨不得插上翅膀飞到甘孜。

经过两个多月的颠簸，8月5日，戴季陶一行到达了甘孜。休息两日后，8月8日，他代表国民政府公祭班禅大师，让痛失宗教领袖的佛教信徒心稍宽慰。他还鼓励边疆同胞克勤克俭，与国家共渡难关，并保证将边疆人民的心愿传达给政府，致力于边疆的民生。

在甘孜，戴季陶虽备感疲劳，但精神不错，兴致很高，不但受到边疆同胞的热烈欢迎，还收到了一份珍贵礼物——班禅大师临终前赠送给他的一匹宝马。此马乃是班禅大师的珍宝，戴季陶见马思人，更为怀念与班禅大师的友谊，不禁大哭起来。返回途中，戴季陶对这匹马多加关照，谁料到雅安后，此马竟然一病不起，一命呜呼。戴季陶更是悲从中来，唯有希望此马与班禅大师再续前缘，心情才稍微好转。他把此马葬在了雅安城西，并立碑纪念。

9月26日，戴季陶返回成都，写专文向国民政府汇报此行，并提出了开发青藏高原的想法。应当说，戴季陶此行加深了他对西藏地区的了解，提出的建议也富有建设性。但是当时国运艰难，抗日为先，建设西藏地方的事宜只能拖后。

在成都休养一段时间后，他返回重庆，小妾赵文淑和女儿家祥也来到重庆与他团聚，这让戴季陶高兴了好一阵子。他也着手重建考试院事宜。1938 年 10 月 28 日，国民政府公布《非常时期特种考试暂行条例》，随后公布了细则。这个条例减少了考试程序，适应了战时需要，直到 1948 年才停止使用。

1939 年 5 月，在中央党部纪念国父时，戴季陶突然昏倒在地。医生说他身体太虚，缺乏元气。在赵文淑的陪同下，他再次去成都静养。10 月，戴安国从德国回国，父子几年未见，戴季陶忍不住老泪纵横，更加想念生死不明的钮有恒。不久，他又百病缠身，常常几个月卧床不起，孙中山早年的劝慰——应验。戴季陶后悔年轻时没有好好爱惜身体，导致现在老态龙钟，诸病缠身。他自知精力不济，不能胜任考试院的工作，第 11 次提出辞职。蒋介石仍然不同意，劝他只要统揽大局即可，具体事宜可以让秘书、副院长去办。蒋介石明白，党国正是用人之际，不能让党国元老在这个时候躲清闲，许多事情，还非得戴季陶出面不可。

印度通

戴季陶除了是个日本通，还是国民党内著名的印度事务专家，可以算个印度通。他认为中国和印度在历史、边疆、宗教、文化、政治、现状等诸多方面有相通之处，中国和印度都是文明古国，都面临民族存亡问题，印度处于大英帝国的殖民统治之下，中国正遭受日本铁骑的践踏，两国都在为挽救民族危亡而战斗。他曾经在《天铎报》上登载印度文豪泰戈尔的作品，赞扬甘地大师的精神。甘地的名字按发音应该译为莫诃塔摩，戴季陶审慎考虑后意译为甘地，不但便于记忆，更体现出他"敢于从地狱中救世救人的意愿"。戴季陶一直认为这个

甘地画像

翻译准确恰当，这个译名也就沿用至今。

　　与许多印度人士一样，戴季陶也主张加强亚洲人民的团结。1932年4月，他发起成立了"新亚细亚学会"，目的是加强亚洲的学术交流。随后，戴季陶又准备成立中印学会，加强中印文化的交流，还准备向印度的国际大学捐赠一座中国图书馆。戴季陶的想法得到泰戈尔、甘地等人的热烈欢迎，在国内也得到蒋介石的经济支持。经过几年的筹备和协商，1935年5月，中印学会在南京正式成立，蔡元培当选为学会理事长，戴季陶出任监事长。戴季陶还开始把大量的中国佛教图书运送到印度，随后又把其他方面的书籍运往印度，促进两国的文化交流。印度于1937年3月在国际大学正式成立中国学院，戴季陶、蔡元培致电泰戈尔，表示祝贺。随后印度又成立了印中协会，每年12月举行会员大会，戴季陶都致电或致函表示祝贺。戴季陶的努力受到印度方面的高度赞扬，被推选为印度国际大学的七位大学护法（相当于大学董事会董事）之一。

　　1939年8月，印度国民大会党领袖尼赫鲁访问重庆。尼赫鲁反对英国殖民统治的民族立场赢得了许多中国人的尊敬，然而国

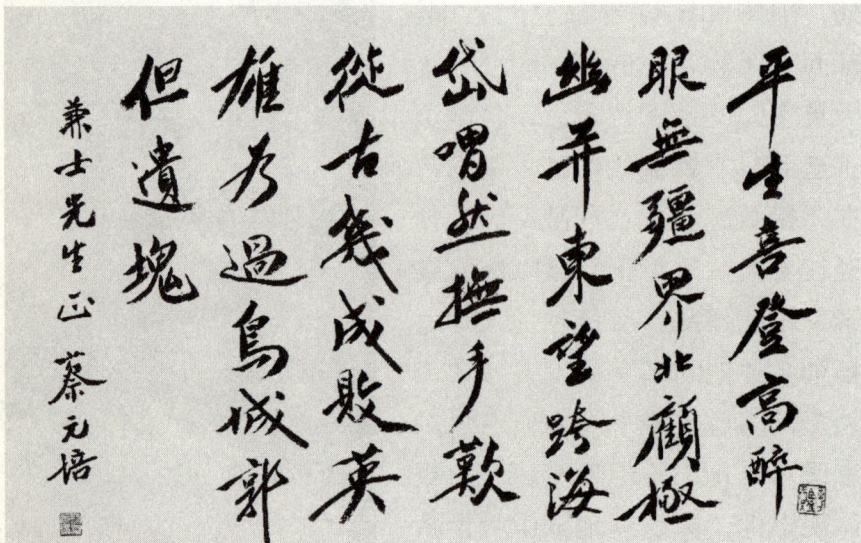

民政府不敢得罪英国，对尼赫鲁采取了不冷不热的态度。尼赫鲁久闻戴季陶的大名，专程到成都与他面谈，商讨中印的民间交流问题，为日后推动政府间的交流奠定了基础。

随着日本在亚洲的大肆侵略，英国在南亚、东南亚的殖民统治岌岌可危，在西欧则面临希特勒大兵压境的危险，此时印度国民大会党领导的反英斗争也如火如荼，英国政府腹背受敌，寝食难安，分身乏术。英国知道中国与印度关系不错，希望国民政府能够去充当一下和事佬，暂时缓和一下印度人的反英活动。蒋介石考虑再三，决定派戴季陶前往。戴季陶一口答应下来，正当他准备启程时，英国的一个举动却让他迟迟不肯动身了。

1940年夏，英国为了集中力量应付德国，在亚洲对日本采取了委曲求全的政策。当时日本占领越南，进一步向东南亚扩张，英国封闭滇缅公路，防止越南人逃入中国西南边境，客观上成了日本侵略者的帮凶。戴季陶素来对英国在印度的殖民统治不满，现在英国又助纣为虐，帮助日本人切断滇缅公路，断绝我国的对外交通，让他大为气愤。他颇有气节地表示：滇缅公路一日不开放，戴某就一天不启程；倘若今天开放，明天就起程。英国火烧眉毛地需要戴季陶早日启程，不断派人去说情。可是任谁来说情，好话说尽，戴季陶打定了主意，就是不去。戴季陶耗得起，英国人等不及啊，最终只得于10月18日开放公路。戴季陶也不食言，10月19日，在儿子戴安国和国防最高委员会人员的陪同下，从重庆经缅甸仰光转机到达印度。

印度之行

1940年11月18日，戴季陶一行到达印度的新德里。印度人热情欢迎戴季陶的到来。他的老朋友尼赫鲁却没有来迎接他，原因是想来来不了，他现在正被英印当局关在大牢里呢。身陷囹圄的尼赫鲁听到老朋友到访的消息后，特地写了一篇名为《一位贵宾》的文章表达他的心情。他说："我代表印度人民，向他（指戴季陶）致以热烈的欢迎。我们有许多理由要欢迎他。他是正在为争取自由而英勇斗争的伟大人民和国家的代表。这一点就使他大

尼赫鲁检阅受训的童子军

　　尼赫鲁（1889—1964），印度民族主义运动领导人，国大党领袖，印度独立后第一任总理，第三世界不结盟运动创始人之一。尼赫鲁的大国雄心后来导致了中印边界冲突，留下了迄今依然困扰中印关系的边界问题。

受欢迎。他是位著名的学者，一向努力于促进中印两国的文化关系。据说，他特别希望参观印度的佛教古迹和圣地，以及其他印度的文化中心。同时他负着友谊访问印度的使命，也是中印两国友谊日益密切的象征。我们很珍惜这种友谊，这不仅是因为过去金丝的连锁在联系着我们，而且因为'将来'正在召唤我们这两个国家……相信他的这次来访，在促进中印两民族的密切友谊上，收到硕大的效果。"① 在随后写作的《印度与中国》一文中，尼赫鲁主张建立一个东方联邦，由中国、印度、缅甸、尼泊尔、斯里兰卡、阿富汗、伊朗等国组成，目的是摆脱大国的控制。他还对英国封锁滇缅公路表示愤慨，建议修一条从中国边界到印度阿萨密的萨的亚的公路，可以将大量的物资从孟加拉运到中国。

---

　① 转引自刘圣斌著：《印度与世界大战》，重庆时与潮社1944年版，第135页。

戴季陶一到印度，就开始拜访许多重要人物。11月10日，他在加尔各答拜访了大病初愈的印度人的骄傲——八十高龄的大文豪泰戈尔。两位文化人士一见如故，相谈甚欢。他还专程到孟买拜访甘地。甘地热情招待戴季陶，并对戴季陶把他的中文名字翻译得如此富有内涵表示感谢。戴季陶在他家小住三日，两人对国际问题进行了友好的交流。戴季陶曾想去狱中拜访贾瓦哈拉尔·尼赫鲁，但是由于尼赫鲁属于监狱中的A级政治犯，连他唯一的女儿英迪拉去探望都受限制，戴季陶的愿望自然不可能实现。尼赫鲁拜访不了，戴季陶的敬仰之心却放不下，他只有舍其主而求其次，专程去看望尼赫鲁的妹妹潘迪特夫人。潘迪特夫人后来成为著名的女外交家，是世界上第一个女部长、第一个驻联合国女大使、第一位联合国大会女主席。戴季陶还前往阿南德宫拜访尼赫鲁唯一的后代——英迪拉，尼赫鲁夫人卡麦拉早年饱受牢狱之苦，英年在瑞士洛桑去世，只给尼赫鲁留下英迪拉这个女儿。在和英迪拉的交谈中，戴季陶得知尼赫鲁的目标是争取印度独立。英迪拉还说，早在十几年前，父亲参加世界被压迫民族的布鲁塞尔大会，会议期间他和中国代表宋庆龄等人发表了"印中联合声明"，声明回顾了两国友好的交往历史，强调了中印两国人民在反帝斗争中加强合作的必要性。戴季陶双手在胸前合十，祝愿尼赫鲁早日出狱，祝愿印度早日从英国的统治下解放出来，并托英迪拉向她父亲转达问候，这才恋恋不舍地离开了阿南德宫。

《泰戈尔像》（徐悲鸿·1940）

12月9日，戴季陶

来到他既熟悉又陌生的国际大学，这所大学是泰戈尔一手创办的。他曾向该校捐赠了许多中国书籍，该校举行盛大欢迎会欢迎他，泰戈尔因病缺席，写了封热情洋溢的欢迎词表达心意，还对中国的抗战充满了希望。戴季陶也在校方的邀请下做了题为"中印两国文化兴衰离合因缘颂"的演讲，杰出的演讲博得阵阵掌声。

戴季陶访问波罗尼斯市时，正赶上磨诃菩提会年会召开。博洛尼斯市的市民载歌载舞欢迎他。作为远道而来的贵客，他被推为大会主席。戴季陶也不推辞，在鲜花、音乐和舞蹈的簇拥下，端坐在温驯的大象上，在市区内进行表演。博洛尼斯市民的盛情厚意让戴季陶心怀感激，决定投桃报李。得知市中心不远有印度圣地野鹿苑旧址（释迦牟尼佛大彻大悟之地。——笔者注）后，他专程到此参拜，捐赠福舍两幢，种了500棵菩提树聊表心意。

12月中旬，戴季陶圆满结束对印度的访问。一个多月的访问，他加深了与印度政治界、宗教界、文化界、教育界等重要人物的交流，推动了两国的文化交流。他也用真诚、博学赢得了印度人的尊敬和热爱，与印度许多人士的私人交情也日渐加强。戴季陶圆满完成出访使命，14日从加尔各答经仰光回到昆明，再转机到重庆。

1941年8月，泰戈尔病逝，戴季陶致函表示哀悼，为印度人民失去伟大的儿子和自己失去良师益友而深感悲痛。国际大学的新任秘书长仍然聘任戴季陶为该校的"董事"，戴季陶也表示将尽绵薄之力，为两国人民的友好往来而努力。正是戴季陶此行收获颇丰，给了蒋介石出访印度的底气，戴季陶一路随行，扮演好两国交流使者的角色。蒋介石访问印度后，中印学会也招纳一批新会员，壮大了力量。戴季陶的贡献赢得了印度各界的尊敬。印度独立后，1946年波罗尼斯大学赠予他博士学位，1947年印度大学赠予他文学博士学位，许多宗教团体也盛邀他到印度讲学，但是戴季陶此时身体每况愈下，无法亲自前往，只能致函表示歉意。

戴季陶致力于促进中印两国的文化交流和往来，是在爱国的前提下进行的，凡是违背中国利益的举动，戴季陶都坚决反对，

尼赫鲁

中印边境冲突中，印度总理尼赫鲁借会议之机，来到民众中不停鼓劲打气。

这表明他首先是一个爱国者，其次才是一个国际主义者。下面一件事情就突出反映了这一点。

1947 年，尼赫鲁出任独立后印度的总理，发起召开泛亚西亚会议，邀请亚洲各国民间代表前往新德里共商亚洲问题。尼赫鲁没有忘记戴季陶这个老朋友，也邀请戴季陶和国民党代表参加。戴季陶虽然认为尼赫鲁未与别国打招呼就贸然召开会议不妥，不过还是准备参加。当他发现尼赫鲁竟然邀请中国西藏地区代表参加时，意识到这不是一个小会议，而是事关国家领土的大问题。出于多年友谊，他不想与尼赫鲁公开冲突，于是请求国民政府另派人参加。最终，国民政府派郑彦棻为代表团团长。郑彦棻询问戴季陶有何指教，戴季陶嘱托他要谨言慎行，最好能够把西藏代表列入中国代表团，也就是说，不能在国际场合让别国产生西藏地区独立于中国之外的印象。

郑彦棻觉得戴季陶所言有理。到了印度，中国代表团的第一

戴季陶（1941）

件事就是向印度交涉，说西藏地区是中国领土的一部分，西藏代表无权单独列席会议，只能作为中国代表团的成员参加会议。中国的正当立场得到了印度的理解，维护了国家的领土主权。可是在正式开会之前，郑彦棻发现预备会议会场悬挂的世界地图，依然把西藏地区划在了中国国境之外，他立刻意识到事情的严重性，这是严重的外交错误，如果不及时改正，会给西藏的独立分子以口实。他立刻去向尼赫鲁交涉，尼赫鲁答应改正。可是开会当天上午，郑彦棻发现地图根本没有改过。眼看会议即将召开，他派人再次向尼赫鲁交涉，表示如果不能及时改正，中国代表团将不参加开幕式，口气斩钉截铁，没有丝毫的商量余地。尼赫鲁这才意识到中方态度的强硬，命人把地图上中国的边界改过来，把西藏地区界定在了中国版图之内。会议正常举行。

中年丧妻

从印度回来后不久，1941 年 5 月戴季陶染上疟疾，原本虚弱的身体更是虚弱，饮食不思，茶水不进，消瘦如枯槁。疟疾的传染性使许多好友也不敢前来慰问，好在赵文淑陪伴左右，尽心伺候。7 月间，他在成都养病，当他的身体稍微有所恢复时，日军对重庆的狂轰滥炸又使他不得不到防空洞中躲避，有时候一待就是几个小时。防空洞里空气污浊，地面潮湿，戴季陶旧疾复发，

252

左臂关节发炎，又得不到及时救治，结果左臂几乎有半年的时间不能伏案写作。

为了治疗关节炎，戴季陶又返回重庆。闻听唯一的侄儿突然病故，他又大哭起来，这一哭竟把他神经痛的老毛病给招了回来。神经痛加上失眠、关节炎，戴季陶被折磨得有一走了之的想法。正当戴季陶百病缠身，生不如死之际，钮有恒的到来让他稍感宽慰。

杜甫诗云："烽火连三月，家书抵万金。"烽火连五载，戴季陶和钮有恒只能通过鸿雁传书，表达思念与安慰，还不敢据实署名，只能以"莲花"、"不空"互称。而今，1942 年 5 月，钮有恒历经千辛万苦，来到重庆，站在了戴季陶面前。在上海，钮有恒孤身一人，严重的高血压让她饱受折磨，她甚至给自己准备好了寿衣，可是想念丈夫的念头支撑她千里赴渝，不见丈夫一面，她死不瞑目。正是这个念头，使她实现了这个愿望。

戴季陶仔细一看，才发现饱经风霜战乱、千里赴渝的结发妻子不再是他印象中的美貌少妇，原本清秀的脸庞上增添了许多皱纹，还因营养不良而略显浮肿，显得比实际年龄苍老不少，曾经的明眸也深深陷了下去，显得黯淡无神，苗条的身段如今也是粗如水桶，日渐发福。而戴夫人也发现久未谋面的丈夫从朝气蓬勃转变为老态龙钟，百病缠身，老态之相毕露。夫妻二人相见，免不得大哭一场，满腹的委屈与痛苦似乎也随泪水洗刷而去。大哭过后，二人相对而笑。毕竟，在动荡年代能够夫妻团聚，已经是莫大的幸福，一切的痛苦与磨难似乎都不重要了。夫妻重逢，戴季陶心里备感温暖，身体也渐渐康复。

精神改善的戴季陶也决定努力工作，继续秉持"在其位，谋其政"的原则管理考试院的大事。当他铺开摊子准备大干一场的时候，钮有恒的身体却一天天垮了下去。1942 年 9 月 15 日，钮有恒突然瘫倒在地，不省人事，及时送医，被诊断为脑溢血突发。抢救无效，撒手人寰。

戴季陶得知这个结果，犹如五雷轰顶。刚刚团聚 4 个多月的

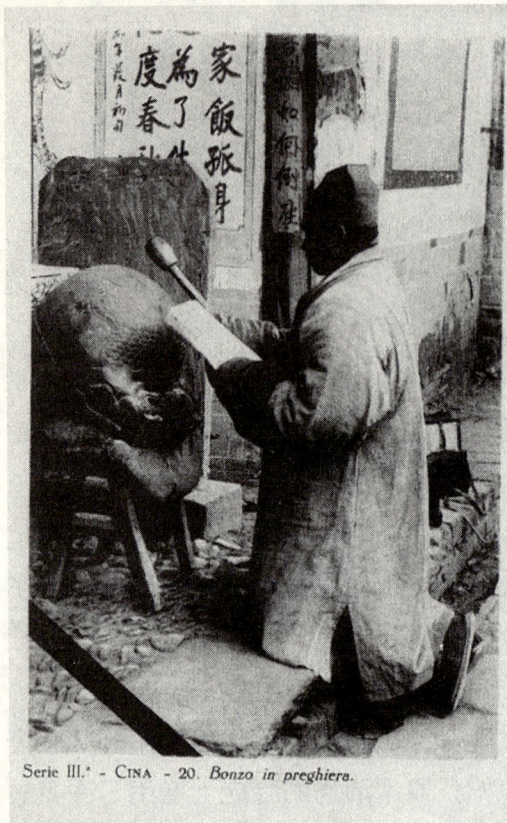

Serie III.ª - CINA - 20. Bonzo in preghiera.

诵读佛经

妻子就这样离开了他，而且是永远离开了他。中年丧妻，人生三大悲之一，想到妻子的种种好，戴季陶痛哭失声。戴季陶虽年轻风流，但一向敬重钮有恒，把她视为自己的精神依靠，夫妻二人虽然长期分居，但心系一处。钮有恒得知赵文淑和家祥的存在后，虽然心里有些酸楚，但也大度地接受了这一事实，毕竟自己在老家管理家务，抽不出身尽到做妻子的责任。赵文淑也从戴季陶处得知钮有恒是个可亲可敬的姐姐，也把她视为自己的姐姐，二女侍一夫，各尽本分。虽然与当时的妇女解放风潮不相容，好在一个在家主外，一个照顾戴季陶主内，倒也相安无事，没有给别人留下话柄。如今夫妻二人刚刚团聚，没过几天幸福日子，妻子竟撒手人寰，戴季陶一下子从大喜坠入了大悲。

戴季陶伤心过度，一病不起，赵文淑负责打理钮有恒的丧事。国难时期，没有大摆排场，让她在平静中安息于地下。戴季陶睹物思人，见到妻子的遗物也能大哭一场。不得已，他搬到附近的寺庙居住。他知道妻子生前向佛，故每日打坐念经，超度妻子的亡灵，希望她能顺利往生极乐世界，自己也获得暂时的心理安慰。

对赵文淑多年来的细心照顾，戴季陶点点滴滴记在心里。1944 年 1 月 27 日，戴季陶正式迎娶赵文淑为填房，赵文淑等了整整 22 年才等到了正式的夫妻名分。虽然来得迟，但总算是有了结果。3 月，女儿家祥订婚，赵文淑也熬出了头。1945 年 1 月 27 日，即戴季陶与赵文淑结婚的周年纪念日，家祥出嫁。8 月份，戴安国喜得贵子，得知自己当了爷爷，戴季陶本来还卧病在床，突然高兴地从床上跳下来，精神顿时好了许多。

一连串的喜事虽然让戴季陶的心情好了许多，但是他的老毛病仍不时作怪。神经衰弱症让他夜夜难以安睡，不得已靠安眠药辅助睡眠。时间一长，他对安眠药形成了抗药性，不得不加大剂量。有一次他竟然因服用安眠药过量而昏死过去，幸亏发现及时，才抢救过来。可是，他以后并没有多加注意，这就埋下了一个死亡隐患。

第二节　先国民党之忧而忧

重庆谈判

1945 年 8 月 15 日，日本正式宣布无条件投降，中国人民赢得抗日战争的最后胜利，全国人民都处在胜利的喜悦里，通过各种形式庆祝胜利，唯戴季陶例外。当亲朋好友来祝贺抗战胜利时，他一反常态："有什么值得祝贺的？哭还在后面，将有千百倍艰苦去忍受，必须提高警惕，何贺之有呢？"纵横政坛多年的戴季陶敏锐地感觉到，消除了日本这个外敌，共产党成为国民党的头号内患，国民党和共产党的旧账、新账又要一起算了。苏联也成为国民政府的二号敌人，他曾说，日本是仇，仇消即成友；苏俄是敌，疆土相接，势均力敌，如今仇去敌在，不是庆祝的时候。

在抗日战争曙光初现之时，戴季陶就提醒蒋介石："战时固艰苦，战后艰苦将十倍于战时，危险亦不可想象。非不可避免，只在人心知与不知之一转耳。"[1] 抗战结束后，他劝蒋介石不要急忙

---

① 陈天锡主编：《戴季陶先生文存》，（台湾）中国国民党中央委员会 1959 年版，第 1450 页。

日本向中国投降签字仪式在南京举行（1945 年 9 月 9 日）

派兵到东北，被胜利冲昏头脑的蒋介石哪里听得进，结果一败涂地。不过，戴季陶的提醒让蒋介石也开始认真考虑国民党与共产党的关系问题。多年"剿匪"的经验使蒋介石感觉到，武力并不能消灭共产党，反而使他们壮大起来，只有"智取"，或许能够加以限制，然后再伺机消灭。

8 月 14 日，蒋介石致电毛泽东，邀请他到重庆商讨国际国内重大问题，表现出一种战后合作的态势，在舆论上占据优势。戴季陶得知后，找蒋介石理论，坚决反对与共产党和谈，认为"人"与"匪"（指共产党）殊途，怎能听信"匪徒"之言论？蒋介石并没有告诉戴季陶他"假和平，真内战"的想法，只是微微一笑，而且他认为毛泽东并不会来重庆谈判，这样国民党就在舆论上占据主动，将来可以把内战的元凶栽到共产党头上。可以说，和谈是蒋介石周密考虑后的一个包藏祸心的毒计。

可是没想到毛泽东回复说：如约到重庆谈判。这就打乱了蒋介石的如意算盘。8 月 28 日，毛泽东、周恩来等抵达重庆，戴季陶更感到事情不妙。既然人都来了，他只好建议蒋介石见机行事，不要上当，他自己则坚决表示不会与中共接触，表明对蒋介石的

"忠诚无二"。

毛泽东登门

戴季陶向蒋介石保证不主动接触中共人士，中共则反其道而行之，主动接触他。

8月30日下午，毛泽东主动到"陶园"拜访戴季陶。说起来，戴季陶与毛泽东也算旧相识，国民党二大前，戴季陶在国民党中央宣传部任部长，二大后，毛泽东曾代理过国民党中央宣传部部长，戴季陶当时任中央执行委员，毛泽东为中央候补执行委员。两人来往不多，但都客客气气。后来戴季陶抛出"戴季陶主义"，毛泽东则带头写文章批判他；戴季陶坚决反共，毛泽东则成了共产党的首脑。短短二十几年，倒真的翻天覆地，让人感慨万千。

戴季陶万万没有想到毛泽东竟然亲自拜访他这个有名的"国民党右派"，暗自佩服毛泽东的度量和气魄。他虽然对共产党有很深的成见，但是来者是客，该有的礼数还是不可少的。一阵寒暄之后，他请毛泽东进入客厅，品茗闲谈。毛泽东开门见山，说明了前来重庆谈判的用意，以及共产党对时局的看法，尤其谈到人民要求重建家园、实现和平的迫切愿望，希望戴季陶能够从民族大义、人民意愿出发，推动此次国共合作。戴季陶自认与共产党水火不容，毛泽东的坦诚相见让他有些局促不安，有点"小人之心度

重庆谈判期间，毛泽东与赫尔利等合影留念

君子之腹"的尴尬。对于毛泽东的主张，他不好意思直接反驳，也没有公开支持。毛泽东也知道他是国民党内的理论权威和蒋介石的铁杆兄弟，让他同意国共再次合作绝非三言两语就能够改变的，此次拜访的目的是让戴季陶了解共产党的用意，消除他的一些误解。目的达到，毛泽东起身告辞，戴季陶送至门外。

毛泽东从陶园出来去拜访于右任时，恰好遇到蒋介石迎面走来要去看望戴季陶。果然不是冤家不聚头。

蒋介石问："润之兄，刚才去了哪里？"

毛泽东说："刚去拜访了天仇兄。"

蒋介石先是一怔，假笑道："好，见见好，见见好。"①

毛泽东、蒋介石的先后拜访让戴季陶对当前的国内形势深思起来。素闻毛泽东有将帅之才，虚怀若谷，今日一见，名不虚传；蒋介石性格乖张，但是对自己重情重义，情同手足。他不会为了毛泽东的区区几句话改变立场，更不会背叛蒋介石，如何在不让蒋介石对自己生疑的情况下，还毛泽东登门拜访的这个人情呢？戴季陶苦无良策。

宴请毛泽东

正当戴季陶想法子的时候，国民党左派、国共谈判的国民党代表之一张治中登门拜访戴季陶。两人谈起了当前的局势，不免又谈到毛泽东。戴季陶提及毛泽东登门拜访之事，言语中有夸赞毛泽东之意。

张治中趁机说："季陶兄与润之早年多有往来，润之这次到重庆，亲自登门拜访，颇重情义。季陶兄何不尽地主之谊，与润之联杯酒之欢？既可增进情感，于商谈国事不无裨益啊。古人云：'来而不往非礼也。'"

戴季陶觉得张治中所言有理，便答应了。事后，他考虑到自己亲自出面邀请毛泽东多有不便，就写信给张治中，希望由张治

---

① 王炳南著：《重庆谈判纪实》，重庆出版社 1983 年版，第 429 页。

中代他邀请毛泽东和同行人员，张治中答应了。按照戴季陶的要求，张治中邀请毛泽东、周恩来等六七人到德育斋共用晚餐。

9月13日晚七点，在张治中的陪同下，毛泽东等人准时赴宴。戴季陶早已恭候，双方见面后，不免客套一番，方才在旁厅落座。中国人谈话，总喜欢从叙旧开始，此次也不例外。双方谈到当年在国民党中央、黄埔军校共事

张治中塑像

时的情景，一晃二十多年过去了，当年的青年小伙子都成了年过半百的老头子，不禁感慨时光飞逝得如此之快。

稍事休息，叙旧过后，双方入席。旧已叙完，不能再叙，只有谈论眼前。如今双方各为其主，都是各自方的重要人物，说话非常谨慎，极注意用词和分寸，因而宴会缺乏欢乐融洽的气氛，看似一团和气，实则貌合神离。

双方入席后，戴季陶端起酒杯说："润之先生能应邀来渝，二十年之老朋友今日汇聚，我十分高兴，为表欢迎之意和朋友之情，我敬大家一杯。"说完，和毛泽东、周恩来、王若飞、张治中一一碰了碰杯，抿抿酒杯后，一饮而尽。

毛泽东也致词说："哪方面的朋友都会见面的，和天仇既是朋友，又是文友，谢谢他的热情招待，来，大家敬天仇先生一杯!"戴季陶再次一仰脖子，一饮而尽。

张治中借花献佛，端起酒杯说："重庆谈判应是中国的未来，为和谈成功，我敬中共诸位代表一杯。"

毛泽东说："和谈成不成功，那是双方都要把握好、双方都要

259

尽心尽力之事。"

一番敬酒下来，又开始了一番恭维、客套话。当戴季陶举杯说，"润之先生能从延安飞到重庆，堪称大智大勇，我从内心敬重"时，毛泽东也笑着说："戴先生能打破蒋主席的禁令，设宴招待我们中共代表团的举动，我也十分敬佩。"戴季陶一向侃侃而谈，此次似乎在回避什么，话语不多，显得意兴阑珊；毛泽东也非常注意统战策略，没有批评戴季陶。双方杯来酒往，虽不热烈，也还算融洽。宴会在有保留的融洽氛围中结束了。

送走宾客，戴季陶没有离去，而是一人独自在宴会厅，沉默不语。据陈天锡回忆，戴季陶"席终客散，亦从无一言提及，似有不足言之隐"。此宴一方面让他还了毛泽东的人情，尽了社交礼仪；另一方面，让他对国共合作的前景，尤其是国民党的前途更加忧心起来。

经过一个多月的谈判，国民党代表在《双十协定》上签字后，蒋介石就秘密下达了"剿匪"的命令，开始向东北解放区进攻。

毛泽东与张治中等合影

1945 年 10 月 11 日，重庆会谈结束后，毛泽东返回延安时在重庆机场与送行的张治中（左一）、陈诚（右二）、陶行知等合影。

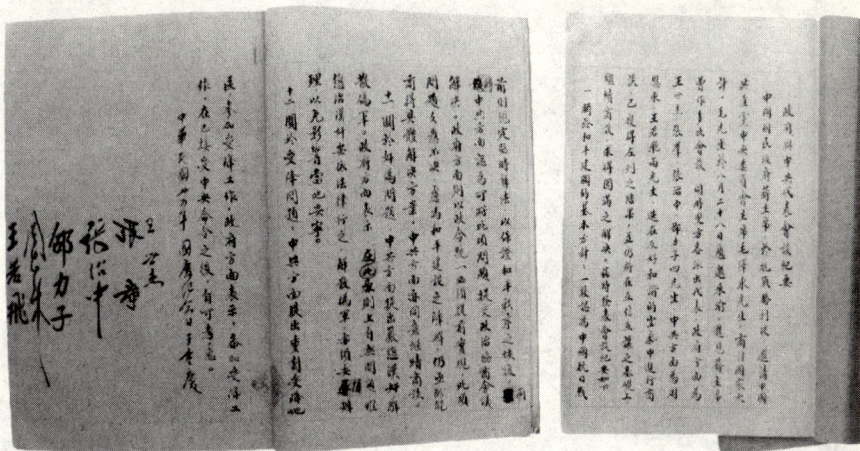

《双十协定》

戴季陶考虑到苏联在东北的影响和共产党在此的实力，建议蒋介石不要贸然向东北进军，不然会遭到失败。蒋介石一意孤行，果然受挫。

第三节　政治闹剧的参与者

重返南京

1946 年初，国民政府重回南京。戴季陶回到了阔别七年的南京考试院。可惜今非昔比，人是物非。昔日宁静优雅的考试院如今只剩下断壁残垣，书籍档案散落一地，已经破损不堪。精心种植的名贵花木要么零落成泥，不知去向；要么只剩下枯枝败叶，奄奄一息。虽是春季，这里却是败枝残叶，枯树衰草，一片萧索的景象，遍地落叶在微风的吹拂下漫天飞舞，踩在脚下簌簌作响。倾注了半生心血的考试院竟沦落到这步田地，戴季陶几乎又要大哭一场。国家百废待兴，考试院也需要重振旗鼓，戴季陶虽然百病缠身，但仍希望重建考试院。

回到南京的蒋介石则希望加强他的独裁统治，1947 年 1 月 1 日，他一手炮制的《中华民国宪法》公布，这部宪法最大的特点

蒋介石签署宪法颁布令

　　1946 年 12 月 31 日，蒋介石于南京签署宪法颁布令，宣布进入宪政时期。

是用国家的根本大法来确立蒋介石的独裁统治。中共的《解放日报》准确地把它概括为"人民无权，独夫集权"。6 月，国民政府成立了以张励生为首的"选举总事务所"，大张旗鼓地为"行宪国大"张罗开来。戴季陶等人认为"各地秩序未复，选举不及普遍实施"，但是蒋介石一意孤行，说什么也要大模大样地登上总统宝座。11 月，蒋介石任命孙科为国民大会筹备委员会主任，国民党中央成立选举指导委员会，"行宪国大"进入了实质性阶段。

　　戴季陶本无心参加这次国大的竞选，谁知国民党中央已经按照蒋介石的指示，把他圈定为国大代表的候选人。他多次致函张励生等人，要求另选他人，自己身体不好，不能当此大任，结果均被置若罔闻。戴季陶就这样心不甘情不愿地成为钦定国大代表。

　　1948 年 3 月 29 日，蒋介石筹划已久的"行宪国大"在南京正式开幕。这届国大闻名全国，并非因为它有什么泽被后世的功绩，而是围绕总统、副总统的选举，各色人物粉墨登场，虽非专业演员却比专业演员还专业，上演了一出故事离奇、情节曲折、笑料百出、哭笑不得的民国闹剧，其精彩性、离奇性不亚于最优秀的影视作品。

拥蒋当总统

蒋介石此时虽然掌握了国民政府的军事、行政大权，是国民党内的第一领袖，可是自从他从政以来，他的梦想就是让选民用选票把他捧到总统的宝座上，名正言顺地坐上民国政坛的第一把交椅。抗日战争结束了，蒋介石认为是时候来实现这个梦想了。可是，蒋介石发现，中华民国总统这个职位太抢手，许多人都盯上了，甚至连美国人都想插一脚。

1947 年夏，美国政府派魏德迈来华调查南京政府的情况，魏德迈认为蒋介石政府腐败无能，麻木不仁，如要使中国复兴，必待富有感召力的领袖出现。这对蒋介石无疑是一次打击。更为严重的打击是，美国国务卿马歇尔郑重其事地告诉国会议员说，他一直在警告蒋介石及其顾问，"国民党和共产党进行武力较量，形势对国民党会极为不利"。他的话极其尖锐："在很大程度上，中国共产党已成功地证明了他们的运动和目前大众要求变革的愿望是一致的。另一方面，今天的国民政府在传统和方式上没有任何迹象，表明它能满足大众的这种要求，也不能为中国大众创造出令人满意的条件，更不

司徒雷登肖像

263

能阻止暴力及国内混乱局面的进一步恶化。"说明美国这个后台对蒋介石极为不满,这对蒋介石的统治无疑是一大威胁。

美国驻华大使司徒雷登密会蒋介石,谈到美国在这件事情上的看法,认为蒋介石最好还是保持现在的权势,不要谋求总统宝座,要把这个外表尊崇、实则无权的豪华头衔让给胡适,给国民以尊敬文化的暗示,也能赢得美国的好感与支持。美国让他把即将到手的桂冠让给他人,这让蒋介石非常生气,在日记里又把美国政府数落一番。他不顾国民党元老的反对,张罗大半年,目的就是名正言顺地把总统的桂冠戴在自己头上,可现在让他为他人做嫁衣裳,说什么他也不干。这个总统,他当定了。

不过,这也提醒了蒋介石:是否国民党要员都不希望他当总统呢? 多疑的蒋介石开始怀疑起来。为了测验国民党高层对他当总统的态度,1948 年 4 月 4 日,在国民党第六届中央临时会议上,身为会议主席的蒋介石玩起了"欲擒故纵"术。他假惺惺地说,他将不参加大总统竞选,希望本党诸位同志慎重选择未来元首,表现出一副置身事外的超然态度,还提出总统候选人应该具备四个条件:一、文人;二、学者专家;三、国际知名人士;四、不一定是国民党党员。这些条件,蒋介石无一具备,给人的感觉是他真的没有当总统的想法。说完这四个条件,蒋介石技巧性地宣布休会,下午再开。

下午蒋介石没有出席会议,何应钦成为会议主席,也就是说,蒋介石在上午的会议上扔了一个烟雾弹,下午躲在角落看众人的反应了。此招果然高明。下午讨论的焦点就是总统候选人问题,围绕这个热点问题,国民党各个派系的庐山真面目似乎一一暴露。有些人也许是从政资历浅,不知道政治的水有多深,蒋介石的城府有多深,天真地以为上午蒋介石的一番话是肺腑之言,不疑有他,竟然把自己的真实想法说了出来。按照蒋介石上午提的四个条件,有人认为胡适是最符合这四条的人选;有人接着提出反对意见,认为胡适没资格做总统,于右任、居正等人,论资历、论学识都是最佳人选。陈果夫、陈立夫兄弟的党羽则坚决反对,主张蒋介石做总统候选人最为合适。各方各执一词，争得不可开交。

戴季陶当时坐在最前排，凭着他与蒋介石多年的交情，他猜到了蒋介石的心思和用意。蒋介石一向心眼多，说不想做什么，实际上是想做什么，此所谓"欲擒故纵"、"以退为进"之计尔，这一招是蒋介石政治上不倒的法宝，他曾多次见识过。蒋介石提出不做总统候选人，是做戏给美国人看，也是对国民党部属的一种测验，是试验党内同志是否忠诚于他，为日后铲除异己、扶植亲信作参考。听着国民党少壮派不支持蒋介石

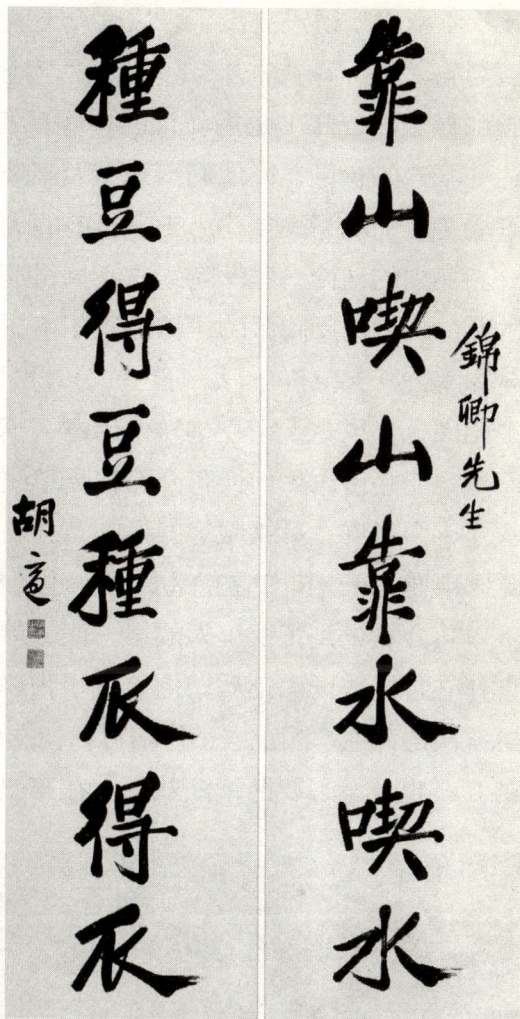

楷书八言联（胡适）

的言论，戴季陶明白这些人在政治上还太嫩，竟然没摸着老虎的心思，准保是会倒大霉的。他认为，从当前的形势来说，蒋介石是国民党内最有实力的人物，也是堪当大任的人物，也许只有他当总统，国家的局面才会扭转，共党的气焰才不会这样嚣张。自从孙先生去世后，戴季陶的政治生命就与蒋介石的宦海沉浮联系在一起，他们在政治上已经成为密不可分的同盟军，是"一损俱损，一荣俱荣"的利益结合体。所以，于公于私，戴季陶都站在蒋介石这边。

看双方吵得没完没了、风度全无时，作为国民党元老，党内著名的"文人"、"学者专家"，戴季陶登台发言。他十分激动，满脸涨得通红，几乎是用教训的口吻斥责"总裁不担任总统为宜"这一派人的意见，说他们不知道天高地厚，不懂得政治，更不了解局势。他从国民党的历史、当前的局势入手，得出了总统非蒋介石莫属的结论。戴季陶的这番演讲逻辑清楚，分析透彻，见解独到，即刻把反蒋派的声势给压了下去。在国民党内享有威望的戴季陶公开支持蒋介石，理由充分，振振有词，拥蒋派拍手叫好，开始占据上风。大家立刻转变话题，不再讨论谁做总统候选人的问题，而是讨论如何让蒋介石接受总统宝座的问题。大家商量后决定，由张群、吴铁城等五人向蒋介石劝驾，让他无论如何要以党国事业为重，即使是勉为其难，也要参与总统竞选。

蒋介石见到张群等人的第一面，就明白了他们的来意。在惺惺作态地说些场面话后，他笑纳了张群等人送来的总统桂冠，从总统候选人中，圈定居正作陪衬，竞选总统。自己的态度挑明了，蒋介石也就没必要继续演戏了。在第二天的会议上，他开始"秋

蒋介石当选总统就职演说
　1948 年 5 月 20 日，蒋介石于南京就任中华民国第一任总统。

后算账"。他先是把那些提名胡适当总统候选人的人骂了一通,发泄他心中的怒气;接着又唱了一出"丑表功",说他如何追随国父孙中山,许身革命,创立黄埔,挥军北伐,统一中国,不计生死,八年抗日,既是统一中国的功臣,又是抗战英雄,等等,其结论就是"我不做总统,谁做总统"!一副理直气壮、舍我其谁的样子。

蒋介石幕僚张群

戴季陶在拥戴蒋介石问题上的态度和作用也传到了蒋介石的耳朵里,他心里暗说:"知我者,传贤兄也。"深感这个把兄弟没有白结拜。

蒋介石想当总统、能当上总统这是毫无悬念的了,可是他并不满意,因为他不想当有限制的总统,不想受到宪法的束缚。这个难题也难不倒喜欢变通的国民党大员们。张群等人领会了蒋介石的意思后,提出"赋予总统紧急处置权"的建议。4月15日,胡适等721名国大代表向国大提出《请制定动员戡乱时期临时条款案》的提案,主张总统在特殊情况下可以"不受宪法第三十九条或条约第四十三条所规定程序之限制"。随后这项提案以1624票赞同而通过。这样,蒋介石获得了不受宪法和法律约束的权力,用法律手段保障了名义上民主、实质上专制的统治方式。

出尔反尔

确定总统候选人的戏码告一段落,推举副总统候选人的好戏紧锣密鼓地登场了。如果说推举总统候选人是一出戏的开场,那么围绕副总统候选人的争夺则是这出戏的高潮,各色人物粉墨登场,情节跌宕起伏,超乎想象。

蒋介石除了自己想当总统，还想控制副总统的人选，他本来打算指定孙科做副总统候选人。孙科在威望、学识等方面都不堪大任，但他是孙中山的独生儿子，蒋介石企图以他的身份给自己撑门面，说明自己是继承孙中山的衣钵的。可是，蒋介石没想到，副总统的宝座也炙手可热，一下子冒出另外五个人来凑热闹，于右任、李宗仁、程潜、莫德惠和徐傅霖这五人先后声明，准备参加副总统的竞选。尤其是老对头李宗仁，让蒋介石感到事情很棘手。李宗仁在个人能力、军事实力、党内威望等方面都比孙科高一筹，一向是蒋介石的心腹大患之一，也是最被看好的副总统候选人。如果他当了副总统，直接受到威胁的就是蒋介石。对此，蒋介石心知肚明。他和于右任等人说尽花言巧语，许诺种种好处，企图让李宗仁放弃副总统竞选，李宗仁都不为所动，坚持将竞选进行到底。蒋介石明白李宗仁跟自己一样，是铁了心了。

孙科自知不是李宗仁的对手，怕败得很难看，想放弃竞选。蒋介石得知后，派人给孙科打气，因为这场竞选不仅关系到孙科的颜面，更涉及到蒋介石当总统当得舒不舒服。他派人给孙科建

国军三巨头
图从左至右分别是李宗仁、白崇禧、何应钦。

造了一所价值 10 万美金的花园洋房，又给孙科提供了一笔可观的竞选经费，让他放心大胆地去拉选票。孙科见竞选可以做到"名利双收"，也就不再推辞。副总统之争，名为孙科和李宗仁较劲，实则是蒋介石和李宗仁的大比拼。孙科和蒋介石，一人在前台表演，一人在后台指挥，犹如训练有素的双簧演员，配合默契，因而这出好戏精彩纷呈。蒋介石开足马力，动员各方力量，使尽浑身解数帮

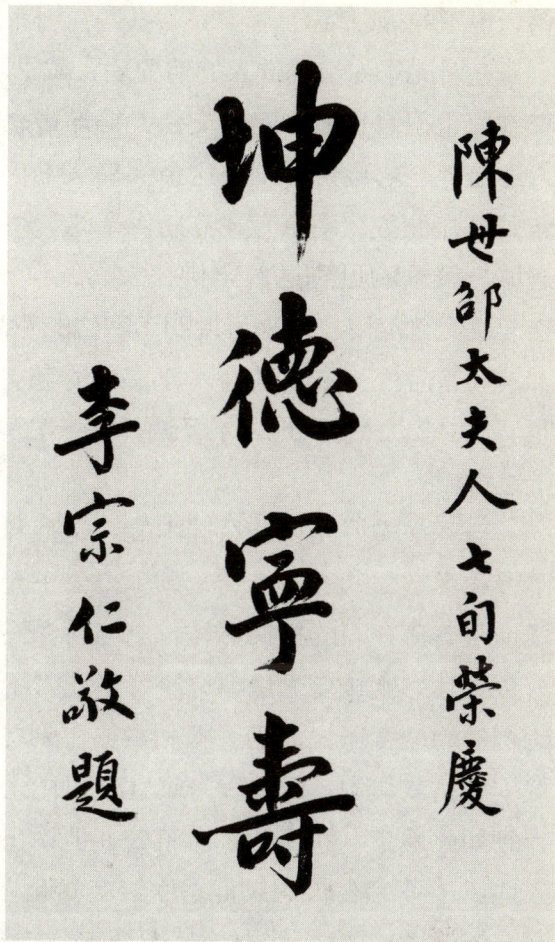

坤德寧壽

陳世郎太夫人七旬榮慶

李宗仁敬題

李宗仁题词

助孙科，打击李宗仁。蒋介石动用了党部、同学会、宪兵、警察、中统和军统的全部力量，甚至半夜三更还到代表住所"访问"，向代表们说明来意，让代表们看着办。蒋介石还把他的老乡、学生、好友一一请来谈话，或以名利拉拢，或以感情拉拢，或明或暗地让他们支持孙科。比如，他对他的黄埔学生们打起了感情牌："你们要知道，自从李宗仁决定竞选之后，这件事对校长好比一把刀指着胸膛那样难过，你们一定要明白校长的苦心啊。"[①] 说完，面露难色，一副如鲠在喉的受委屈状。李宗仁见孙科和蒋介石铆足了

① 周一志：《孙科、李宗仁竞选副总统的形形色色》，《文史资料选辑》第 32 辑，中国文史出版社 1997 年版，第 175 页。

劲，也不敢掉以轻心。

在对比了 6 位候选人的情况后，戴季陶是比较看好李宗仁的。李宗仁也很看重戴季陶的支持，得知戴季陶信奉佛法后，专程派人送给他一尊金佛。据说这金佛来头不小，是日本人从日本的寺庙请来，准备在南京专建寺庙供奉的，可以说是稀世珍宝，价值连城。戴季陶见到这尊金佛，大喜，合十膜拜，唯恐亵渎圣物，连连说无德消受。当来者说明李宗仁的意思后，戴季陶欣然笑纳，并满口答应说："德邻先生（李宗仁的字）配合蒋公，真党国之福也。"如是念念有词地说了多遍，并亲笔写信回复，大有包在他身上之意。①

当戴季陶得知蒋介石选中的人是孙科后，立刻改弦更张，顾不得和李宗仁的君子约定，顾不得公正无私，马上毫无原则和立场地跟着蒋介石的指挥棒转，充当蒋介石的马前卒，站到了孙科一边。其态度转变之快、之决绝，让人不得不佩服他变脸的速度比翻书的速度还快，还干脆利索。在副总统选举前，李宗仁亲自登门拜访戴季陶，戴季陶一改上次的礼让，冷冰冰地说："时局已弄到如此地步，我一切听命蒋公，他说上天就上天，他说入地就入地。"② 李宗仁没想到他态度转变如此之快，惊愕到不知如何是好。俗话说，"拿人钱财，替人消灾"，戴季陶拿了李宗仁价值连城的金佛，却拒绝替人消灾，更绝口不提归还金佛之意，李宗仁也不好开口要回金佛。踌躇间，恰好何应钦来访，李宗仁趁机拂袖而去，感慨人心不古，心思难料，稀世珍宝喂了白眼狼。

戴季陶不仅私吞了李宗仁的金佛，不为李宗仁消灾，还竭心尽力地为李宗仁的政敌孙科拉选票。戴季陶素来与边疆各省代表私交不错，决定为孙科拉些边疆代表的选票。他这时候也顾不得体弱多病，也顾不得别人的闲言碎语，与孙科、吴忠信联合举行

① 王捷三：《李宗仁竞选副总统琐记》，《文史资料选辑》第 32 辑，中国文史出版社 1997 年版，第 163 页。
② 王捷三：《李宗仁竞选副总统琐记》，《文史资料选辑》第 32 辑，中国文史出版社 1997 年版，第 166 页。

了一次盛大的茶话会，邀请边疆地区代表参加。会上，戴季陶以党国元老、一向关心边政的国民党大员的身份发表讲话。他分析了当前国内的形势，提出选举孙科为副总统的重要性。代表们一听就明白了，他是拐着弯要大家把票投给孙科啊，明摆着帮孙科拉票呢。

边疆各省区代表碍于戴季陶和吴忠信的面子，不好不从，纷纷表示一定支持孙科。为了让戴季陶

孙科肖像

相信他们的诚意，还建议推举代表当场"看票"，以防心口不一。孙科连忙站起来，谦称不必，表示相信大家。但是孙科越这样，大家越觉得有必要证明自己的诚信，坚持要求推举代表"看票"。双方都客客气气，一方竭力展现自己的诚意，另一方则表示相信对方的诚意，戴季陶见目的达到，就出来打圆场："秘密投票是宪法给你们的权利，自愿公开投票，以示负责更是你们的自由。不过宪法保障于先，孙先生对诸位的热烈支持坚信不移于后，诸位似乎可以不必坚持看票了。"①

前几天，戴季陶通过自己的一番言论使国民党恭恭敬敬地把蒋介石捧上了总统宝座，这一次，他又通过拉关系、托人情、恩威并施等种种手段，试图帮着蒋介石把孙科抬到副总统的宝座上，可惜，这一次他失败了。4月29日，在副总统决选中，李宗仁在美国力挺、桂系支持和国民党内少壮派拥戴的情况下，以134票

---

① 王成圣《戴季陶的一生》（五），《中外杂志》第17卷，第2期，第21页。

亲爱精诚

蒋中正

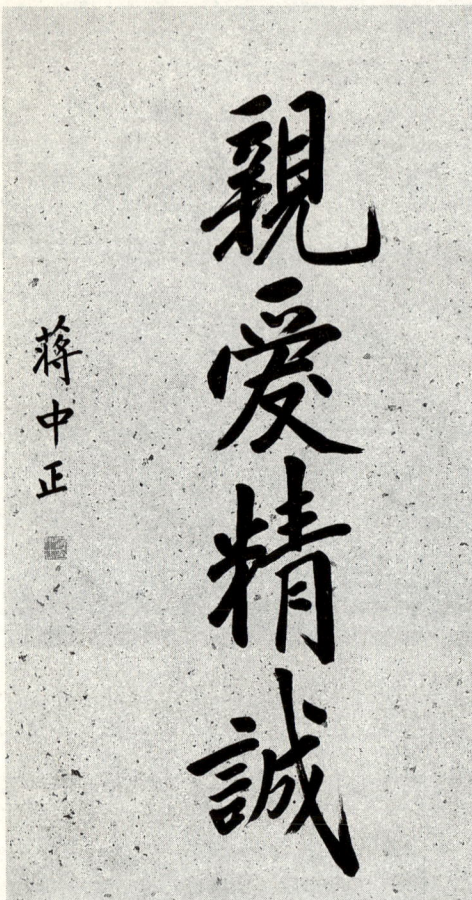

蒋介石书法作品

的微弱多数战胜了蒋介石、戴季陶力捧的孙科，名正言顺地成为副总统。可以说，在总统候选人问题上，戴季陶用忠诚赢得了蒋介石的感激；但在副总统选举问题上，他则不顾立场和原则，出尔反尔，与李宗仁结怨，最终得不偿失。

自食其果

让戴季陶万万没想到的是，不仅李宗仁痛恨他，本来应该感谢他的蒋介石没过几天也责怪他。怎么回事呢？原来，蒋介石还没将总统宝座捂热乎，就在解放战争中连遭滑铁卢，在国民党主和派的压力下被迫下台。丢尽颜面的蒋介石不是从自己身上找原因，而是怪罪当初劝他当总统的铁杆分子。他曾说："去年（1948年）我在党中央委员会扩大会议上提出不担任总统的职务……但党内同志尤以一些老同志坚持反对，一定要我担任总统，结果因副总统的竞选问题，弄得党内意见分歧，离心离德，对内对外，都受到很大影响。现在我摆脱了国家行政元首的地位，今后可以总裁身份就重大政策问题发表意见，反而要好得多。"①

蒋介石这席话，有两个方面都影射到戴季陶。明眼人一看就知道"党内一些老同志"是指戴季陶等人。当初"党内的少壮派"

---

① 宋希濂：《和谈前夕蒋介石的幕后操纵和李宗仁的备战部署》，《文史资料选辑》第32辑，中国文史出版社1997年版，第112页。

不拥戴他，他大声责骂，说“我不做总统，谁做总统”，一副当仁不让的气势，称赞还是党内的老同志知道他，一副找到知音的感觉。可如今，刚过半年，蒋介石的嘴脸就变了。自己因无能被轰下台，又怪罪到老同志身上，跟半年前的言论比起来，蒋介石可以说是自打嘴巴，把出尔反尔、反复无常做到了淋漓尽致，在这一点上，戴季陶还要向他这位结拜兄弟多多“学习”。

副总统竞选问题，确实让国民党内意见分歧，几乎反目成仇。戴季陶在这个事件中扮演了不光彩的小人角色，其他人也是翻手为云，覆手为雨，拉帮结派，无所不用其极，这种局面的出现与蒋介石力挺孙科、打击李宗仁有关。如果蒋介石自己置身事外，不蹚这摊浑水，怎会闹得鸡犬不宁？戴季陶又何至于与李宗仁撕破脸面，反目成仇？

蒋介石的这番话传到了戴季陶的耳朵里，让他精神几乎崩溃。早在此前，他曾经对金诵盘说：“真是做人难啊，帮他干吧，没法合作；不帮他做吧，还要顾及他的面子。”可是，蒋介石总是不顾及他的面子，更没有考虑过他的感受，让他很寒心。他对蒋介石只剩下兄弟间的一点忠诚，再没有最初的相濡以沫、相知相助了。他从来都知道蒋介石是自私狭隘、多疑的，看在他一向

蒋介石

注重道义和兄弟之情，才不离不弃，生死追随，可是没想到蒋介石如此的反复无常，过河拆桥，自己落了个出力不讨好的下场。面对蒋介石的指责，他又无从辩驳，只好把怨气和怒火压在心里。可以想见，如果戴季陶没有因过量安眠药而死，也会被蒋介石的"不识好人心"给活活气死。

第九章
功过任评说

第一节　生不如死

辞别考试院

自从国民政府迁回南京，戴季陶就一直对前途持悲观态度。长期的病痛折磨让他对现实、政治等备感失望，他似乎感到，他终身为之奋斗的中华民国已经到了山穷水尽的地步，对前途感到心灰意冷，辞职似乎依然是他最好的选择。当他把想法告诉好友金诵盘时，金诵盘也正有此意。让戴季陶更意外的是，金诵盘把辞呈都写好了。

戴季陶见金诵盘如此开诚布公，说："我也多次提出辞职，都没有批准。现在辞呈也已经写好。但是我们两个人不能一起辞职。因为这样一来，一是震动朝野上下，让某些人乱作文章；二是介兄那里不一定通得过。"

金诵盘说："如果我们两个以不同的理由提出来呢？"

"也不行，介兄是个聪明人，耍这套花样瞒不过他。"

这样不行，那样也不行，两人犯了难。

戴季陶不愧是蒋介石的心腹幕僚，最终还是想出了一个两全其美的好主意：金诵盘先辞去军职，保留国民政府参议和考试院顾问的职务，这两项职务都是虚职，保不保留实际上差别不大。戴季陶则再次请求辞去考试院院长一职，毛遂自荐改任国史馆馆长一职，保留中央执行委员会委员等挂名职务，实际上，辞去考

海枯石爛生死不渝

安危共仗甘苦同賞

敬奉煥章如肥兄惠存

蔣中正

楷书八言联（蒋介石）

试院院长这个职务，戴季陶基本上就算是"卸甲归田"了。戴季陶的这个主意既让二人摆脱了日常工作的压力，又给蒋介石保留了颜面。

与以往一样，蒋介石再次否决了戴季陶的辞呈，还专程派蒋纬国来做说客，让戴季陶安心工作。可是这一次，戴季陶铁了心要辞职，蒋纬国无功而返，把戴季陶的想法转达给蒋介石。1948年6月5日，戴季陶终于辞去考试院院长一职，改任国史馆馆长。戴季陶在与友人的信中吐露了坚决辞职的原因，他自认为"学行不成，功业无称，世风日下，国事日衰，而毫无补益。行年已近耳顺，而疲懦无所补益，一至于是，此贤之所以每至夜不能寐，痛自惕责者也"。① 可见，他一方面认为自己没有在考试院院长职位上作出成绩，深感不安，另一方面认为"国事日衰"，无可挽救，产生了悲观、逃避的心理。

---

① 陈天锡主编：《戴季陶先生文存》第4卷，（台湾）中国国民党中央委员会1959年版，第1723页。

兄弟生嫌隙

为了有利于身体的恢复，早在 1948 年春，戴季陶就迁入位于南京东郊汤山的孝园居住。孝园本是他为母亲逝世而修建的一处别墅，小巧玲珑，安静舒适。不仅有温泉，而且景色幽静，空气清新，又远离尘世中的烦忧和纷争，一派世外桃源景象。清澈的流泉，四季的花香，山中的云雾、朝日和残阳，让戴季陶迷醉，很适合养病。

蒋介石忙，但还是抽空来汤山看过戴季陶一次。但这一次，两人似乎有点话不投机半句多了。

不知怎的，蒋介石提到张学良，抱怨他当初没有尽心"剿匪"，结果养虎为患，使得共产党如今势力壮大。

提起西安事变，戴季陶对这位盟兄和宋美龄就一肚子气。他语带玄机地说，不光张学良不会"剿匪"，即使胡宗南也没有太多成效。胡宗南一向是蒋介石的爱将，戴季陶公开批评他，有批评蒋介石不会用人之意，从而说明正是蒋介石的用人不当才导致共产党势力的壮大。他说："胡宗南报告说，红军被消灭了大部，其余逃跑了。后来才知道，是胡宗南的部队被共军消灭了大部，自己撤退了。"戴季陶越说越激动，甚至直接批评蒋介石："党国最大的错误就是没有在江西彻底消灭共产党。几十万军队，前堵后截，左右围攻，竟然让共产党的区区几千人在眼皮底下跑到陕北会师，这真是值得反省啊。"说完，一副往事不堪回首的痛心状。谁不知道那几十万"剿共大军"是蒋介石指挥

蒋介石与胡宗南在抗战时期的合影

的？这不等于直接批评蒋介石吗？

蒋介石听出了戴季陶的言外之意，脸色渐渐难看，已经很久没有人敢于批评他了。他把话题转到当前的战事上，寄希望于天堑长江，戴季陶却直接说，"天堑不可恃，唯人心可用"。

蒋介石来此是希望戴季陶为他出谋划策，而不是让他给自己泼冷水，更不是受他数落的。他感到二人是话不投机，无法再继续交谈下去，只好起身告辞。戴季陶见蒋介石依然故我，独断专行，只能暗自叹息。

工作上的重担去掉了，生活上的重担却接踵而至。9月初，赵文淑突然患上中风，右半身麻痹，瘫痪在床。戴季陶自己百病缠身，自顾不暇，这时候还要照顾赵文淑，夫妻俩也算患难见真情了。

戴季陶在忙于照顾病妻之余，仍然密切关注局势的变化。蒋介石在与共产党的战争中一败再败，国民党内部出现了"议和"、"划江而治"、"蒋介石下台"等声音，甚至得到了英美的支持。虽然他与蒋介石上次不欢而散，但在得知蒋介石内外交困后，他还是出自内心地替他着急。如今党国军队兵败如山倒，总理辛苦创下的基业和自己半生的努力，即将付诸东流，想到这些，戴季陶心急如焚，却无计可施。年轻时他还可以发脾气、找乐子来排解苦闷，现在他只有把全部的希望都寄托在佛祖的保佑上了。每天在家闭门念佛，寻找心灵的安慰。每当有客拜访，戴季陶也一改以往的纵论古今，转而阐释佛法教义。

学佛久了，戴季陶感觉只在家里念佛还不能体会佛法的博大精深，萌生出出家当和尚的念头。戴安国得知父亲有遁入空门的念头后，放下手头的工作，连夜乘车从上海来到南京，苦劝父亲不要如此。戴安国一向对父亲尊敬、孝顺，这次也铁了心，不能任着父亲的性子来，父子两个头一回大吵起来。

戴安国的劝说效果不大，又把金诵盘搬来继续劝说。朋友们的轮番劝说，总算让戴季陶打消了这个念头。

陈布雷自杀

11 月 13 日，戴季陶的好友、追随蒋介石二十多年的党国第一笔杆子陈布雷自杀身亡，死因据说是对现实的绝望。戴季陶知道后，整个人呆在那里，一动不动。旋即，他突然惊醒过来，不顾病体跑到陈布雷公馆，亲自去看好友最后一眼，送好友最后一程。来到陈布雷公馆，他站在陈布雷遗体前，看着昔日文采斐然、意气风发的好友静静地躺在白色床

陈布雷与陈诚在南京（1947）

单上，脸色蜡黄，双眼紧闭，嘴唇微张，似乎要对他说什么。静静地站了好久，戴季陶始终"哽咽半响，不发一言"，似乎灵魂出窍般，差点昏死过去。当旁人搀扶起他时，他才回过神来，泪流满面，大喊着："噢，布雷，布雷，我跟你去，我跟你去！人生总有一死，我的心也死了……"

确实，看到昔日好友如此死去，戴季陶不免悲痛万分，似乎看到了自己的归宿，心里越发感到凄凉。当有人问他对陈布雷走上绝路的看法时，他从佛法的教义出发，认为是"不许可"的，讲了一番佛法的"生死由命"等理论，表示他对陈布雷自杀做法的不赞同。

继辽沈战役大败后，国民党军队又在淮海战役中一败涂地，500 万精锐丧失殆尽。北平、天津已被人民解放军重重包围，傅作义已不听蒋介石调度，国民党的首都南京也危在旦夕。戴季陶忧心如焚，向左右哀叹："时局日下，衰病之身，毫无所补，每一念及，则深惶汗。"

第二节　在广州的最后日子

南下广州

在这种情况下，国民党中央决定将政府南迁广州。这一决定在南京城内激起一片波澜，国民党大小官员都如惊弓之鸟，匆匆打点行装，准备逃离南京。戴季陶却处之泰然，毫无动静。蒋介石见戴季陶迟迟没有动静，着急了，三请戴季陶离开南京。

一请：国民党广东省主席宋子文根据蒋介石的意思，打电报给戴季陶，邀他到广州小住，同时，宋子文还命广东省驻南京办事处主任何树祥亲自面谒戴季陶，反复劝说，请他速作决定，在近期成行。但戴季陶不为所动。

开往前线

1948年12月，国民党军队开往苏州前线，与后撤的受伤士兵相遇，躺在担架上的是重伤员。

二请：既然电报请不动，蒋介石派出与戴季陶有些私交、时任国民党中央秘书长的郑彦棻专程到汤山请戴季陶去广州。蒋介石还在口信中表示，如戴兄不愿去广州，也可去四川或台湾。对于台湾，戴季陶态度很明确，坚决不去。据郑彦棻回忆：当时他曾劝戴季陶到台湾去，戴季陶不假思索地说：不必！四川是他的老家，他是可以回去的，但此时他不愿意作为乱世败将逃回家乡。他比较愿意去广东，那里有他曾惨淡经营的中山大学，他曾与孙中山在那儿奋斗了很长时间，广东能像故乡一样唤起他浓厚的感情。

三请：见戴季陶还迟迟不去，蒋介石不得不派出王牌蒋纬国去请。据蒋纬国回忆，蒋介石把蒋纬国从徐州前线叫回南京，要他动之以情，务必劝说戴季陶由南京撤离到广州或台湾。蒋介石还下令，如果戴季陶不走，蒋纬国也不能走。这把戴季陶给难住了。为了蒋纬国，戴季陶决定南下广州。

赵文淑整理日常物品，戴季陶就整理楼上佛堂和书房里的东西，决定取舍。班禅赠送的几件布达拉宫的菩萨塑像和法器藏品，钮有恒和他拜佛念经用的木鱼、磬槌等，他都一一装箱带走。最让他难以下决心的是他书房中的藏书，几柜子图书大都是经书佛卷和自己的一些著作。面对这些厚重的心血结晶，他无法带走，又不舍得留下，不由得大哭起来。最终，他决定把这些书籍付之一炬，熊熊大火烧掉了书卷，也烧掉了他的大部分心血。他五味杂陈，眼眶泛着泪光。

1948 年 12 月 28 日，戴季陶夫妇登机飞往广州。临行前他又去考试院上下各室看了看，考试院的人马在院长张伯苓的率领下，已人去楼空。但他还是走了进去，先看了看考试院的办公大楼，这是戴季陶花了不少心血亲自监督而建成的。可惜大楼前原先高悬的孙中山题写的对联已被人摘下，丢弃一旁。其他建筑物也是断壁残垣，玻璃大都成了碎片，到处是垃圾和残物。他几乎不敢相信曾经的幽静办公处所会变成如今这副破败相。除了深深的叹息和不舍，他别无其他情绪。

难逃其责

难民在路边烧煮食物（1949）

到广州后，戴季陶和妻子住在广州市政府的招待所——迎宾馆，待遇优渥。可是刚到广州没几天，他就受到了第一个打击。1949年1月21日，蒋介石宣布："战事仍然未止，和平之目的不能达到……决定身先引退。"引退前，蒋介石没有跟他商量过，这说明，他已经不再是蒋介石的左膀右臂了，而是一个无足轻重的闲人。这倒也是他现在追求的，万物皆空嘛。不过，针对时局，他还是有些情绪的。

得知以李宗仁为代总统的国民党开始与共产党进行"和谈"后，戴季陶面对江河日下的局势，作为坚决的反共分子，恨自己不是"诸葛再世"、"刘伯温重生"，想不出什么"挽狂澜于既倒，扶大厦于将倾"的绝妙高招，只能一切看在眼里，人前不发一言，人后暗自伤感。

行政院搬到广州后，把迎宾馆作为办公地点。行政院长孙科先礼后兵，先同戴季陶商量以表尊重，但不等戴季陶回复，即派人把戴季陶的行李统统搬出，派车送往东园招待所。东园招待所也是小洋楼，但房屋结构和内部设施比迎宾馆差了一大截，生活不大方便。戴季陶大骂孙科不讲情义，甚至忘恩负义。本想当面去找孙科理论，结果被赵文淑劝住，非常时期，凡事以和为贵。戴季陶只好暂时忍耐，但心里很不痛快，感慨"虎落平阳被犬欺"。

没过几天，监察院院长于右任也下榻东园。二人是旧相识，异地重逢，尤其显得亲热，有时候通宵达旦促膝畅谈。想到革命时期的意气风发，再看看如今的江河日下，二人感慨良多。

谈起蒋介石要他乘船或飞机到台湾去，于右任知他脾气，只是和缓地说："国民党现在是大逃亡啊，许多要员和败下阵来的将军纷纷带着细软金银，携妻带子，争相逃往台湾，有的人还想逃往美国。"

戴季陶对当时的局势也摸不准，不确定地问："你相信共产党会取得最后的胜利？"

于右任点点头："不行不行啊……民心所向。国民党就像一个人，患病太多：独裁专制，贪污腐化，派别林立，经济危机，人心涣散，兵败如山倒，导致现在病入膏肓，无药可救。"想到此，于右任痛心疾首，声音哽咽。

戴季陶没想到于右任如此推心置腹，说出肺腑之言，不由得受到触动，大有"英雄所见略同"之感，公开吐露出对蒋介石的不满："可惜，蒋公固执己见，独断专行，纵容下属贪污、内讧……大权独揽，不听劝告。"戴季陶一肚子的苦水似乎找到了发泄的渠道。

于右任没有接着

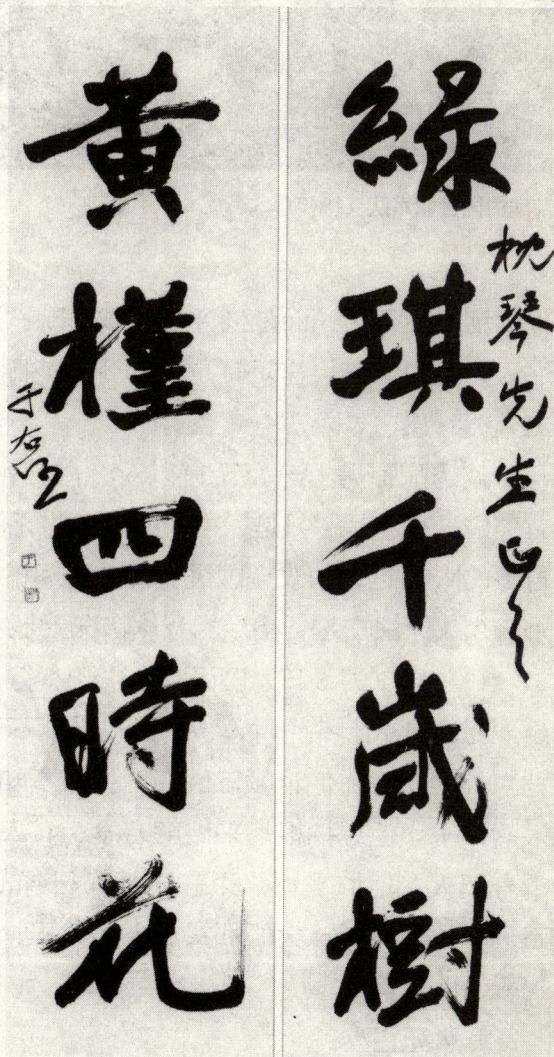

行书五言联（于右任）

283

前线的国民党军队（1949）

他的话茬说下去，而是批评起了戴季陶："戴院长系总裁最可信赖之人，胜过至亲，言足轻重，而今弄成国已不国的局面，实是难逃其责呀！"

戴季陶惊愕万分，无言以对，潸然泪下。这眼泪，有悔恨，有痛惜，有不甘。只是，再多的感慨也无法挽救国民政府的大厦，再多的眼泪也无法改变国民党山穷水尽的事实。满腹的感慨让戴季陶夜夜无法安睡，糟糕的身体状况更是雪上加霜。

1949 年 2 月 8 日，国民党在广州举行会议，戴季陶抱病出席。当他在记录本上签到时，手抖得几乎拿不住笔。会上他大汗淋漓，别人与他交谈，他也颠三倒四，让人不知所云，毫无昔日侃侃而谈的神采。他想抽根烟来缓解窘态，有人给他点火，接连几次都没有起火，他似乎别有深意地说："已经油尽灯枯了。"当烟被点着后，他竟然把点火的那头放入了口里，还浑然不觉。直到别人提醒，他才发觉。

突然死亡

这次会议后，蒋介石在溪口以国民党总裁的身份遥控时局，确定台湾为"复兴基地"，布置党政军要员撤往台湾，政要们纷纷卷起铺盖卷逃往台湾。蒋介石特地通知戴季陶入台，戴季陶一口拒绝："不去了，但愿回四川老家以竟终年，伴父母于九泉，尽人子之责。"他不想去那个偏居一隅、荒凉陌生的小岛，不想客死异乡。对于一个曾经叱咤风云、历经革命风雨，如今却诸病缠身、万念俱灰的人来说，最好的去处就是回家。此时四川仍在国民党控制中，可是他也知道，按照现在的形势，四川迟早也会落入共产党之手。他曾对秘书陈天锡说："判断下来，国军难以据守西南，四川必为共产党所得。他们不会放过我，我也不甘当他们的阶下囚。"如果真的发展到那一天，怎么办？沦为共产党的阶下囚，忍辱偷生？"为党国尽节，此其时矣！"明知道回四川凶多吉少，可是他也愿意死在故乡的土地上。主意已定，他电召戴安国到广州会晤，商讨

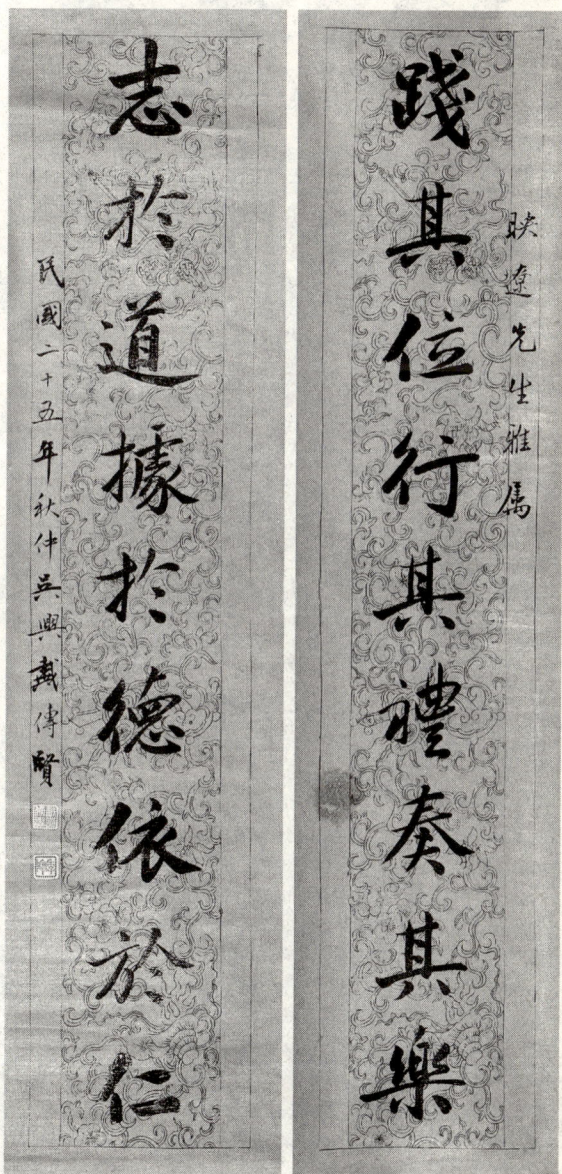

戴季陶书法对联

何年顾虎头，满壁画瀛州。
日夕林峦气，江湖浩荡秋。
近郊松薇晚，似与岳云浮。
若陶同志正之
于右任

少陵题画五言诗
祥师居厘

草书五言诗（于右任）

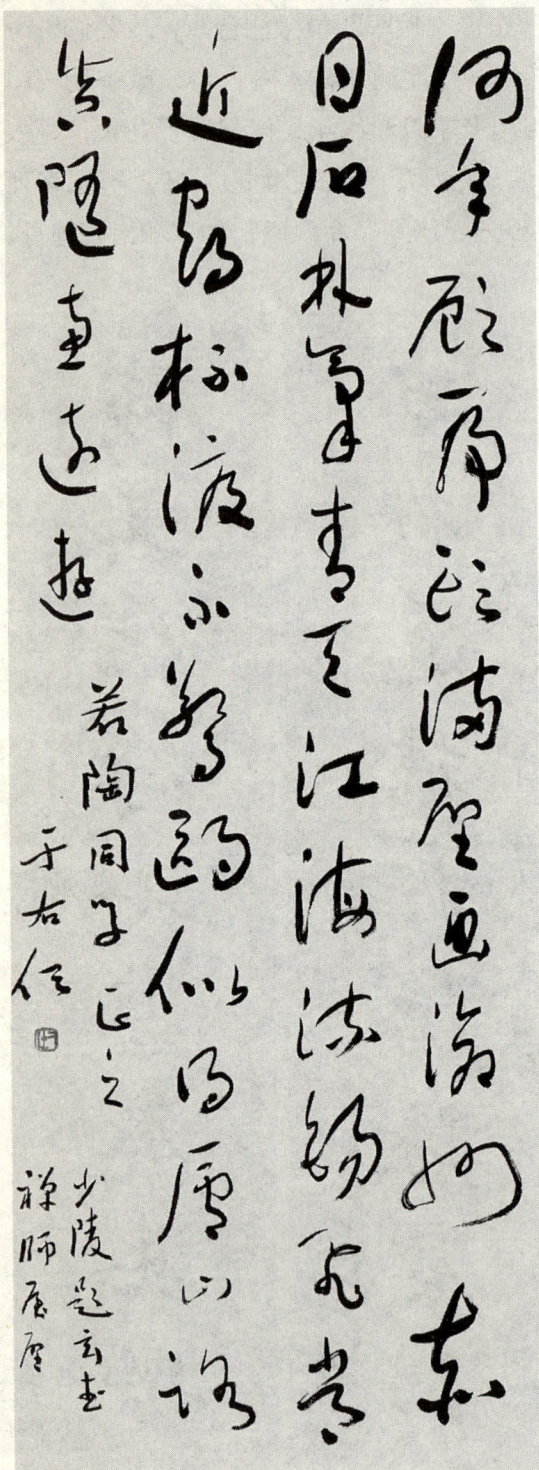

回四川的办法。戴安国到广州后，立刻买好去成都的机票，戴季陶整装待发。可谁知，屋漏偏逢连夜雨，天气也处处与他作对，接连几天大雾弥漫，飞机无法正常起飞，戴季陶懊恼不已。

2月11日晚，戴季陶拜访即将回南京的于右任，当时来送行的人很多，戴季陶坐了一会儿就回到自己的住处。本来赵文淑一直陪伴着他，照顾他的起居饮食和服药。不巧的是，这天赵文淑很不舒服，早早就到内室休息了。夜里，戴季陶的神经痛再次发作，经久不息，让他疼得死去活来，不知如何是好。稍微入睡，又被疼痛折磨醒。戴季陶觉得腹中饥饿，让人送些面包。送来五块，他刚吃了半块，肚子又疼得难以下咽。为了缓解疼痛，他只好拿出安眠药，抓了一把吃了进去，可是躺下依然睡不着。没办法，他又吃了不少安眠药，还是睡不着。他没有想到，自己竟然吃了六七十粒安眠药。半夜两点钟，他依然睡不着，懊恼地走进妻子的内室，说："我已经吃过多次安眠药，还非常亢奋，头脑胀痛如裂，比死还难过。"赵文淑劝他忍耐些，自己先睡了。

1949 年 2 月 12 日早上八点，于右任在赶飞机之前与戴季陶话别。家人见戴季陶还没起床，就推门去唤醒他。掀开帐幔，发现戴季陶硬挺挺地躺在床上，脸色发白，不能言语，气息奄奄。于右任感到事情不妙，立刻派人去请医生。后来于右任回忆说："那时他已奄奄一息，不能言语，知已回天乏术，我那时心中怆痛，真非笔墨所能形容，但因飞机启行的时间迫近无法再逗留，这是我和他的最后一面，这是我生平最怆痛的一件事。"[1]

中山大学医学院的内科主任接到电话后，立刻带着助手来到戴季陶住处。这时戴季陶已经进入垂危状态，心脏极度微弱，呼吸渐渐停止。医生用强心针、强呼吸针刺激，都没有反应，给他洗了胃，情况也没有好转。经过一个多小时的紧急救治后，医生宣布救治无效。中山大学医学院为戴季陶所出具的死亡证书上写道："患心脏衰弱症，于民国三十八年（1949 年）二月十二日晨突然发作，至十时四十分死亡。"戴季陶终于摆脱失眠，安然长眠，终年 58 岁。

第三节　死亡之谜

自杀？误杀？

戴季陶身亡后，戴安国检查他的物品，看看能否找到他突然死亡的蛛丝马迹。结果发现，戴季陶身边只有 2000 多港币和一瓶

---

[1]　陈天锡主编：《戴季陶先生文存三续编》，（台湾）中国国民党中央委员会党史史料编纂委员会 1971 年版，第 268 页。

戴季陶（中）等人合影

100 粒装的安眠药瓶子，里边只剩下 20 多粒。医生从戴季陶的身体症状也证实，他很可能是服用过多安眠药而导致死亡。那么，服用大量安眠药导致死亡，是戴季陶有意为之还是不慎误服？也就是说，戴季陶是自杀还是误杀？

这个问题，国民政府认为是误服过多安眠药而导致死亡，大陆的许多著作更倾向于他是自杀，是对国民党的前途感到失望而走上绝路。[1] 本书在综合了戴季陶个人的经历、性格等因素之后，认为自杀的可能很小，误杀的可能性较大。原因在于：

其一，戴季陶以前曾有几次误服安眠药过量而导致昏厥的情况，如果不是被及时发现和救治，很有可能就一命呜呼了。这一次可能也是如此，戴季陶只是想通过安眠药来缓解疼痛，帮助睡眠，结果没想到服用过多，导致意外死亡。有人说戴季陶一直有自杀的倾向，比如曾经投江，还曾经跳海，但是他从来没有通过吃安眠药而走上绝路的先例。

其二，戴季陶当时最大的心愿是回四川老家，已经买好了机票，如果不是天气原因，他已经飞回四川了。一个如此念念不忘故乡的人，怎会容忍自己客死异乡呢？即使自杀，他也肯定会选择在故乡自杀。所以，在即将回老家之际，戴季陶不可能走上绝

---

[1] 持自杀说的著作，最具代表性的是黎洁华、虞伟著：《戴季陶传》，广东人民出版社 2003 年版，第 340—343 页。

路。

其三，戴季陶死前没有任何的异常，说明他并没有精心策划自己的死亡，而是意外造成死亡。死亡的前一天晚上，他去拜访于右任，没来得及说话就回来了。如果他计划好自己将要死去，肯定会与老友说些奇怪的话，最起码也会表现出依依不舍之情，可是他一切如常，晚上被疼痛折磨，发觉自己饿了，还吃了半片面包，因为疼痛难忍才没有吃完。这只能说明，当时疼痛比吃饱更重要，他没想到自己即将死去。如果自己要死了，为什么不坚持多吃点，吃饱再死呢？中国人是非常忌讳当个饿死鬼的。

其四，戴季陶虔诚信佛，而佛法是反对自杀的，佛教徒自杀是有罪的。有人肯定会反驳说，戴季陶曾经自杀过两次啊。戴季陶自杀的两次是在他的早年，那时候他更相信革命信念而不是佛法。到了后半生，他对佛法更加虔诚，甚至一度想遁入空门。一个想许身佛门的人怎么会有自杀的念头？正如陈布雷自杀后，别

东南佛国（戴季陶题词）

戴季陶肖像

人问他对陈布雷自杀的看法，他明确地说，照佛法道理，是不许可的。可见，他对佛法戒律有着很深的认识，佛法严禁教徒自戕生命，他作为虔诚信徒，不会不遵守这一戒律的。

其五，家里的事情都寄托在他身上，而他事先没有留下任何的遗书。戴季陶在几位哥哥去世后，照顾几位嫂子、侄儿，再加上戴安国、蒋纬国、赵文淑和戴家祥，一大家子老老少少都要靠他。即使他想去死，为了家人，他也不得不苟且偷生，正如1941年他给女儿的信中说道："我的病竟自重到无不能耐的苦楚……恐怕竟会成为一个残废人。我一生是好强要好的。如果残废，不如早去了的好。只是你们总还须我几年的帮助，家里的事，五哥死后，四婆二妈两个人的责任，都在我身上，我是去不得残废不得的，然而天如果不佑我，我又何能自己作主呢?"[①] 可见，一大家子人都指望他养活，家庭的重担让他想死不能。他把半生的心血放在培养戴安国、蒋纬国身上，如果临死前不对儿子尤其是蒋纬国留下只言片语，戴季陶是死不瞑目的。

故土长眠

国民党中央听说戴季陶死亡后，唯恐他像陈布雷一样死于自杀，故而严密封锁消息，没有检察出遗物和遗书后才公之于众，宣布戴季陶死于心脏衰弱症。戴季陶死亡的当天下午三点，国民党召开会议，讨论戴季陶的治丧事宜。会议决定成立治丧委员会，由孙科任主任委员，决定于14日举行戴季陶的入殓事宜。

14日上午九点，戴季陶的葬礼在广州举行。据说，葬礼简单

---

① 陈天锡主编:《戴季陶先生文存续编》，(台湾) 中国国民党中央委员会党史史料编纂委员会1967年版，第383页。

而隆重，党政要人都送来花圈及挽联，蒋介石的挽词是"痛失勋耆"，其中有一副挽联堪称佳句，"支离逢此日，可怜报国有文章，漏尽灯残伤心莫说兴旺事；壮烈记当年，岂是回天无智术，风凄雨惨望恨何堪伴侣情"，言简意赅地概括了戴季陶的一生。15日，广州各界又举行公祭大会。会后，人们把戴季陶的灵柩送到白云机场，"各首长及中大同学会迤逦尾随执绋送殡，行列蜿蜒数里"，"万千市民亦夹道瞻仰"。灵柩经过百子路、惠爱路等，中央各委头面人物在中山纪念堂广场站立，恭候灵车经过并致敬。白云机场上，20个人抬起巨大的灵柩，登上飞机。十点三十二分飞机升空，北向而去。

　　蒋介石是在他人生最尴尬的时期——第三次下野到奉化溪口隐居时，听到戴季陶突然死亡的消息的。他的震惊、心痛远远超过面对陈布雷之死，毕竟戴季陶堪称国民党元老，在蒋介石建立南京政府之前和之后，他都是蒋介石最得力、最忠诚的支持者、谋划者和理论指导者，二人早已结成"情逾骨肉"的感情。据蒋经国回忆，蒋介石"闻耗悲痛，故人凋零，中夜唏嘘"，一夜之间"苍老了许多"。蒋家王朝风雨飘摇，旧交、故友一个个撒手人寰，再也没有文臣谋士披肝沥胆，为他出谋划策，辅助他力挽狂澜，

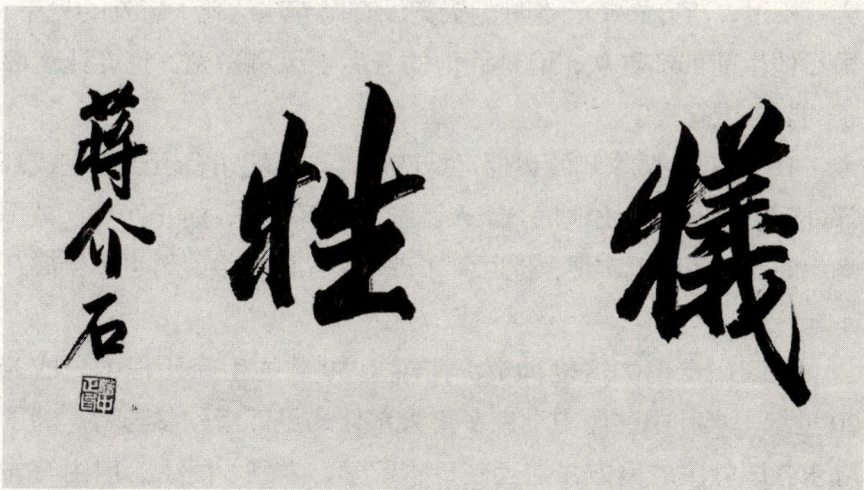

蒋介石书法

蒋介石深感"唇亡齿寒"也就在情理之中了。3月12日，蒋介石颁布褒扬令，赞誉戴季陶"学识宏通，持躬清正，少怀壮志，奔走海内外，宣扬正义，鼓吹革命，受国父特达之知……当革命政府在粤建军之时，主持军校军部政治训练工作，成绩昭著，用能淬励军心，完成统一大业。……兼任考试院长，廿年来，久处中枢，赞襄大计，纲纪四方，烛照几先……生平事迹，宣付国史馆，用示国家笃念勋贤之至意"。

蒋介石感觉如此的褒扬还不能体现他对"畏友良师"的心意，派出陈立夫、朱家骅，专程从上海来广州为戴季陶举行公祭，原定坐14日的飞机，但飞机临时出了故障，只好改到15日。当他们来到广州，已经是当天下午，全部仪式已举行完毕，只好到医院看望戴季陶的夫人。同一天，蒋介石和一班官员在上海举行"敬以香花清醴庶馐之仪"，祭奠戴季陶。祭文最后说："海不扬波兮，共一心以淬厉，告灵南疆兮，望巴山而陨涕，呜呼尚飨。"

3月31日，蒋介石又颁布国葬令："国史馆馆长、前考试院院长戴传贤，才识恢宏，勋猷懋著，业经明令褒扬在案，前据行政院呈请国葬到府，追念忠勤，自应特准施行，以示优宠。"国民党在大陆的统治已经限于东南一隅，戴季陶所谓的国葬也是有名无实。不过，蒋介石在危难时刻毕竟没有抛弃这位死于意外的兄弟，虽然他生前郁郁寡欢，但是让他的身后事风风光光，也算让爱面子的盟弟没有失望。

4月3日，戴季陶的灵柩运抵四川，与原配钮有恒合葬在成都郊外戴季陶母亲的坟地，一家人团圆。叶落归根，游子回乡，戴季陶生前的愿望终于实现，他回到了魂牵梦萦的故乡，再也不会离开了。

从四川走出的这位神童，在短短59载的生命历程中，成为20世纪上半叶中国历史上许多重大事件的见证者和参与者。为了寻求救国救民的良方，他远赴日本留学，学到了民主、自由等先进思想，毅然走上反抗专制、支持民主的道路。他以"天仇"为笔名，以针针见血的文字作武器与反动势力进行斗争，威逼利诱丝毫不能动摇。当他发现孙中山是中国革命的领路人后，矢志不渝地追随孙中山，出生入死，无怨无悔。无奈革命屡战屡败，他也曾灰心难过，但是没有绝望放弃，而是鼓起勇气继续战斗，成为孙中山的得力助手和最为信赖的谋士，成为黄埔军校的第一任政治部主任，中山大学最有名的校长。为了寻找救国救民的真理，他积极探讨马

昭觉寺内的戴季陶墓

克思主义，成为马克思主义的早期宣传家之一。当他发现马克思主义不能救中国时，转而成为马克思主义的主要反对者，反对孙中山的新三大政策，这一思想转变是戴季陶由进步分子转为保守力量的转折点，也成为他人生轨迹的最大转折点。孙中山去世后，他追随蒋介石，为蒋介石鞍前马后，出谋划策，出任考试院院长后，在考试院规章的制定、边疆政策等问题上均有所创建。面对日本的侵略，他主张武力抗击日本的侵略野心，这说明，尽管他在国共两党的问题上存在偏见，但在民族大义和国家存亡面前，他仍是一个坚定的爱国者。抗日战争后，戴季陶积极帮助蒋介石谋取总统宝座，但是面对国民政府江河日下的局势，他一方面表现出忧虑，另一方面又想逃避，落叶归根的思想日渐浓烈。可惜，

他还没来得及回到故乡，就因服用安眠药过量而客死异乡，只有灵柩回到魂牵梦萦的故乡。这是他的悲剧，也是他的幸运，与许多人相比，他避免了流亡台湾、有家难回的命运。戴季陶死得蹊跷，也算死得坦然。

戴季陶年表

1891 年（清光绪十七年） 1 岁

　　1 月 26 日（光绪十六年农历十一月二十六日），生于四川省广汉县广汉西街。

1897 年（清光绪二十三年） 7 岁

　　祖父过世；入私塾读书。

1900 年（清光绪二十六年） 10 岁

　　父亲过世；在纯阳阁读书，学习新学。

1901 年（清光绪二十七年） 11 岁

　　参加州府童子试，名列前茅；参加院试，落第。

1902 年（清光绪二十八年） 12 岁

　　就读于成都东游预备学校，学习日语，为留学做准备。

1903 年（清光绪二十九年） 13 岁

　　考入成都客籍学堂高等科。

1904 年（清光绪三十年） 14 岁

　　因抨击学监，被开除；入华英学堂，又被开除。

　　跟随日本教师小西三七在川北中学任翻译。

1905 年（清光绪三十一年） 15 岁

赴上海，乘船到日本留学。

8 月，参加中国同盟会成立大会，首次见到孙中山。

1906 年（清光绪三十二年） 16 岁

肄业于日本某师范学校，曾入镇武学校学习，结识蒋介石。

1907 年（清光绪三十三年） 17 岁

进入日本大学法科学习，日语大有长进；结识谢健，成为"松滨四友"之一。

1908 年（清光绪三十四年） 18 岁

秋，成立日本大学中国留学生同学会，任会长。

初尝失恋的滋味。

1909 年（清宣统元年） 19 岁

夏天，返回上海，到江苏巡抚瑞澄手下任职，结识张雨田。

巧遇未来的叔丈人纽耕孙。

1910 年（清宣统二年） 20 岁

2 月，离开苏州回到上海，任职于《中外日报》社，开始使用"天仇"笔名。

8 月，在《中外日报》上提倡白话文。

秋，考入《天铎报》，升任总编辑。

1911 年（清宣统三年） 21 岁

春，与钮有恒结婚。

因抨击清政府，逃往日本。

秋，回国不久，到南洋槟榔屿任《光华日报》编辑。

10 月初，加入中国同盟会。

10 月 20 日，参加武汉起义。

11 月 3 日，参加上海光复起义，再次见到孙中山。

11 月下旬，赴东北筹划起义，任交通部长，智斗刘基炎，夺回革命军火。

12 月，第一次正式结识孙中山。

1912 年（民国元年） 22 岁

2 月 18 日，随革命派北上迎袁。

2 月 27 日，宣统宣布退位，从东北回到上海。

3 月 1 日，与周浩共同创办《民权报》，宣传反袁思想。

5 月 22 日，被袁世凯党羽罗织罪名逮捕入狱。

几天后，被保释出狱。

9 月，任孙中山机要秘书。

1913 年（民国二年） 23 岁

2 月，随孙中山访问日本，出任孙中山的日语翻译。

7 月，受孙中山之命，到南京帮助黄兴发动"二次革命"。革命失败后，机智逃脱，认识到"百万锦绣文章，终不如一支毛瑟枪"。

9 月 28 日，逃往日本。

9 月 29 日，跟随孙中山开始两年多的流亡生活，成为孙中山最忠实的追随者。

10 月 2 日，参与制定中华革命党《革命方略》，加入中华革命党。

儿子家秀出生。

1914 年（民国三年） 24 岁

1 月 26 日，受孙中山之命，与陈其美到东北开展革命工作。

3 月 5 日，离开大连返回东京。

5 月 10 日，任《民国》杂志编辑。

1916 年（民国五年）　26 岁

4 月 27 日，随孙中山返回上海，参加反袁斗争。

10 月 6 日，蒋纬国出生。

1917 年（民国六年）　27 岁

6 月 16 日，奉孙中山之命到日本，了解日本政要对张勋复辟的态度。

7 月，随孙中山南下广州，准备掀起护法运动。

8 月 25 日，在广州参加"非常国会"。

9 月，参加护法运动，被"非常国会"任命为法制委员会委员长、大元帅府秘书长。

1918 年（民国七年）　28 岁

3 月，到陈炯明司令部任职。

4 月，被护法政府任命为外交部次长。

5 月 21 日，随孙中山离开广州到上海。

1919 年（民国八年）　29 岁

6 月 8 日，创办《星期评论》，任主编，支持五四运动，参与新文化运动，宣传马克思思想。

8 月 1 日，任《建设》杂志编辑。

10 月，加入改组后的中国国民党。

1920 年（民国九年）　30 岁

与蒋介石等人经营上海证券物品交易所。

4 月，出席与苏俄代表的见面会，推动中国的社会主义革命。

5 月，参加马克思主义研究会。

6 月 6 日，《星期评论》停刊，十分难过，差点大哭。

8 月，拒绝加入中国共产党，大哭一场。

11 月，随孙中山到广州发动二次护法。

1921 年（民国十年） 31 岁

初，到奉化劝说蒋介石南下，私交加深。

7 月，编著《改革期中的广东》，为孙中山进行广东省的改革做准备。

1922 年（民国十一年） 32 岁

2 月，上海证券物品交易所由盈利转为亏损，破产。

在广州偷纳赵文淑为妾。

4 月，第二次护法运动失败，返回上海。

10 月间，回四川劝告各派将领息兵。途中投江自杀未遂。

11 月，回到阔别 18 年的家乡，见到母亲。

1923 年（民国十二年） 33 岁

10 月，被孙中山任命为国民党改组五委员之一。

12 月，从四川返回上海，思想大转变，由倾向共产党转为反对共产党。

1924 年（民国十三年） 34 岁

1 月，参见国民党一大，被选为中央执行委员、常务委员、宣传部长，因反对国共合作，擅自离开广州回到上海。

2 月，在孙中山督促下，回到广州；派人劝说蒋介石到广州负责黄埔军校筹备事宜。

4 月，被任命为大本营法制委员会委员长。

6 月 16 日，黄埔军校举行开学典礼，正式任黄埔陆军军官学校政治部主任。

7 月，辞去黄埔军校政治部主任，离开广州。

11 月 17 日，随孙中山经日本到天津后，返回上海。

1925 年（民国十四年） 35 岁

年初，得知孙中山重病，北上侍疾。

3 月 11 日，孙中山在遗嘱上签字，戴季陶为遗嘱见证人之一。

4 月，在上海设立戴季陶办事处，从事孙中山思想研究。

5 月，到广州参加国民党一届三中全会，起草的《接受总理遗嘱宣言》在大会上通过。

6 月，完成《孙文主义之哲学的基础》一书。

7 月，完成《国民革命与中国国民党》一书，形成系统的戴季陶主义。

11 月，北上，准备参加西山会议。

11 月 19 日，被暴徒殴打，没有参加西山会议。

11 月 20 日，返回上海。

12 月 13 日，自行解除一切党政职务，返回湖州静养。

1926 年（民国十五年） 36 岁

1 月，国民党二大处分西山会议派，戴季陶受到处分，表示不服。

夏，被任命为广东大学校长。

10 月，任改组后的中山大学委员长，进行思想整顿。

赵文淑生下女儿家祥。

1927 年（民国十六年） 37 岁

2 月 14 日，携夫人去日本为蒋介石寻求日本政要支持，舌战日本政要。

3 月 31 日，由日本回到上海。

4 月，谋划"四·一二"反革命政变。

5 月，当选为国民党中央宣传委员会委员、国民党中央党务学校教务主任。

6 月，将讲演整理为《青年之路》，向中山大学的学生兜售戴季陶主义。

12 月，广州起义爆发，转道香港逃往上海。

1928 年（民国十七年） 38 岁

初，出版《日本论》，目的是引起国人对日本的警惕。

2 月，策划蒋介石的"清党"，当选为国民党宣传部长。

3 月，主持中山大学校务。

3 月 13 日，被任命为国民政府军事委员会政治训练部主任。

8 月 8 日，出席国民党二届五中全会。

9 月，负责起草《中华民国国民政府组织法草案》。

10 月 8 日，当选为国民政府委员、考试院院长。

10 月 10 日，宣誓就任考试院院长，成立考试院筹备处。

12 月，公布铨叙部组织法。

1929 年（民国十八年） 39 岁

2 月 25 日，母亲去世，在南京为母亲守丧。

3 月，出席国民党三大，任会议秘书长。当选为常务委员、训练部部长。

6 月，任中央政治学校校务委员。

8 月 10 日，携夫人拜访宋庆龄，为蒋介石作说客。

8 月中旬，公布考选委员会组织法、典试委员会组织法、考试法。

12 月，被任命为考选委员会委员长。

1930 年（民国十九年） 40 岁

1 月 6 日，考试院所属各部正式成立，宣誓就职。

9 月，卸任中山大学校长，仍任董事长之职。

12 月，卸任训练部主任。

1931 年（民国二十年） 41 岁

1 月 1 日，赴广州处理中山大学事务。

1 月 20 日，被任命为国民会议选举事务所主任。

2 月 23 日，由广州回到南京，与蒋介石商讨对付胡汉民的对策。

2 月 28 日晚，参与囚禁胡汉民事件。

3 月 2 日，担任约法起草委员会委员。

春，邀请救命恩人到南京游玩。

7 月 6 日，任第一届高等考试主考官兼典试委员长。

9 月 30 日，任特种外交委员会委员长，讨论对日政策，向国联申诉，主张和平不能解决时，不惜一战。

12 月，为新亚细亚学会拟定纲领。

12 月 21 日，请辞考试院院长和特种外交委员会委员长职务，未获准，负气返回湖州。

12 月 22 日，国民党四届一中全会当选为考试院院长。

1932 年（民国二十一年） 42 岁

2 月初，"一二八"事变后，迁到洛阳办公。

4 月初，主持"新亚细亚学会"成立仪式。

4 月，国民政府成立行政法规整理委员会，任委员长。

4 月 14 日，任中国童子军总会会长，创作童子军歌。

4 月 18 日，赴西北考察。

12 月 14 日，召开西北专门教育筹备委员会第一次会议。

1933 年（民国二十二年） 43 岁

1 月，任宪法草案起草委员会顾问。

5 月 9—30 日，随林森巡视西北。

10 月 12 日，铸孝经鼎于中山陵前，举行献鼎典礼。

1934 年（民国二十三年） 44 岁

2 月，倡导尊孔读经，为新生活运动造势。

3 月 28 日，再次赴西北考察一个多月。

4 月 19 日，出席西北农林专科学校的奠基典礼，并发表祝词。

冬，在湖州创办的后林小学及田产捐为县立小学。

1935 年（民国二十四年） 45 岁

2 月，建议蒋介石杀掉瞿秋白。

5 月，再次辞去考试院院长，未获批准，将每月薪俸捐作图书馆经费。

5 月下旬，出任中印学会监事长。

8 月，反对教育部简化汉字。

11 月 12—22 日，出席国民党五届一中全会，当选为执行委员。

12 月 2—7 日，出席国民党五届一中全会，连任考试院院长。

1936 年（民国二十五年） 46 岁

2 月，迫使蒋介石下达"不必推行"简化汉字的命令。

5 月 19 日，从上海赴德国参加第十一届奥运会，会见德国纳粹领导人希特勒、戈培尔等人，意识到欧洲战争阴云笼罩。

10 月 9 日，返回南京，向蒋介石汇报欧洲见闻。

12 月 12 日，"西安事变"爆发，主战救蒋。

1937 年（民国二十六年） 47 年

3 月初，致电泰戈尔，祝贺印度国际大学中国学院成立，当选为学校七董事之一。

11 月 19 日，从南京迁往重庆办公。

12 月 10，到达重庆，重建考试院。

1938 年（民国二十七年） 48 年

4 月 8 日，国民党五届四中全会上当选为中央执行委员会常务委员。

5 月 29 日，前往甘孜祭奠班禅大师。

8 月 8 日，在甘孜举行班禅大师的公祭仪式。

9 月 26 日，从甘孜返回成都。

10 月 28 日，公布《非常时期特种考试暂行条例》，简化考试程序，适应战时需要。

1939 年（民国二十八年） 49 年

5 月 4 日，任三民主义丛书编纂委员会主任委员。

5 月 8 日，参加国父纪念周，在会场昏倒。

6 月中旬，请假回成都为母亲扫墓。

8 月，在成都会见印度国大党主席尼赫鲁。

1940 年（民国二十九年） 50 岁

10 月 19 日，乘飞机赴印度访问。

11 月 10 日，到加尔各答拜访泰戈尔。

到孟买拜访甘地。

12 月 9 日，参观印度国际大学，做题为"中印两国文化兴衰离合因缘颂"的演讲。

12 月中旬，回到重庆。

1941 年（民国三十年） 51 岁

5 月，染上疟疾。

6 月中旬，请假到成都养病。

8 月，致函哀悼泰戈尔的病逝。

9 月中旬，返回重庆。

1942 年（民国三十一年） 52 岁

5 月，妻子钮有恒从上海来到重庆，一家人团聚。

8 月 3 日，任中印学会监事长。

9 月 15 日，钮有恒病逝，伤心到寺庙静养。

1943 年（民国三十二年） 53 岁

1 月 22 日，出席浙江赈灾大会理事长。

1944 年（民国三十三年） 54 岁

1 月 27 日，娶赵文淑为继室。

6 月，辞去三民主义丛书编纂委员会主任委员职务。

8 月，赴黄山小住数日。

1945 年（民国三十四年） 55 岁

1 月 27 日，女儿家祥出嫁。

8 月 15 日，听闻日本投降，忧虑党国前途。

8 月 30 日，毛泽东登门拜访戴季陶。

9 月 13 日，设宴款待毛泽东等中共重庆谈判代表，对国民党前途深感忧虑。

9 月中旬，主张收复东北不可操之过急，没有被蒋介石采纳。

1946 年（民国三十五年） 56 岁

3 月 1 日，出席国民党六届二中全会，连任中央常务委员。

4 月 29 日，由重庆返回南京。

11 月 15 日，出席国民大会。

年底，被波罗尼斯大学赠予博士学位。

1947 年（民国三十六年） 57 岁

1 月 1 日，国民政府颁布《中华民国宪法》。

11 月，当选为浙江吴兴县国民大会代表。

12 月 14 日，被印度大学赠予文学博士学位。

1948 年（民国三十七年） 58 岁

3 月 29 日，在南京出席第一届国民大会。

4 月 4 日，在国民党第六届中央临时会议上，坚决主张蒋介石出任中华民国总统。

4 月中旬，帮助孙科竞选中华民国副总统。

6 月 5 日，出任国史馆馆长。

7 月 10 日，卸任考试院院长。

秋，遁入空门未遂。

11 月 13 日，好友陈布雷自杀，悲痛万分，大哭一场。

12 月 28 日，在蒋介石督促下，南下广州。

1949 年（民国三十八年） 59 岁

2 月 8 日，出席国民党中央党部迁广州后的会议，身体健康不佳。

买好回四川的飞机票，因天气原因而推迟。

2 月 11 日晚，拜访即将回南京的于右任。

2 月 12 日早 10 时，因服用安眠药过量去世。

2 月 14 日上午 9 时，在广州举行葬礼。

2 月 15 日 10 时，灵柩乘飞机运回四川。

3 月 12 日，蒋介石颁布褒奖令。

3 月 14 日，蒋介石在上海参加戴季陶公祭大会。

3 月 31 日，蒋介石颁布国葬令。

4 月 3 日，叶落归根，与夫人钮有恒合葬在成都郊外母亲黄氏的坟旁。

参考文献

1. 陈天锡主编:《戴季陶先生文存》第1—4卷,(中国台湾)中国国民党中央委员会,1959年版。

2. 陈天锡主编:《戴季陶先生文存续编》,(中国台湾)中国国民党中央委员会党史史料编纂委员会,1967年版。

3. 陈天锡主编:《戴季陶先生文存再续编》,(中国台湾)商务印书馆,1968年版。

4. 陈天锡主编:《戴季陶先生文存三续编》,(中国台湾)中国国民党中央委员会党史史料编纂委员会,1971年版。

5. 陈天锡著:《戴季陶先生的生平》,(中国台湾)商务印书馆,1968年版。

6. 朱传誉主编:《戴季陶先生传记资料》,台北天一出版社,1985年版。

7. 唐文权、桑兵遍:《戴季陶集》,华中师范大学出版社,1990年版。

8. 范小方、包东波、李娟丽著:《戴季陶传》,团结出版社,2007年版。

9. 盛李:《两代风流——蒋经国、蒋纬国、戴安国、金定国和他们的父辈》,安徽文艺出版社,1991年版。

10. 黎洁华、虞苇著:《戴季陶传》,广东人民出版社,2003年版。

后 记

左手枪右手笔

　　读完写戴季陶的这本书，最直接的感受就是你会为它的故事深深吸引，而这些故事又是真实发生的历史事件，它有利于读者了解戴季陶这位黄埔名师的真实一生。

　　他是一个性情中人，情绪外露，冲动浪漫，"爱哭"是他的一大特色，为得到友情而哭，为失去爱情而哭，为革命恩师而哭，为输掉奥林匹克比赛而哭……这样一个爱哭的戴季陶，却从以笔名"天仇"闻名新闻界的革命青年，上升到了国民党的"党国理论家"，他的经历无疑是人们想要一探究竟的。

　　他是爱国的，早年留学日本，寻求救国救民的良方，后来参加同盟会，追随孙中山，经历二次革命、护法战争，策划东北革命，智斗刘基炎，他都以一个革命者的身份积极参与，将他的一腔爱国之情倾注到救国救民之中。在攻打招商局的战斗中，他是冲锋在第一线的普通一兵，冒着枪林弹雨，以血肉之躯摧毁了敌人固若金汤的防御工事；在袁世凯登基称帝的关头，他又毅然扛起了反袁大旗，用他的才气纵横，对袁世凯口诛笔伐，一针见血，句句插入敌人心脏。随后的牢狱之灾让他认识到"百万锦绣文章，终不如一枝毛瑟枪"，于是他投笔从戎，追随孙中山二十年，成为一个坚定而忠诚的革命派。正是追随孙中山的这段经历，为他以后的政治生涯打下了坚实的基础，也为他日后的思想、主义提供了理论来源。

　　他是抗日的，早在 1927 年考察日本的时候，他就发现了日本的侵华野心；1928 年，一本薄薄的《日本论》，清晰、透彻地直取日本文化的神韵，警醒国人，切勿盲目自大；九一八事变后，他知道日本不会只满足于侵夺中国东北地区，下一步必然会是整个中国；在民族危亡的紧急关头，他主张武力抗击日军，并劝谏蒋介石以大局为重，释放胡汉民，共赴国难。无疑，他是积极抗日的，在奥运会上，当中国篮球队输给日本队时，他不顾身份、礼仪，放声大哭，他认为这是一种民族耻辱，他的一腔爱国之情蒙受了奇耻大辱。

他是一位教育家，他把教育作为救国、强国的根本。他是黄埔军校的第一任政治部主任，他是中山大学的校长，他做了20年的考试院院长，他改革考选制度，颁布《考试法》，"不拘一格用人才"，创立铨叙部，明确各部人员的分工合作，一切为选拔人才服务。他重视西北的教育，设立东方民族学院，专门为少数民族培养人才，并提出建设西北专门教育的初期计划，成立了西北农林专科学校，希望通过西北的教育事业，带动西北的发展。他还关注童子军的教育问题，成立中国童子军总会，他的童子军教育既有强国之意，又有御侮之情，在国难当头之时，他把拳拳爱国之心倾注到了教育事业上。

他是一位外交家，身为"日本通"，他多次赴日考察，在日本，他曾寻求过救国救民之道，也曾舌战过日本政要，他知道，日本将是中华民族最大的灾难，不幸一语成真。他欣赏泰戈尔的作品，赞扬甘地的精神，他出访印度，支持尼赫鲁的爱国斗争，他发起"新亚西亚学会"，加强亚洲的学术交流，又成立中印学会，加强中印来往。第一次出征奥运会，他充当了体育背后"政治特使"的角色，拜访欧洲各国，了解欧洲的政治状况，拜会希特勒，探访戈培尔，探听德国军政要人的虚与实，准确地嗅出了欧洲复杂的政治局势，为国内的战略变化提供了有利的参考。

他是著名的反共急先锋，他反对国共合作，公开支持西山会议派，积极参与策划四一二反革命政变……在他眼中，共产党就是"洪水猛兽"，是将中国置于万劫不复之地的"不怀好意者"。可是让人们想不到的是，他曾是五四时期积极传播马克思主义的人。他称赞马克思是"近代经济学的大家"，是"近代社会运动的先觉"，他尝试用马克思主义说明中国的革命问题，他还为筹建中国共产党积极奔走。但是，他最终还是站在了共产主义的门外，甚至渐渐与马克思主义分道扬镳，直到后来积极反共，成为蒋介石的"文胆"和幕后参谋。如此大跨度的转变，也让人们见识到了他性格的多变。

他是国民党内大名鼎鼎的理论家，孙中山病逝后，他以孙中山思想的正宗传人自居，连续发表了《孙文主义之哲学的基础》、《国民革命与中国国民党》和《民生哲学系统表》，提出了要清除共产主义思想的所谓的"纯正的三民主义"，形成了较为完整的"戴季陶主义"，成为国民党官方学说的主要理论依据。从此，他从投身革命的热血青年变成了国民党的理论权威，成了蒋介石不可或缺的左膀右臂。在剿共、囚胡、争当主席、竞选总统中，多次为蒋介石出谋划策，鞍前马后，立下了汗马功劳，成为蒋介石忠诚的合作者。

他笃信佛法，潜心向佛，为宗教事业的发展作出了一定的贡献。西藏九世班禅从拉萨进京，他精心安排，"重情重礼"，使班禅大师备受礼遇。班禅大师圆寂后，他又不顾病体，风餐露宿，前往甘孜祭拜，安抚信徒。由于他对宗教的尊崇和礼遇，终止了青海地方驻军和中央军的军事冲突，最终双方冰释前嫌，握手言和。在国民党大势已去之时，他萌生了出家之念，也许这时，对他来说，一切名利富贵都成尘土，唯有佛法才是真实的。

本书作者毛利霞是历史学博士，毕业于北京师范大学，现供职于河南科技大学人文学院，主要从事世界近代史、欧美环境史的教学和科研工作。作者在撰写本文的过程中，参考了一些其他学者的研究成果，特此致谢。本书图片来源有以下几个渠道：一是编辑从军事博物馆等地翻拍了大量的历史图片资料；二是公有图片资料；三是从图片著作权人手中直接购进了图片使用版权。鉴于编者水平有限，文中可能存在乖谬之处，敬请专家、学者、读者不吝赐教。

德玄馨

2010 年 6 月 4 日